Aus der Arbeit des
Thüringischen Landesamtes
für Denkmalpflege und Archäologie

Aus der Arbeit des
Thüringischen Landesamtes
für Denkmalpflege und Archäologie

Inhaltsverzeichnis

Vorwort — 7
Dr. Stefan Winghart

Die hl. Elisabeth in der Glasmalerei des 19. und frühen 20. Jahrhunderts am Erfurter Dom — 9
Dr. Falko Bornschein

Ehemalige Bezirksparteischule der SED in Erfurt — 28
Rocco Curti

Gera 2007 – Frisches Grün für eine ganze Stadt? — 40
Dr. Nicola Damrich

Kirchenerhaltung als weitergefasste Gestaltungsaufgabe zukünftiger Architekten — 52
Ergebnisse eines denkmalpflegerischen Semesterprojektes an der Bauhaus-Universität Weimar
Mark Escherich, Kerstin Vogel

Die Alte Kanzlei in Bleicherode — 57
Die Rettung eines Baudenkmals und Zeugnisses jüdischer Geschichte
Monika Kahl, Nils Metzler

Historische Pauken im mittleren Thüringer Becken — 62
Ein Beitrag zur Erfassung des mobilen kirchenmusikalischen Instrumentariums
Albrecht Lobenstein

Die Glasmalereien im Chor der evangelisch-lutherischen Kirche St. Maria Magdalena in Milz (Landkreis Hildburghausen) — 71
Bertram Lucke, Anne Kaiser

Sanierung und Umbau des Einzeldenkmals „Zum Hirschsprung", Turniergasse 16, in der Erfurter Altstadt als Bauträgermodell — 90
Nils Metzler, Wolfgang Petzholdt

Das Ehrenmal für die Gefallenen des Ersten Weltkriegs auf dem Lärchenberg in Zella-Mehlis – ein Beispiel architektonischer Erinnerungskultur in Thüringen — 98
Dr. Matthias Schmidt

Bad Tennstedt, Markt 15 – Das Schicksal einer bedrohten Wandmalerei des 16. Jahrhunderts — 107
Uwe Wagner, Bettina Vogel von Frommannshausen, Suzy Hesse

Anmerkungen — 125

Anhang — 131
    Literaturverzeichnis — 132
    Abbildungsverzeichnis — 135
    Quellenverzeichnis — 136
    Abkürzungen — 136
    Autorenverzeichnis — 136

Vorwort

Der Arbeitsbericht der Bau- und Kunstdenkmalpflege in Thüringen, der alljährlich unter dem Titel „Aus der Arbeit des Thüringischen Landesamtes für Denkmalpflege und Archäologie" vorgelegt wird, erfreut sich bei der interessierten Leserschaft in Thüringen und in der Bundesrepublik Deutschland zu unserer großen Freude eines ausgesprochen guten Rufes.

Man sieht es einer inhaltlich und graphisch ansprechenden wissenschaftlichen Publikation nicht unmittelbar an, mit welchen alljährlich wachsenden Schwierigkeiten (wie hohe Arbeitsbelastung der wissenschaftlichen Mitarbeiter und ein knapp bemessenes Budget) ihre Herausgabe verbunden ist. Die Aufsätze von Fachkolleginnen und -kollegen verschiedener Institutionen wie unter anderem des Lehrstuhls für Denkmalpflege der Bauhaus-Universität Weimar, der Diözese Erfurt und des evangelischen Konsistoriums der Kirchenprovinz Sachsen ergänzen sinnvoll die vorliegende Publikation. Ich möchte deshalb allen Autorinnen und Autoren dieses Berichtsbandes danken, die ihre wenige Zeit für dieses Heft eingesetzt haben, und in gleichem Maße die Leistungen der Redaktion und des Verlages würdigen.

Wie immer präsentieren wir auch diesmal einen Querschnitt aus den Schwerpunkten unserer wissenschaftlichen Arbeit, der repräsentativ für ein breites Spektrum denkmalpflegerischer Arbeit in Thüringen steht. Der Bogen spannt sich dabei von „klassischen" denkmalpflegerischen Themen wie der Behandlung der Alten Kanzlei in Bleicherode, einem wichtigen Beleg zur Geschichte der Stadt und gleichzeitig zur Geschichte des Judentums in Thüringen, über die Glasmalerei des 19. und 20. Jahrhunderts, wobei im Elisabethjahr die Thematisierung dieser volkstümlichen Heiligen in dieser Kunstgattung nicht fehlen darf, und die Inventarisation historischer Musikinstrumente bis hin zu Bauten der Moderne. Kontrovers wird hier sicherlich der Beitrag zur SED-Bezirksparteischule in Erfurt aufgenommen werden. Angesichts der inzwischen bundesweit entbrannten Diskussion über das bauliche Erbe der Sechziger- und Siebzigerjahre des 20. Jahrhunderts erschien es uns jedoch wissenschaftlich sinnvoll und notwendig, uns diesem Thema zu stellen. Der denkmalpflegerischen Praxis widmen sich unter anderem Beiträge zum modernen architektonischen Umgang mit historischer Substanz in Städten sowie der Gestaltungsaufgabe „Kirche", ein Thema, das zunehmend in den Fokus der Architektenschaft rückt.

Die Beiträge belegen, was für eine Fachbehörde selbstverständlich ist, in der Öffentlichkeit aber nicht immer wahrgenommen wird: Die Grundlagenarbeit der Denkmalpfleger, wie u.a. Bibliotheks- und Archivstudien, ist wissenschaftliche Basis und Leitfaden für Maßnahmen der Instandhaltung am Kulturdenkmal.

Der vorliegende Band aus der Reihe der Arbeitshefte des Thüringischen Landesamtes für Denkmalpflege und Archäologie untermauert die Berechtigung und auch die Notwendigkeit dieses Anspruches.

Dr. Stefan Winghart
Landeskonservator

Falko Bornschein

Die hl. Elisabeth in der Glasmalerei des 19. und frühen 20. Jahrhunderts am Erfurter Dom

Die hl. Elisabeth von Thüringen, deren 800. Geburtsjubiläum wir im Jahr 2007 begehen, war eine der beliebtesten Heiligen in der bildenden Kunst und in der religiösen Volkskunst des späten 19. und frühen 20. Jahrhunderts.[1] Zuvor sind Darstellungen der ungarischen Königstochter und thüringischen Landgräfin regional in unterschiedlichem Ausmaß zu finden.[2] Konzentriert auf die Hauptgebiete ihrer Verehrung entwickelte sich in den verschiedenen künstlerischen Genres bald eine breite Palette entsprechender Motive.

Der früheste und beeindruckendste Fensterzyklus aus dem Leben der hl. Elisabeth befindet sich in der Elisabethkirche zu Marburg – ihrem Begräbnisort und dem ursprünglichen Aufbewahrungsort ihrer Reliquien. Er ist bald nach dem Tod Elisabeths, um 1240, entstanden.[3] Weitere Glasgemälde in Naumburg, in Franken, in Mecklenburg, in Köln oder in der Steiermark folgten. Im Thüringer Raum hingegen, der vor allem von Kurmainzer und sächsischer Herrschaft geprägt war, sind aus der Zeit bis zum zweiten Drittel des 19. Jahrhunderts keine Glasmalereien mit Darstellungen der hl. Elisabeth überliefert. Dies trifft auch auf den Erfurter Dom zu, dessen 1380–1420 entstandener Chorzyklus genügend Raum zumindest für die Wiedergabe der Heiligen als Standfigur geboten hätte.[4] Um so häufiger begegnet uns die hl. Elisabeth in Verglasungen des ausgehenden 19. und frühen 20. Jahrhunderts. Zwischen 1880 und 1914 sind Darstellungen ihrer Person in über 20 Kirchenfenstern des heutigen Freistaates zu finden.[5] Mit Ausnahme eines Medaillons in der zum Großherzogtum Sachsen zählenden evangelischen Kirche zu Dermbach[6] befinden sich diese Glasmalereien ausschließlich in katholischen Kirchen. Neben dem hl. Bonifatius hatte die Patronatsheilige Thüringens hier eine bevorzugte Stellung inne.

Die frühesten nachweisbaren Elisabethfenster in Thüringen wurden in den 1860er Jahren geschaffen. Sie waren für den Erfurter Dom bestimmt – das bedeutendste Gotteshaus der Region und der Ort, an dem im Jahre 1236 die Kanonisationsbulle zur Heiligsprechung Elisabeths feierlich verkündet wurde. Fortan sollte die Verehrung der Heiligen durch entsprechende Glasmalereien am Erfurter Dom ein besonderes Gewicht erhalten. Über Jahrzehnte hinweg entstanden hier mehrere künstlerische Gestaltungen zum Thema, die ihrem Umfang nach einmalig zu sein scheinen.

Die Elisabethfenster süd VII und süd VIII von 1866–1868

Die ersten Glasmalereien zum Thema der hl. Elisabeth am Erfurter Dom sind in den Jahren 1866–1868 für die beiden verkürzten Fenster süd VI und süd VIII des Hohen Chores geschaffen worden.[7]

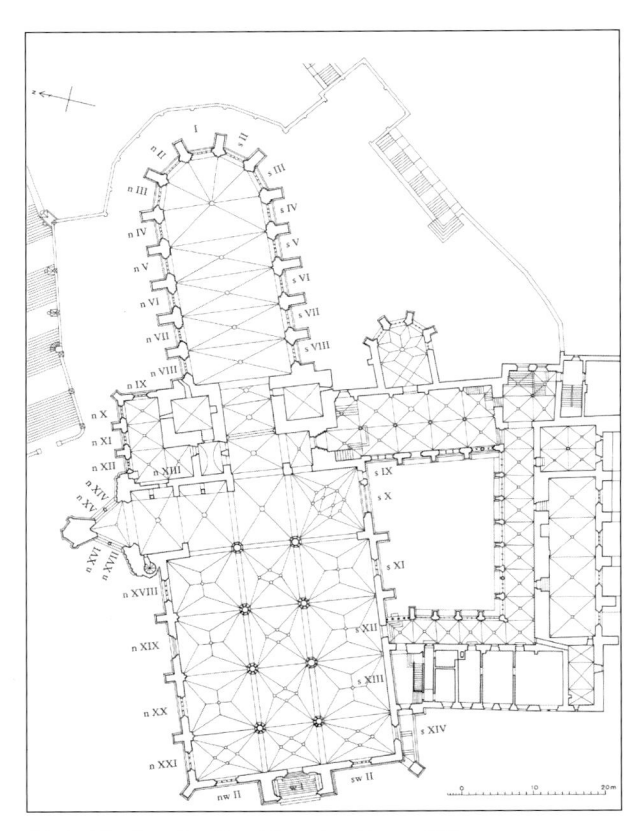

Abb. 1   Erfurt, Dom, Grundriss mit Fensterbezeichnung, 2007

Sie befanden sich unmittelbar neben dem ebenfalls um einige Zeilen kürzeren mittelalterlichen Tiefengrubenfenster. Leider sind von den 1913 ausgebauten und seither verschollenen Fenstern der 1860er Jahre weder Entwürfe noch Kartons erhalten. Auch scheinen keine aussagekräftigen fotografischen Aufnahmen mehr zu existieren, so dass wir uns bezüglich ihres Aussehens mit schriftlichen Hinweisen begnügen müssen.

Die Entwürfe und Kartons für die beiden Elisabethfenster lieferte der Architekt, Maler, Grafiker und Professor für gotische Architektur an der Nürnberger Kunstgewerbeschule Georg Eberlein.[8] Nach seinen Vorlagen entstanden außerdem die zwischen 1864 und 1873 in verschiedenen Werkstätten ausgeführten, im Zweiten Weltkrieg zerstörten Glasmalereien zur Lauretanischen Litanei für das Domlanghaus.[9] Das ebenfalls kriegsbeschädigte, später reparierte und letztendlich doch beseitigte große Kaiserfenster in der Hl.-Blut-Kapelle (süd X) wurde unter Mitwirkung Eberleins zwischen 1873 und 1879 gefertigt.[10] Mit der Neuverglasung des Domes unter Einschluss der beiden Elisabethfenster verfolgten die Bauverantwortlichen – die Domgeistlichkeit wie auch die Königlich Preußische Regierung – das Ziel, den mittelalterlichen Glasmalereizyklus des Hohen Chores in neugotischer Manier zu vollenden und die künstlerische Verglasung auf die übrigen Bereiche der damaligen Propsteikirche auszudehnen. Der Kölner Dombau oder die Vollendung des Ulmer Münsters waren in dieser Hinsicht leuchtende Vorbilder.

Abb. 2 Erfurt, Dom, Elisabethfenster süd VII und süd VIII von 1866–68 nach Entwurf von Georg Eberlein, Ausführung Werkstatt Friedrich Geißler, Messbildaufnahme von 1887

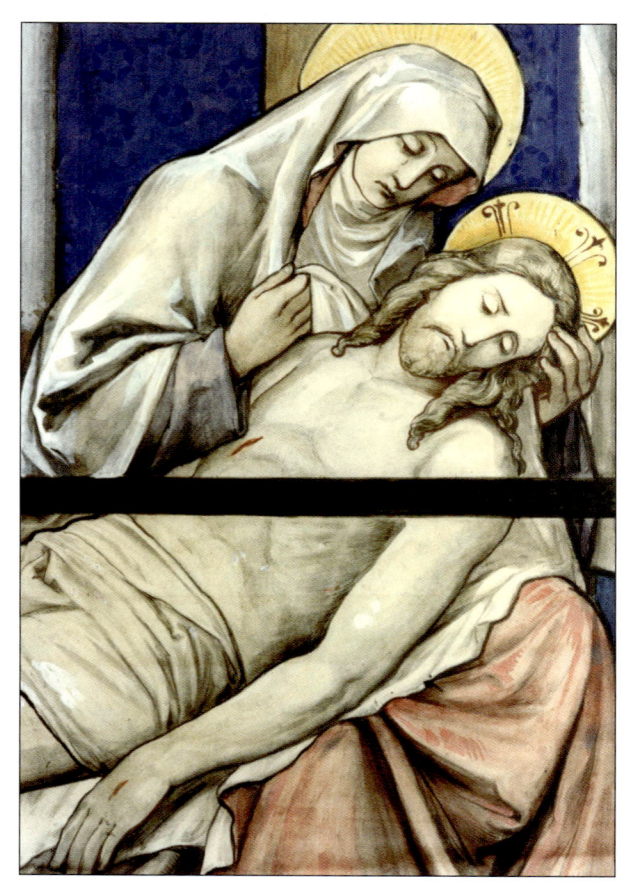

Abb. 3 Erfurt, Dom, Karton (Ausschnitt) zur Pieta für das Langhausfenster süd XIV im Erfurter Dom, Georg Eberlein, 1860er Jahre

Bereits im Jahre 1859, noch während der Restaurierungsarbeiten an den mittelalterlichen Glasmalereien des Hohen Chores, hatte Ferdinand von Quast „nach vorgängiger Localbesichtigung" ein Gutachten abgegeben, in dem er die „Herstellung der Fenster" im Sinne einer künstlerischen Gestaltung für „dringend wünschenswerth" hielt.[11] Neben Ferdinand von Quast, der als Konservator der Kunstdenkmäler Preußens auch für den Erfurter Dom zuständig war, bemühte sich vor allem der Domklerus um eine würdige Ausstattung der beiden noch freien Chorfenster. Im Dezember 1860 plädierte der damalige Dompfarrer Josef Kleinschmidt für eine Fortsetzung der mittelalterlichen Heiligendarstellungen des Fensters süd VI und schlug für die unmittelbar anschließenden Fenster süd VII und süd VIII Darstellungen aus dem Leben der hl. Elisabeth, „Thüringens Landgräfin und Patronin", vor.[12] Pfarrer Kleinschmidt ging sogar noch einen Schritt weiter. Er zog in Erwägung, die mittelalterlichen Glasmalereien des so genannten Tiefengrubenfensters (süd VI) ins Langhaus des Domes zu versetzen, falls sich herausstellen sollte, dass sie sich ehemals dort befunden hätten.[13] Der Geistliche hatte in ihnen zu Recht einen Bruch in der sonst alttestamentlichen Ikonografie der Südseite erkannt. Da Kleinschmidt eine ursprünglich geplante Fortführung der alttestamentlichen Szenen in süd VI/süd VIII jedoch für zweifelhaft hielt, diskutierte er zunächst eine Ausgestaltung „mit Gruppen von Heiligen, welche in hiesiger Gegend, speciell im Dome, vorzugsweise verehrt werden, und mit Scenen aus dem Leben der h. Jungfrau". Weiter führte er aus, dass es ratsam sei, anstatt „verschiedene Heiligengruppen ohne eine verbindende Idee zusammenzuwürfeln" vielmehr „das Leben eines bestimmten Heiligen, welcher für hiesige Gegend von besonderer Wichtigkeit ist, wenigstens in den beiden noch unbemalten Fenstern darzustellen und, falls diese 2 Fenster dazu den erforderlichen Raum nicht bieten, auch das 3te Fenster dafür zu benutzen".[14] Sollte dieser Vorschlag akzeptiert werden, so der Dompfarrer weiter, „[…] dürfte ohne Zweifel die h. Elisabeth, Thüringens Landgräfin und Patronin, die meisten Ansprüche darauf haben, daß in den 3 genannten Fenstern ihr Andenken verherrlicht werde". Die nachfolgenden Ausführungen Kleinschmidts veranschaulichen das durch ihn im Auftrag des damaligen Dompropstes und Oberpfarrers Karl Würschmitt erarbeitete theologische Programm, das den Elisabethfenstern zugrunde liegen sollte:

„Würden nun die 3 kleinen Fenster des Chores der Verherrlichung der h. Elisabeth zugewiesen", so Kleinschmidt, „dann müßten nach Maßgabe des Raumes alle diejenigen Momente aus ihrem Leben dargestellt werden, welche den Hauptcharakter dieses Lebens am besten veranschaulichen. Dieser Charakter aber ist der des Opfers,

d. h. der freudigen Verzichtleistung auf alles Irdische und der ungeteilten Dahingabe an Gott im Dienste des Glaubens und der Liebe. Ich erlaube mir deshalb auf folgende Momente hinzuweisen:

I. Elisabeth im Glanze des irdischen Glückes (entweder ihr glänzender Empfang in Eisenach oder besser noch, ihre Vermählung mit dem Landgrafen Ludwig.[)]
II. Elisabeth bietet sich und alles, was sie besitzt, Gott zum Opfer (sie legt ihre Krone vor dem Crucifix in der Liebfrauenkirche zu Eisenach nieder)
III. ihr Opfer ist von Gott angenommen und wird vollzogen: 1. Elisabeth opfert ihre Person, indem sie auf die Genüsse und Bequemlichkeiten des Lebens verzichtend, nur noch für die Armen und Kranken lebt. (Elisabeth in Mitten der Armen und Kranken). 2. Sie opfert ihren Gatten, indem sie darin einwilligt, daß er in den h. Krieg zieht (Abschied vom Gatten oder besser noch, Elisabeth empfängt die Gebeine ihres Gatten). 3. Sie opfert all ihr irdisches Besitzthum und auch ihre Kinder (ihre Verstoßung von der Wartburg und Trennung von den Kindern).
IV. Die Vergeltung und Krönung ihres Opfers im Himmel und auf Erden: 1. Sie wird in ihren Leiden himmlisch getröstet und gestärkt (es erscheint ihr der Heiland mit seiner Mutter und dem h. Johannes). 2. Sie stirbt eines scheinbar höchst armseligen in der That aber höchst glückseligen Todes (sie stirbt unter den Triumphgesängen und seligen Harmonieen der himmlischen, sie aufzunehmen bereiten Heerscharen und dem Beistande der von ihr besonders verehrten Heiligen; Christus nimmt ihre Seele auf und reicht ihr die Krone des ewigen Lebens). 3a. Sie wird auf Erden verherrlicht (die feierliche Erhebung ihrer Gebeine in Marburg und Wunder, die dabei geschehen). 3b. Die Heiligsprechung oder die Publikation ihrer Canonisationsbulle im Dome zu Erfurt durch Erzbischof Sigfried III. von Mainz unter Assistenz der Erzbischöfe zu Trier und Cöln; 36 Bischöfe und Prälaten, die beiden Könige von Ungarn und Böhmen und die Abgeordneten vieler Fürsten waren dabei zugegen. Es wurden bei diesem Anlasse 10tägige Feste gefeiert und während derselben unermeßliche Gaben an die Armen vertheilt.

In diesen 9 Gemälden, welche (eventualiter) auf die 3 Fenster zu vertheilen wären, würde der Charakter ihres Lebens genügsam veranschaulicht. Vielleicht ließe sich ihre Aufopferung im Dienste des Nächsten noch dadurch hervorheben, daß [ähnlich den Fresken des Moritz von Schwind auf der Wartburg] in 7 Medaillons Elisabeth die 7 Werke der Barmherzigkeit übend dargestellt würde."[15]

Am 8. April 1859 hatte Dompropst Würschmitt in einer Eingabe an König Friedrich Wilhelm IV. um Genehmigung einer künstlerischen Neuverglasung des Erfurter Domes ersucht.[16] Nachdem dieses Ansinnen mit Königlicher Kabinettsorder positiv beschieden worden war, kam es am 28. März 1863 zu einem Vertragsabschluss mit Georg Eberlein „über die Ausführung der zu fertigenden Cartons zu den Fenstern des hohes Chores im hiesigen Dome" – bestätigt am 10. Juli desselben Jahres.[17] Umgesetzt wurden die im Jahre 1865 vollendeten Entwürfe Eberleins zu den beiden Elisabethfenstern schließlich zwischen 1866 und 1868 in der Glasmalereiwerkstatt Friedrich Geißler (auch Geisler) in Ehrenbreitstein.[18] Letztere fertigte zwischen 1874 und 1877 nach eigenen Entwürfen außerdem Ornamentverglasungen für das Triangel am Nordquerhaus des Erfurter Domes und war auch an der Ausstattung des Langhauses mit Glasmalerei beteiligt.[19]

Vor ihrer Verglasung zum Elisabeth-Thema enthielten die beiden Fenster süd VII und süd VIII Glasgemälde mit biblischen Motiven aus der Zeit zwischen 1829 und 1831. Sie waren unter Stanislaus von Pereira in Kaltmalerei auf weißen Scheiben ausgeführt worden. Bis spätestens 1859 wurden die Malereien wieder entfernt, so dass die beiden Fenster unmittelbar vor den Arbeiten Geißlers Blankverglasungen aufwiesen.[20]

Entgegen den später allgemein üblichen Einzeldarstellungen der hl. Elisabeth in medaillonförmiger Rahmung oder architektonischer Einfassung vor Teppichhintergrund erhielten die beiden Verglasungen 1866–1868 szenische Motive aus dem Leben der Heiligen. Allerdings wurde das oben beschriebene, von Pfarrer Kleinschmidt erarbeitete ausführliche ikonografische Programm in reduzierter Form umgesetzt. Dabei erfolgte auch eine inhaltliche Akzentverschiebung in den auf zwei Fenster beschränkten Darstellungen. Der Gedanke der Aufopferung der hl. Elisabeth als Grundzug ihres Lebens trat gegenüber ihrem caritativen Wirken, ihrer Funktion als hilfespendende Heilige und den lokalen bzw. regionalen historischen Bezügen in den Hintergrund. Ähnlich sind die späteren Glasmalereizyklen in der Kirche St. Elisabeth zu Eisenach (um 1887) und in der Herz-Jesu-Kirche zu Weimar (um 1891) angelegt, in denen Szenen mit romantischem Grundgehalt im Mittelpunkt stehen.[21]

Nach handschriftlichen Aufzeichnungen des Erfurter Zeichenlehrers und Heimatforschers Heinrich Kruspe zeigte das Fenster süd VII letztendlich Werke der Barmherzigkeit: die „Aufnahme u. Tröstung der Verlassenen und Hilfsbedürftigen" mit der „Umschrift: beati qui lugent, quoniam [ipsi] consolabuntur" (Mt 5,5) und die „Mildthätigkeit gegen Arm und Krank" mit der „Umschrift: beati misericordes [quoriam, hier: quarium] ipsi misericordiam consequentur" (Mt 5,7). In einer dritten Szene war die „Trauung mit Ludwig, dem Sohne des Landgrafen Hermann" zu sehen. Sie trug die Umschrift „ora pro nobis St. Elisabeth thuringiae patrona".[22] Im zweiten Fenster fand das Thema seine Fortsetzung mit Darstellungen des Todes der hl. Elisabeth, ihrer Bestattung und der Proklamation ihrer Heiligsprechung im Dom zu Erfurt.[23]

Auf welche Vorbilder Eberlein bei seinen Skizzen und Entwürfen im Einzelnen zurückgriff, wissen wir nicht. Im oben zitierten Schreiben vom 9. Dezember 1860 mit ausführlicher Angabe der anzustrebenden Darstellungen verwies Pfarrer Kleinschmidt auf die Schilderung der jeweiligen Szenen aus Graf Montalemberts Schrift „Leben der h. Elisabeth von Ungarn, Landgräfin von Thüringen und Hessen" in der Übersetzung ins Deutsche von J. Ph. Städtler aus dem Jahre 1845. Im Falle der Feierlichkeiten von 1236 am Erfurter Dom gab er die Chronik des Johann Heinrich von Falkenstein als literarische Quelle zu bedenken. Darüber hinaus nannte er auch Kunstwerke, die seiner Meinung nach als Vorbilder für die eine oder andere Szene empfehlenswert wären. So verwies er bezüglich der Darstellung des Todes der Heiligen auf „das sinnige und ausdrucksvolle Altargemälde in der Elisabethkirche zu Marburg, (abgebildet in Moller, Die Kirche der h. Elisabeth zu Marburg. Darmstadt 1823)". Der etwas missverständliche Hinweis bezog sich auf eine Abbildung des Tumbenreliefs der Grablegung der hl. Elisabeth im Mausoleum in der Nordkonche (Mitte 14. Jahrhundert) – dargestellt auf den Kupferstichtafeln Nr. XIII und XIV des genannten Inventarwerkes. Weiter empfahl Kleinschmidt dem „Künstler, welcher mit der Ausführung dieser Ideen betraut würde", auch die Darstellungen der hl. Elisabeth in der „collection des monumen(t)s de S. Elisabeth. Paris 1837" des Grafen Montalembert[24], „vor allem aber das Studium der in der Elisabethkirche zu Marburg befindlichen Sculpturen u. Gemälde aus dem Leben dieser Heiligen". „Die [damals noch sehr jungen] Fresco-Malereien des Moritz v. Schwind" von 1854/55 auf der Wartburg, so der Pfarrer weiter, „dürften für eine Kirche theilweise wenigstens zu weltlich gehalten sein und außerdem von dem Stile der Glasgemälde im Dome zu sehr abweichen. Daß bei diesen Darstellungen der Charakter der bereits vorhandenen Glasmalereien strenge beizubehalten wäre, bedarf wohl keiner Erwähnung."[25] Über das anzustrebende ästhetische Erscheinungsbild der neuen Glasmalereien bestand unter den Bauverantwortlichen kirchlicher- und staatlicherseits von vornherein Konsens. Bereits in einem Schreiben vom 8. April 1859, in dem Dompropst Würschmitt die staatlichen Behörden um Unterstützung für die Ausstattung der beiden Chorfenster und der Langhausfenster mit Glasmalereien bat, bemerkte er, dass diese Neuverglasung „stylgemäß" erfolgen solle.[26] Die Fenster süd VII und süd VIII müssten im „vollständigen Anschluß der neuen Malereien an die Alten" hergestellt werden, „welche sie nur ergänzen sollen sowohl in der technischen Behandlung" als auch in der „Farbengebung". Dabei, so Würschmitt weiter, sei „eine öftere Vergleichung der alten und neuen Malereien" notwendig.[27] Diese Auffassung teilte auch Ferdinand von Quast.[28] Letzterer hatte sogar die Verlängerung der kürzeren Domfenster süd VII und süd VIII auf das Sohlbankniveau der übrigen Chorfenster erwogen, um diese „dann harmonisch mit der übrigen Architektur und den Glasgemälden der anderen Fenster mit Darstellungen in gebrannten Gläsern" versehen zu lassen.[29]

Ausgeführt wurden die Glasmalereien der beiden Elisabethfenster wie bereits erwähnt von der Werkstatt Friedrich Geißler aus Ehrenbreitstein. Nachdem Dompropst Würschmitt zunächst eine Umsetzung des Projektes im Königlichen Institut für Glasmalerei Berlin-Charlottenburg erwogen hatte[30], war zeitweise auch die Werkstatt Keßler aus Eisenach im Gespräch. Keßler hatte zwischen 1856 und 1860 in Zusammenarbeit mit dem Erfurter Maler Christian Lang die mittelalterliche Chorverglasung restauriert und schien durch die in diesem Zusammenhang angefertigten Ergänzungsfelder für den Auftrag prädestiniert zu sein.[31] Offenbar nahm er jedoch selbst Abstand von der Aufgabe, so dass die Ausführung der Eberleinschen Entwürfe schließlich an Geißler ging.[32] Um sich stilistisch und technisch mit dem Bestand vertraut zu machen, studierte Eberlein in der Osterwoche des Jahres 1862 vor Ort die mittelalterlichen Glasmalereien des Hohen Chores und fertigte bis zum Sommer 1862 erste Skizzen an.[33] In der anschließenden Diskussion um seine Entwürfe wurde offenkundig, wie unterschiedlich die Vorstellungen der Bauverantwortlichen vom Begriff „stylgemäß" waren. Ferdinand von Quast jedenfalls bestand auf einer musivischen Verglasung im neugotischen Sinne in Anlehnung an den vorhandenen Altbestand. Dementgegen hatte Georg Eberlein Vorlagen geliefert, die sich mehr im Sinne der süddeutschen, insbesondere der Münchner Auffassung an Glasgemälden der Renaissance bzw. der zeitgenössischen Gemäldepraxis orientierten.[34] Der damals entbrannte Streit zwischen den strengen Neogotikern und den Verfechtern einer Glasmalerei mit deutlichem Bezug zum „Staffeleibild" und dem Stil der Nazarener scheint auch hier seinen Niederschlag gefunden zu haben. So empfand Ferdinand von Quast die Figuren Eberleins als zu malerisch, zu plastisch und in Stil und Charakter nicht genügend den Vorbildern des 14. Jahrhunderts angepasst. Ähnliches äußerte er zu den skizzierten Architekturgehäusen, die eher dem 15. und 16. Jahrhundert entsprechen würden, sowie zur verwendeten Farbigkeit, die nicht genügend Tiefe besäße. In eine vergleichbare Richtung zielte auch der zumindest anfänglich geäußerte kritische Hinweis Kleinschmidts zum anzustrebenden Stil der Glasmalereien. Erschwert wurde die Verständigung noch dadurch, dass „nicht allein die hiesige Geistlichkeit, sondern auch Männer von künstlerischer Bedeutung ihre Befriedigung namentlich aber über die Gewandheit der Darstellungen" Eberleins geäußert hatten und selbst die Bauverantwortlichen der Erfurter Regierung die Kritik des Konservators für überzogen hielten.[35] Letztlich scheint ein Kompromiss zur Ausführung gekommen zu sein.[36]

Wie in den mittelalterlichen Chorfenstern der so genannten kleinfigurigen Gruppe wurden die Begebenheiten aus dem Leben der hl. Elisabeth offenbar relativ kleinteilig dargestellt, durch ein Architekturgerüst gegliedert und durch spitzgiebige Wimperge bahnübergreifend bekrönt. Eine Messbildaufnahme aus dem Jahre 1887 lässt dies zumindest noch erahnen, ohne nähere Details zu zeigen (vgl. Abb. 2).

Die beiden Elisabethfenster wurden in der Woche vom 21. bis 26. September 1868 durch den Glasermeister Friedrich Hieronymus

Grünert und den Maurermeister Heinrich Sahlender eingesetzt.³⁷ Finanziert wurden die Glasmalereien „nicht auf Kosten des [preußischen] Staats, sondern auf Kosten der Kirchkasse und des aus einem geistlichen Institut [dem 1837 aufgelösten Marienstift] erwachsenen Marienstiftischen Vermögensfonds".³⁸

Von den Zeitgenossen sind die neuen Elisabethfenster offensichtlich mit Interesse wahrgenommen worden. Zumindest wurden sie regelmäßig in den damaligen Domführern und zuweilen auch in der regionalen Literatur erwähnt.³⁹

Die Elisabethfenster süd VII und süd VIII von 1912/13

Die Freude über die von Eberlein entworfenen und bei Geißler ausgeführten Elisabethfenster sollte nicht lange anhalten. Bereits 1898 konstatierte Hermann Wettig in seinem Stadtführer über Erfurt und Umgebung, dass die neuen Glasmalereien des Langhauses und des Chores „den Kunstwert der alten kaum erreichen" würden.⁴⁰ Die zunehmende Kritik bezog sich vor allem auf die nunmehr von breiten Kreisen als ungenügend empfundene Übereinstimmung mit der mittelalterlichen Chorverglasung. Im Zuge der rasanten Weiterentwicklung der Glasmalerei in der zweiten Hälfte des 19. Jahrhunderts war auch die Sensibilität sowohl in stilistischen Fragen als auch hinsichtlich materiell-technischer Belange bei der Vervollständigung vorhandener mittelalterlicher Zyklen gewachsen. Im Oktober 1904 protokollierte der Kirchenvorstand der damaligen Propsteikirche St. Marien, dass die Eberleinschen Fenster des Domes, die früher als Kunstwerke galten, mittlerweile „abfällig beurteilt" werden.⁴¹ Neben ästhetischen, d.h. insbesondere stilistischen Argumenten wurden auch technische Probleme ins Feld geführt, wie etwa die schlechte Haltbarkeit der seinerzeit verwendeten Malfarbe.⁴² Außerdem stand mit dem inzwischen gebräuchlichen Antikglas ein dem Erscheinungsbild der mittelalterlichen Hüttengläser adäquateres Material zur Verfügung, als es die zuvor verwendeten Glassorten waren.⁴³

Ab dem Jahre 1904 erfolgte die konkrete Planung zur Neuverglasung der beiden Elisabethfenster. Doch erst im August 1909 lag ein Kirchenvorstandsbeschluss vor, nach dem „statt der 2 durch falsche Tönung störenden Fenster den alten [mittelalterlichen] in Stil und Farbe entsprechende neue Fenster beschafft werden" sollten.⁴⁴ Anfänglich wurde offenbar noch erwogen, die beiden Fenster auf Grundlage der Eberleinschen Entwürfe zu erneuern.⁴⁵ Nachdem man diesen Gedanken verworfen hatte, stand kurzzeitig auch eine ornamentale Verglasung in farblicher Anpassung an den mittelalterlichen Bestand zur Debatte. Zumindest favorisierte der Konservator der Kunstdenkmäler Lutsch aus Berlin diese Variante. In einem Reisebericht von 19. Juni 1911 anlässlich einer Ortsbesprechung äußerte sich der Konservator diesbezüglich wie folgt: „Die Stimmung des wundervollen Raumes wird durch die beiden westlichen Fenster der Südseite erheblich beeinträchtigt. Deshalb ist nach Mitteilung des Propstes die Gemeinde gesonnen, sie dem Altbestande anzupassen. Diesen Plan zur Wirklichkeit zu verhelfen, ist nachdrücklichst anzuraten, jedoch am besten unter Fortlassung von Figuren."⁴⁶ Einer nonfigurativen Gestaltung konnte der Kirchenvorstand des Domes jedoch nicht folgen. Bereits mit Datum vom 24. September 1911 lag ein von der Gemeindevertretung erarbeitetes ikonografisches Programm zu den beiden Fenstern mit zahlreichen Darstellungen zur Vita der hl. Elisabeth von Thüringen vor. Im Fenster süd VII sollten „Scenen aus dem Leben der hl. Elisabeth bis zu ihrer tiefsten Erniedrigung" wiedergegeben werden. Vorgesehen waren im Einzelnen: „1. Der Sängerkrieg auf der Wartburg. 2. Klingsohr aus Siebenbürgen weissagt die Geburt der heiligen Elisabeth. St. Georgentor in Eisenach, im Hintergrund ein Garten. Anwesend sind Ritter und Bürger. 3. Abschied der hl. Elisabeth von ihren Eltern. Im Hintergrund die Stadt Presburg. 4. Die Ankunft der heiligen Elisabeth in Eisenach. 5. Die hl. Elisabeth kniet in der Liebfrauenkirche in Eisenach vor dem Kruzifix. Die Krone liegt auf dem Betschemel. 6. Die Vermählung der hl. Elisabeth mit dem Landgrafen Ludwig anno 1221. 7. Das Rosenwunder. 8. Die hl. Elisabeth nimmt von ihrem Gatten Abschied bei seiner Abreise zum hl. Lande. Scene in Schmalkalden. 9. Der Landgraf empfängt in Brindisi vom Patriarchen von Jerusalem die Sterbesakramente. 10. Die hl. Elisabeth wird mit ihren drei Kindern im Winter von der Wartburg vertrieben. 11. Sie kniet in der Franziskanerkirche in Eisenach während die Patres das Te Deum singen. 12. Sie besucht das Kloster der weißen Frauen in Erfurt und fertigt die Kasel an, die im Dom zu Erfurt aufbewahrt wird (Blick über die Stadt zum Dom.)". Für das Fenster süd VIII war geplant, „die Übung ihrer Tugenden und ihre Verherrlichung" in folgender Art und Weise wiederzugeben: „1. Die hl. Elisabeth wäscht 12 Armen die Füße, auf einem Tische eine Schale mit Silberstücken und Broten. 2. Sie schenkt einem Armen ihren kostbaren Mantel. 3. Sie speist zahllose Arme. 4. Sie besucht die Kranken. Scene im Krankenhaus zu Eisenach. 5. Sie teilt Almosen aus am Elisabethbrunnen im Walde. 6. Die hl. Elisabeth und der Aussätzige. 7. [Die hl. Elisabeth und der] Gichtbrüchige. 8. [Die hl. Elisabeth] besucht die Gefangenen. 9. [Die hl. Elisabeth] wird von de[n] Kreuzrittern mit der Leiche ihres Gemahls nach Reinhardtsbrunn geleitet. 10. Sie legt das Kleid des hl. Franziskus in Marburg an. 11. Sie stirbt im Alter von 24 Jahren. 12. Ihre Aufnahme in den Himmel. 13. Ihre Beerdigung in der Kapelle des Hospitals. 14. Ihre Heiligsprechung durch Gregor IX."⁴⁷ Das Ansinnen, in den beiden Chorfenstern das Leben der hl. Elisabeth nach 1868 abermals als Thema aufzugreifen, entsprach dem ausdrücklichen Wunsch des damaligen Dompropstes August Borggrefe.⁴⁸ Ob sich dieser Gedanke jedoch künstlerisch umsetzen ließ, erschien zumindest der oberen Denkmalbehörde in Berlin „nicht unzweifelhaft".⁴⁹ Für die Umsetzung des Vorhabens wurde die Werkstatt Linnemann aus Frankfurt a. M. herangezogen. Mit der hessischen Firma hatten die staatlichen Behörden im zurückliegenden Jahrzehnt in mehreren

Abb. 4 Erfurt, Dom, Elisabethfenster süd VII und süd VIII der Werkstatt Richard und Otto Linnemann aus dem Jahre 1913, Aufnahmen vor 1918

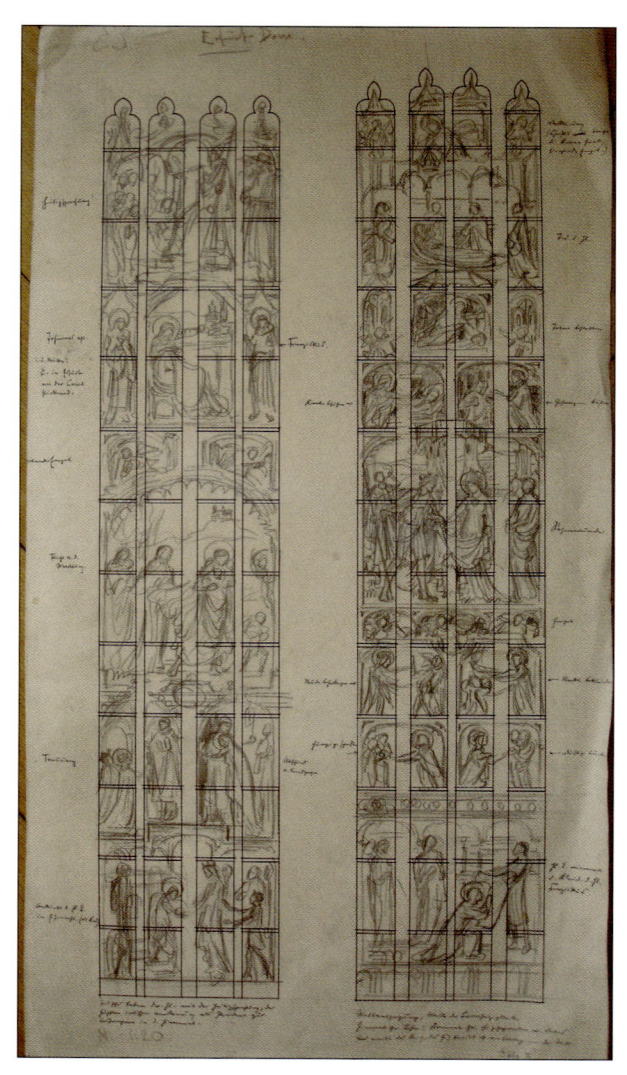

Abb. 5 Erfurt, Dom, Entwurfsskizze (Bleistift, Maßstab 1:20) für die Elisabethfenster süd VII und süd VIII, Otto Linnemann 1912

Kirchen Erfurts und Mühlhausens erfolgreich zusammengearbeitet – auch am Erfurter Dom selbst.[50] Die Gebrüder Richard und Otto Linnemann wurden Ende 1911 gebeten, „zunächst einen Entwurf vorzulegen, in welchem die figürlichen Teile im Anschluß an die statuarischen Figuren des daneben liegenden [mittelalterlichen] Fensters behandelt werden" sollten.[51] Bis Mitte 1912 entstand eine Bleistiftskizze beider Fenster im Maßstab 1:20 (Abb. 5). Sie trägt die Signatur von Otto Linnemann. „Die Entwürfe in Bleistiftzeichnung" fanden „den Beifall der Herren Konservatoren in Merseburg und Berlin". Sie wurden auch vom zuständigen Generalvikariat in Paderborn für gut befunden und vom Kirchenvorstand des Domes genehmigt.[52] Im Juni 1912 lag ein Kostenvoranschlag der Werkstatt Linnemann für die Neugestaltung der beiden Elisabethfenster vor.[53] Bald darauf erhielt die Frankfurter Werkstatt den Auftrag zur Ausführung der Arbeiten. Zusammen mit dem Königlichen Institut hatte die Firma zwischen 1897 und 1911 durch einfühlsame Ergänzungen der mittelalterlichen Chorverglasung des Erfurter Domes Maßstäbe

Die hl. Elisabeth in der Glasmalerei des 19. und frühen 20. Jh. am Erfurter Dom

Abb. 6   Erfurt, Dom, Farbentwurf (Maßstab 1:10) für das Elisabethfenster süd VII (Ausschnitte), Otto Linnemann 1912

gesetzt, an die es anzuknüpfen galt. Entsprechende Farbentwürfe und Kartons zu den beiden neuen Elisabethfenstern folgten in der zweiten Jahreshälfte 1912.[54] Die von den Gebrüdern Richard und Otto Linnemann selbst ausgeführten Entwürfe griffen das bereits im Jahre 1860 von Pfarrer Kleinschmidt konzipierte und 1911 überarbeitete sehr umfangreiche ikonografische Programm in seinen Grundzügen auf. Letztendlich wurde die zahlreiche lokale Bezüge insbesondere zu Thüringer Orten aufweisende Konzeption wiederum auf wesentliche Ereignisse reduziert. Im Domführer von 1918 beschrieb der damalige Dompropst Jakob Feldkamm ausführlich die Darstellungen der beiden heute ebenfalls nicht mehr vorhandenen Linnemannschen Fenster und bildete sie vollständig ab (Abb. 4).[55]

Die unteren beiden Zeilen des Fensters süd VII zeigten demnach die Ankunft der vierjährigen ungarischen Königstochter in Thüringen, empfangen durch Landgraf Hermann mit Gattin und Gefolge. Darüber waren in zwei nebeneinanderstehenden Szenen die Hochzeit Elisabeths und Ludwigs (süd VII, 3–5 a/b) und die Verabschiedung ihres Gatten zum Kreuzzug (süd VII, 3–5 c/d) dargestellt – gefolgt von der Vertreibung Elisabeths und ihrer Kinder von der Wartburg (süd VII, 5–8 a–d). Die Felder süd VII, 9/10 b/c enthielten, wie bereits in der Planung von 1911 vorgesehen, die in einem Zimmer des Erfurter Weißfrauenklosters (seit 1667 Ursulinenkloster) sitzende und an der so genannten Elisabethkasel stickende Heilige.[56] Auch der gewünschte Ausblick auf den Domberg blieb nicht unberücksichtigt. Elisabeth wurde von dem seine Wundmale weisenden hl. Franziskus (in 9/10 a) und dem auf einem Spruchband inschriftlich bezeichneten Evangelisten Johannes (in 9/10 d) flankiert. Mit beiden fühlte sich die Landgräfin von Thüringen durch eine Seelenverwandschaft eng verbunden. Den oberen Abschluss der Verglasung bildete die Szene der Heiligsprechung Elisabeths durch Papst Gregor IX. (süd VII, 11–13 a–d).

Während das Fenster süd VII vornehmlich historische Ereignisse aus dem Leben der hl. Elisabeth zeigte, waren die Darstellungen in süd VIII schwerpunktmäßig auf die religiöse Entwicklung der Landgräfin und auf ihr aktives Handeln für Bedürftige ausgerichtet. Im Beisein ihrer beiden treusten Dienerinnen erhielt sie in der Sockelzone des westlichen Südfensters (süd VIII, 1–3 a–d) von einem Franziskanerbruder das Gewand der Terziarinnen.[57] Im Zentrum des Fensters stand das am Fuße der Wartburg sich ereignende Rosenwunder. Begleitet von einer Dienerin mit gefülltem Brotkorb präsentierte die zu Bedürftigen eilende Heilige in ihrem geschürzten Mantel prachtvolle Rosen – bestaunt durch ihren von der Jagd kommenden Gatten. Das Ereignis der wunderbaren Verwandlung des Brotes in süd VIII, 6–8 a–d wurde oben und unten von den sieben Werken der Barmherzigkeit eingefasst. Sie waren jeweils in Zweiergruppen von Halbfiguren dargestellt. In süd VIII, 4 a/b reichte Elisabeth einem Hungernden Brot und in süd VIII, 4 c/d einem Dürstenden Wasser; in süd VIII, 5 a/b nahm sie sich eines Pilgers an, in süd VIII, 5 c/d kleidete sie einen Bettler. Drei Engel beobachteten das Geschehen (süd VIII, 6 a–d) und stellten die Dienste Elisabeths am Nächsten in einen christologischen Zusammenhang. In süd VIII, 9 a/b betreute die Heilige einen Kranken, in 9 c/d besuchte sie einen Gefangenen und in 10 b/c bemühte sie sich um einen Sterbenden. Über der letztgenannten, axial angeordneten Szene war der Tod Elisabeths dargestellt. Der Heiland reichte der von drei Dienerinnen beweinten und von vier Engeln betrau-

Abb. 7 Erfurt, Dom, Die hl. Elisabeth an der so genannten Elisabethkasel stickend, Karton zu süd VII, 9/10 b/c, Werkstatt Linnemann 1912

Abb. 8 Erfurt, Dom, Ausschnitt aus dem Rosenwunder, Karton zu süd VIII, 6–8 c/d, Werkstatt Linnemann 1912

erten Heiligen die Krone des ewigen Lebens. Damit gipfelte die in süd VIII thematisierte Weltentsagung Elisabeths und ihr Dienst am Nächsten im Empfang des himmlischen Lohnes, der als Pendant zur irdischen Anerkennung in Form ihrer Heiligsprechung in süd VII konzipiert worden war.[58] Die Maßwerke beider Fenster enthielten Blatt- und Blütenschmuck.

Hergestellt wurden die Glasmalereien in der ersten Hälfte des Jahres 1913 in Frankfurt a. M. Die Einsetzung im Erfurter Domchor erfolgte durch Wilhelm Lottner, einen Glaser der Werkstatt Linnemann, im Juli des Jahres 1913.[59] Laut Kostenvoranschlag beliefen sich die Gesamtaufwendungen für beide Fenster einschließlich Transport und Montage auf insgesamt 9 686,40 Mark.[60] Die Mittel bewilligte der zuständige Minister der geistlichen, Unterrichts- und Medicinal-Angelegenheiten aus dem insbesondere auch für Bausachen am Dom eingerichteten Marienstiftsfonds.[61]

Ende 1940, Anfang 1941 wurden die mittelalterlichen Rechteckfelder der Chorverglasung durch die Werkstatt Weitzel aus Coburg ausgebaut und so vor drohenden Kriegsschäden bewahrt.[62] Sämtliche Maßwerkverglasungen sowie die gesamte Glasmalerei des 19. und frühen 20. Jahrhunderts verblieben hingegen in situ und wurden stark beschädigt bzw. weitestgehend zerstört.[63] Dies betraf auch die beiden Linnemannschen Elisabethfenster süd VII und süd VIII. Heute sind nur noch einige wenige Felder bzw. Scheibenfragmente dieser beiden Fenster erhalten. Die meisten davon befinden sich im Bischöflichen Ordinariat Erfurt (Abb. 15 – 18). Im Einzelnen sind dies die Halbfigur eines Falkners (süd VIII, 8a) und das Brustbild der hl. Elisabeth (süd VIII, 7/8c) – beide aus der Szene mit dem Rosenwunder –, außerdem das Brustbild des das Sakrament der Ehe spendenden Priesters aus der Hochzeit der hl. Elisabeth mit Landgraf Ludwig IV. (süd VII, 4b) und die Halbfigur Hermanns, des Sohnes der hl. Elisabeth, der den von der Wartburg Flüchtenden voranging (süd VII, 6d). Die Scheibe süd VIII, 9c mit dem von Elisabeth getrösteten Gefangenen (Abb. 14) lagert in der Glaswerkstatt des Erfurter Domes.[64] Weitere Reste gelangten in Privatbesitz. Darüber hinaus dienten Gläser der kriegszerstörten Linnemannschen Elisabethfenster dem Erfurter Kunstglasermeister Franz Breitenstein und seinem Gehilfen Willi Dölle 1947 – 49 als Ergänzungsmaterial zur Reparatur der mittelalterlichen Chorfenster.[65] Sie wurden vor allem zur Ausbesserung beschädigter Randgläser und der Maßwerkverglasung verwendet. Die noch erhaltenen Felder und Scheibenfragmente sind modern gerahmt und z. T. ergänzt worden. Letzteres hatte mitunter nicht nur eine Veränderung der Ikonografie, sondern auch des Sinngehaltes der Darstellungen zur Folge. So wurde die ursprünglich vor einem baumbewachsenen Felsen wiedergegebene Halbfigur des flüchtenden Hermann im Hintergrund mit Teilen der Wartburgsilhouette aus süd VII, 7c bzw. süd VIII, 8c sowie weiteren Füllstücken aus Gewandteilen vervollständigt (Abb. 12, 18). Im unteren linken Bereich sind Architekturfragmente

Abb. 9 Erfurt, Dom, Das Rosenwunder und die hl. Elisabeth in Ausübung zweier Werke der Barmherzigkeit (süd VIII 6 – 9 a – d), Werkstatt Linnemann 1913, Foto um 1913

eingefügt worden und über Hermanns Wanderstock erhebt sich nunmehr ein auf einem laubverzierten Bruchstück sitzender Vogel. Der ursprünglich zu seiner Mutter zurückgewandte Blick Hermanns ist auf das Tier fixiert, was der Darstellung entgegen der Ausgangsintention einen geradezu frohsinnigen Charakter verleiht. Das Fragment der Elisabethfigur aus der Szene mit dem Rosenwunder ist im unteren Bereich ergänzt und frei vor einen neutralen rechteckverglasten Hintergrund gestellt worden (Abb. 9, 17). Die zum Gebet erhobenen Hände wurden offensichtlich von einer der Adorantenfiguren aus der Heiligsprechungsszene (süd VII, 11 – 12 a/b) übernommen. Sie wirken unorganisch und geben dem Rosenwunder eine veränderte Akzentuierung.

In Anlehnung an das nebenstehende so genannte Tiefengrubenfenster und die gegenüberliegenden Fenster nord VI, nord VII und nord VIII schuf die Werkstatt Linnemann für die beiden Elisabethfenster großfigurige Glasmalereien, bei denen bahnübergreifend zwei, mitunter sogar 12 oder 16 Felder jeweils eine Szene bildeten. Wiederum war es das Ziel, den mittelalterlichen Chorzyklus angemessen zu vervollständigen. Die in sperrig-spröden Kompositionen und in strenger Linienführung gestalteten Glasmalereien vereinten stilistische Elemente der Gotik mit expressiven Zügen. Dabei konnte die Werkstatt auf Erfahrungen zurückgreifen, die sie in den Jahren 1909 – 1911 bei der Ergänzung der Fenster nord IV – nord VIII, insbe-

Abb. 10   Erfurt, Dom, Flucht von der Wartburg, Kartons zu süd VII 5–7 a–d, Werkstatt Linnemann 1912

Die hl. Elisabeth in der Glasmalerei des 19. und frühen 20. Jh. am Erfurter Dom

Abb. 11 Erfurt, Dom, Trauung der hl. Elisabeth und des Landgrafen Ludwig, Karton zu süd VII, 3/4 a/b, Werkstatt Linnemann 1912

Abb. 13 Erfurt, Dom, Elisabeth bei der Totenfürsorge und der Tod der Heiligen (süd VIII, 10–13 a–d), Werkstatt Linnemann 1913, Foto um 1913

Abb. 12 Erfurt, Dom, Hochzeit der hl. Elisabeth, Auszug des Landgrafen Ludwig zum Kreuzzug und Flucht von der Wartburg (süd VII, 3–7 a–d), Werkstatt Linnemann 1913, Foto um 1913

sondere beim Bonifatiusfenster (nord VII) und beim Helenafenster (nord VIII), gesammelt hatte.[66] Auch die tabernakelartige Rahmung der Szenen durch Säulen mit Mehrpassbögen, Eselsrücken, Wimpergen oder aufgesetzten Brüstungen, die Tiefenräumlichkeit mit sich bühnenartig eröffnender Perspektive, die Schmuckbordüren zur Untergliederung der oft zeilenübergreifenden Darstellungen oder die Teppich- bzw. Ornamenthintergründe orientierten sich stark an den Glasmalereien des frühen 15. Jahrhunderts. Die neuen Fenster wurden in Schwarz- und Braunlot auf Antik- und Überfangglas ausgeführt. Sparsame dunkle Konturen und ausgewischte helle Lichter in der Art von Weißhöhungen standen in hartem Kontrast zu einem fast flächendeckend gestupften und gewichsten halbtransparenten Überzug. Letzterer entsprach den allgemeinen Gepflogenheiten der musivischen Glasmalerei in den ersten Jahrzehnten des 20. Jahrhunderts. Er verlieh den Darstellungen einen fast düsteren, „mystischen" Gesamteindruck. In den gratigen Faltenzügen der Gewandung mit ihren aufgesetzten Lichtern und der konturbetonten Binnenzeichnung fühlt man sich an die Reliefs des Marburger Elisabethschreins (nach 1235) erinnert – freilich ohne dass direkte Beziehungen nachweisbar wären oder letztere gar als Vorbilder gedient hätten. Das ikonografische Programm der beiden Linnemannschen Elisabethfenster folgt in seinen Grundzügen der bereits in den Fresken des Moritz von Schwind auf der Wartburg angelegten Grundidee.[67] Stilistische oder kompositorische Über-

Abb. 14   Erfurt, Dom, Eingekerkerter aus der Szene Gefangenenbetreuung durch die hl. Elisabeth (süd VIII, 10 – 13 a – d), Werkstatt Linnemann 1913, Foto um 1913

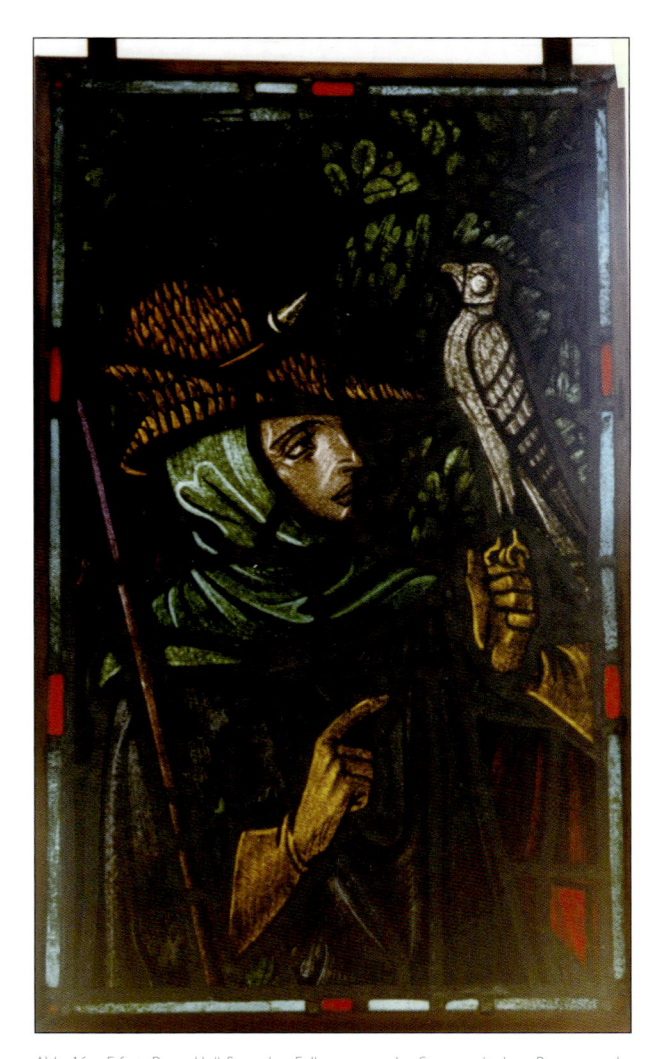

Abb. 16   Erfurt, Dom, Halbfigur des Falkners aus der Szene mit dem Rosenwunder (süd VIII, 8a), Werkstatt Linnemann 1913, Foto 1996

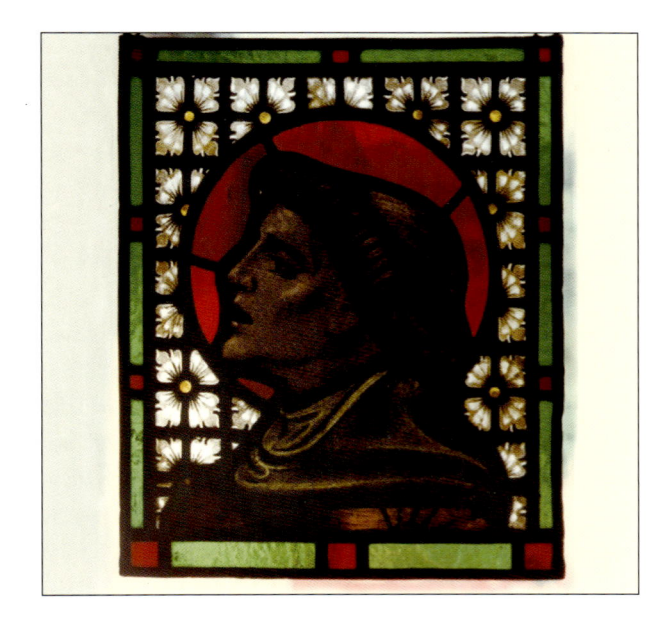

Abb. 15   Erfurt, Dom, Brustbild des Priesters aus der Trauungsszene (süd VII, 4b), Werkstatt Linnemann 1913, Foto 1996

einstimmungen sind jedoch auch hier nicht zu finden, lediglich in der Figur der vierjährigen in Thüringen ankommenden Elisabeth ergeben sich engere gestalterische Bezüge.

In ihrem 1914 erschienen Werkstattkatalog schildern die Gebrüder Linnemann ihre Arbeit an den beiden Elisabethfenstern wie folgt: „Der Chor des Erfurter Domes gehört durch seinen unvergleichlichen Reichtum an alten Glasmalereien zu einem der stimmungsvollsten Kirchenräume Deutschlands. Seine Harmonie war bis vor kurzem gestört durch zwei um die Mitte des 19. Jahrhunderts eingebrachte gemalte Fenster. Im Jahre 1912 wurden wir beauftragt, diese Fenster durch andere zu ersetzen, die sich der prachtvollen Stimmung der alten Chorfenster anpassen sollten, die wir gelegentlich der in unserem Atelier erfolgten Wiederherstellung von 6 dieser Prachtstücke eingehend studieren konnten. Die beiden Fenster enthalten in zahlreichen Bildern Scenen aus dem Leben der heiligen Elisabeth [...]. Die Fenster sind sehr satt und tief in der Farbe und schließen sich auch in Bezug auf Zeichnung und Kompositionsweise den alten an, natürlich ohne affektierten Archaismus oder unfreie Nachahmung

Abb. 17 Erfurt, Dom, Halbfigur der hl. Elisabeth aus der Szene mit dem Rosenwunder (süd VIII, 8c), Werkstatt Linnemann 1913, Foto 2007

der alten Formen. Um möglichste Einheitlichkeit in der Stimmung des Raumes zu erreichen, wurden wir auch gelegentlich der Erneuerung der Gewölbemalereien mit deren Überwachung betraut."[68] Die sensible Vollendung der Chorverglasung ohne eine sklavische Nachahmung der mittelalterlichen Vorbilder fand schon die Anerkennung der Zeitgenossen. So lobte etwa Bernard Müller in einem 1915 publizierten Artikel über „Neue Glasmalereien" die Elisabethfenster der Werkstatt Linnemann, die sich „dem Alten würdig anfügen, ohne die künstlerische Eigenart ihrer Schöpfer zu verleugnen […]. Bei den Erfurter Fenstern", so Müller weiter, seien „ganze Reihen feierlich großer und intim kleiner Szenen aus dem Leben und Wirken der hl. Elisabeth übereinander gruppiert […], zusammengefasst durch einen reichen architektonischen Aufbau, wie das der Gestaltung der alten Fenster" entspräche. Trotz der herben Gestaltungsweise registrierte der Autor in den Glasmalereien nicht zu Unrecht einen „Hauch der Romantik, von deren Zauber gerade diese […] Heiligengestalt wie kaum eine andere umwoben ist".[69]

Abb. 18 Erfurt, Dom, Halbfigur Hermanns aus der Szene mit der Flucht von der Wartburg (süd VII, 6d), Werkstatt Linnemann 1913, Foto 2007

Seit 1960 enthält das Fenster süd VII wieder Darstellungen aus dem Leben und Wirken der hl. Elisabeth von Thüringen. Sie sind inhaltlich stark an die beiden Elisabethfenster von 1913 angelehnt. Geschaffen wurden die Glasmalereien von Charles Crodel (Halle/München) in der Quedlinburger Werkstatt Ferdinand Müller. Das Fenster süd VIII stattete der Künstler mit Glasmalereien zum Thema der Offenbarung des Johannes aus.[70] Damit hat sich die von Pfarrer Kleinschmidt in Erwägung gezogene Ausdehnung des Themas auf drei Chorfenster nunmehr auf die Ausstattung eines Fensters reduziert.

Neben der erzählerischen Auseinandersetzung mit dem Thema in den beiden Chorfenstern süd VII und süd VIII finden sich in der Glasmalerei des späten 19. und frühen 20. Jahrhunderts am

Erfurter Dom auch zwei Beispiele von Darstellungen der Heiligen als Standfigur – dem am weitesten verbreiteten Gestaltungstyp. In beiden Fällen ist Elisabeth in reicher Kleidung als Landgräfin von Thüringen wiedergegeben und hält als Hinweis auf das Rosenwunder Rosenblüten in ihrem geschürzten Mantel. Scheibennimben kennzeichnen sie jeweils als Heilige. Gerade das Attribut der Rosen, das sich im 19. Jahrhundert besonderer Beliebtheit erfreute und nach vereinzelten frühen Beispielen sich erst im vorletzten Jahrhundert durchsetzte, kam dem romantischen Zeitgeschmack der Jahrhundertwende offenbar besonders entgegen.

Die hl. Elisabeth im Sakristeifenster nord IX (1895/96)[71]

Im Zuge der um 1900 zu Ende geführten Restaurierung des gesamten Kirchengebäudes wurde auch die am Nordturm des Domes gelegene mittelalterliche Sakristei neu verglast. Das Ostfenster der Sakristei (nord IX) besaß in den 1890er Jahren eine Butzenverglasung, die übrigen Fenster eine rechteckgeteilte Blankverglasung.[72] In den Maßwerken und Kopffeldern der Fenster nord IX und nord X befanden sich Reste mittelalterlicher Glasmalereien aus der Zeit nach 1380 und um 1410. Nachdem bereits im Jahre 1889 Gelder für „das Ausbessern der vorhandenen, mit Bleiverglasung versehenen Maaßwerkfenster" der Domsakristei veranschlagt worden waren[73], nahmen schließlich 1894 die Neuausstattung der Fenster mit Glasmalerei und die Restaurierung der mittelalterlichen Restbestände konkrete Formen an. Die Genehmigung des Vorhabens durch den Minister der geistlichen, Unterrichts- und Medicinal-Angelegenheiten erfolgte am 30. April 1894.[74] Da die zuständige preußische Baubehörde die Ansicht vertrat, dass die Glasmalerei „von einem Kunstglaser in hiesiger Gegend nicht richtig ausgebessert und ergänzt werden kann"[75], wurde das Königliche Institut für Glasmalerei aus Berlin-Charlottenburg mit den Arbeiten betraut.[76] Letzteres hatte 1893 bereits das Maßwerkoberlicht über dem Nordportal des Langhauses farbig verglast[77] und sollte zwischen 1897 und 1901 auch die Restaurierung und Ergänzung eines wesentlichen Teils der mittelalterlichen Chorverglasung übernehmen. Unter Einbeziehung der mittelalterlichen Reste entstanden drei figürliche Fenster für den damaligen Sakristeiraum. Das Ostfenster (nord IX) erhielt Standfiguren des hl. Martin (a-Bahn), der hl. Elisabeth (Mittelbahn) und des hl. Liborius (c-Bahn). Im Fenster nord X wurde Maria mit Jesuskind dargestellt, flankiert von den Apostelfürsten Petrus (a-Bahn) und Paulus (c-Bahn). Das Fenster nord XI zeigt die Heiligen Adolar (a-Bahn), Bonifatius (b-Bahn) und Eoban (c-Bahn). Der damals durch eine provisorische Wand von der eigentlichen Sakristei abgetrennte Küsterraum erhielt in seinem Fenster nord XII eine Verglasung mit Teppichmuster. Das Programm ging auf den Direktor des Königlichen Instituts Heinrich Bernhard und den damaligen Dompropst Karl Reick zurück.[78] Es wurde mit der zuständigen Kreisbauinspektion abgestimmt.[79] In einem ersten Vorschlag Bernhards

Ende Juni 1894 waren zunächst Darstellungen der Figuren der Hll. Bonifatius, Adolar, Eoban, Wigbert sowie Petrus und Paulus in Betracht gezogen worden, die in zwei Fenstern untergebracht werden sollten.[80] Für die beiden übrigen Fenster – eines in der Sakristei und dasjenige im Küsterraum – waren Teppichmuster vorgesehen, „weil der Herr Dompropst dasselbe besonders licht einfallen haben wollte, um lesen zu können".[81] Auf Grundlage dieser Angaben entstand eine Farbskizze, die Dompropst Reick zur Begutachtung und Genehmigung vorgelegt wurde. Reick korrigierte den Vorschlag in einigen Punkten. „Da die Figuren, nach der Farbenskizze zu urtheilen, in helleren Farbtönen ausgeführt werden sollen", so der Dompropst, „und daher das Licht nicht mehr dämpfen werden, als ein Teppichmuster, so verzichte ich auf die Erfüllung meines Wunsches, daß das eine Fenster [nord XI] bloß mit Teppichmuster versehen werde zu Gunsten des besseren Eindrucks, den eine gleichmäßige Behandlung der 3 Fenster in demselben Raume machen wird. Ich möchte dann im ersten Fenster links vom Eingange [nord XI] im mittleren Felde den hl. Petrus (dem, nach der gewöhnlichen Darstellung, auf dem Vorderhaupte noch ein kleines Haarbüschel gegeben wird,) links den hl. Adolar, rechts den hl. Eoban – beide als Bischöfe; im zweiten Fenster [nord X] der hl. Paulus, rechts den hl. Bonifatius (nach der üblichen Darstellung als Bischof mit dem durchstochenen Evangelienbuche), links den hl. Liborius, den Patron der Diöcese Paderborn – [im] östlichen, dem Eingange der Sakristei gegenüberliegende[n] Fenster [nord IX] im mittleren Felde die Patronin des Domes – ‚unsere liebe Frau' – (etwa die Sixtina oder die Regina coeli nach Deger – Original in der Schloßkapelle des Grafen v. Spee in Heltorf bei Düsseldorf) rechts die Conpatronin des Domes – die hl. Elisabeth mit den Rosen, links der hl. Martin, Bischof von Tours, als Patron der Erzdiöcese Mainz, zu welcher Erfurt bis zum Anfange dieses Jahrhunderts gehörte, dargestellt sehen."[82] Damit waren die noch heute in der Sakristeiverglasung wiedergegebenen Heiligen festgelegt, lediglich ihre Reihenfolge sollte sich noch verändern. Letztendlich setzte sich die noch heute vorzufindende Anordnung durch, die auch in einem Schreiben vom 26. September 1896 vom Direktor des Charlottenburger Instituts Heinrich Bernhard als abschließend verbindliche Lösung beschrieben wird.[83] Zumindest wurden die Glasmalereien in Berlin passend für diese Platzierung ausgeführt.

Mit den Darstellungen entstand ein figürliches Programm von bemerkenswerter Sinndichte. Es enthält sowohl christologisch-marianische Aspekte, verweist auf Heiligenverehrung am Ort bzw. in der Region und thematisiert auch die kirchenpolitische Verbindung zu den (Erz)diözesen Mainz, Fulda und Paderborn, denen Erfurt zu unterschiedlichen Zeiten angehörte.[84] Maria ist die Patronin des Domes, Adolar und Eoban sind seine Nebenpatrone. Darüber hinaus gilt Adolar als legendärer erster und einziger mittelalterlicher Bischof von Erfurt. Beide Bischöfe sind in einem Fenster zusammen mit dem Erfurter Bistumsgründer, dem Apostel der Deutschen und

Missionar Thüringens, St. Bonifatius, abgebildet, mit dem sie 754 in Dukkum das Martyrium erlitten haben. Die drei Bischöfe werden bis heute am Dom besonders verehrt. Bonifatius und vor allem der hl. Martin stehen außerdem für das Erzbistum Mainz, dem große Teile Thüringens mit der Stadt Erfurt über tausend Jahre angehörten. Der hl. Martin gilt darüber hinaus als Hauptpatron des Eichsfeldes, einer ausgeprägt katholischen Region Thüringens. Während der hl. Liborius als Diözesanpatron an die Zugehörigkeit Thüringer Gebiete und Erfurts zum Erzbistum Paderborn (zwischen 1821/25 und 1930) erinnert, verweist Bonifatius auf die Diözese Fulda und das zu ihr zählende Gebiet der Rhön. Neben dem Schutzheiligen Bonifatius steht die hl. Elisabeth als Patronin Thüringens. Dompropst Reick bezeichnete sie in der Aufstellung seines ikonografischen Programms außerdem als Nebenpatronin des Erfurter Domes.[85] Gegenüber den zunächst in Betracht gezogenen Lösungen erlangt die Heilige mit dem Ehrenplatz im Zentrum des Ostfensters abschließend einen nicht unerheblichen Bedeutungsgewinn innerhalb des ikonografischen Programms der Sakristeiverglasung. Für die Darstellungen der Gottesmutter mit Jesuskind und der Apostelfürsten Petrus und Paulus gab der Direktor des Königlichen Instituts – einer preußischen und damit protestantischen staatlichen Einrichtung – an, sie seien „als die bedeutendsten Figuren der christlichen Kirche noch dazu genommen" worden.[86] Die Domgemeinde und die katholische Christenheit in Erfurt werden in diesen Heiligen aber weit mehr gesehen haben. Gerade die Gottesmutter und der hl. Petrus dokumentierten unterschwellig deren Romtreue, was in der Zeit kurz nach dem Kulturkampf und zumal in einer preußisch regierten Stadt bemerkenswert erscheint.

Die Skizzen und Entwürfe für die neuen Sakristeifenster entstanden zwischen Mai und Juli 1894 – zunächst „2 Blatt Entwurfsskizzen".[87] Sie wurden neben dem Dompropst auch den zuständigen staatlichen Behörden, der Kreisbauinspektion und der Königlichen Regierung, Abteilung für Kirchen- und Schulwesen, zur Stellungnahme vorgelegt.[88] Die detaillierten Entwürfe zu den figürlichen Darstellungen können Franz Becker-Tempelburg zugewiesen werden.[89] Sie stellen ein Frühwerk des am 28. Juni 1876 in Tempelburg (Kreis Neustettin) gebürtigen Entwurfszeichners für Glasmalerei dar. Leider sind die Zeichnungen verloren. Vom Karton zur hl. Elisabeth ist nur noch eine fotografische Abbildung überliefert (Abb. 19).[90] Becker-Tempelburg absolvierte eine sechsjährige Ausbildung am Institut für Glasmalerei Berlin-Charlottenburg und wurde anschließend Schüler der Berliner Akademie.[91] Im Vorfeld der Entwurfsphase hatte Dompropst Reick nicht nur auf in Frage kommende Vorbilder verwiesen (siehe oben), sondern dem Königlichen Institut u.a. auch „3 Bilder der Heiligen Liborius und Martinus" als Vorlage zugesandt.[92] Die Genehmigung der Entwürfe durch das Ministerium der geistlichen, Unterrichts- und Medicinal-Angelegenheiten erfolgte mit Schreiben vom 9. Juli 1895.[93] Darin wird dem Charlottenburger Institut die

Abb. 19   Erfurt, Dom, die hl. Elisabeth im Sakristeifenster nord IX des Erfurter Doms, Karton nach Entwurf von Franz Becker-Tempelburg 1894/95

Auflage erteilt, zur Ausführung der Arbeiten mit dem Referenten des Ministers, dem Geheimen Oberregierungsrat Persius, in Verbindung zu treten und ihm die Kartons vorzulegen.[94]

Veranschlagt waren die Arbeiten inklusive der Restaurierung des mittelalterlichen Restbestandes der Sakristei auf 3 109 Mark.[95] Letztendlich scheinen sie aber kostenlos ausgeführt worden zu sein.[96] Die Auslösung des Auftrages durch die Königliche Kreisbauinspektion Erfurt erfolgte am 12. Dezember 1895 unter ausdrücklichem Hinweis auf die Notwendigkeit, die Kartons mit Persi-

Abb. 20 Erfurt, Dom, Sakristeifenster nord IX mit den Hll. Martin, Elisabeth und Liborius, Kgl. Institut für Glasmalerei Berlin-Charlottenburg 1896, Foto 1896

us abzustimmen.[97] Nach dem Ausbau der bei dieser Gelegenheit zu restaurierenden mittelalterlichen Reste und deren Versendung nach Berlin-Charlottenburg waren noch einzelne technische und gestalterische Detailfragen zu klären – etwa, ob die Bezeichnungen „links" bzw. „rechts" im heraldischen Sinne zu verstehen seien oder welche Attribute die Heiligen erhalten sollten.[98] Letztlich wurden die neuen Glasmalereien zwischen April und Juli 1896 ausgeführt.[99] Sie sind im Feld 1b des Ornamentfensters nord XII mit „KGL . INSTITUT . F . GLASMALEREI . BERLIN . 1896" signiert. 1895/96 arbeiteten an der Charlottenburger Einrichtung 8 Glasmaler und 2 Glasmalerinnen. Unter den ersten Glasmalern des Institutes, Gotthard Grassme, Oskar Konnopasch und Johann Burian, dürfte der Maler der Figuren und mithin auch der der hl. Elisabeth zu finden sein. An der Umsetzung des Gesamtprojektes waren möglicherweise mehrere Hände beteiligt. So könnte z. B. auch der im Institut auf Architektur spezialisierte Glasmaler Edmund Seifert in die Arbeiten involviert gewesen sein.[100]

Die Figuren in den Bahnen der Sakristeifenster stehen jeweils auf Konsolen und unter tabernakelartigen Architekturbaldachinen, die dem Stil der vorhandenen Glasmalereien des späten 14. und frühen 15. Jahrhunderts angelehnt sind. Gleiches gilt für die Ornamente der aus Schwarzlotüberzügen radierten Rankenhintergründe. Im Figürlichen verschmelzen die historischen Reminiszenzen mit zeitgenössischen Stilcharakteristika, wobei die akademische Auffassung der Jahrhundertwende insgesamt die Oberhand behält. Dies gilt insbesondere für die Figur der hl. Elisabeth, die in lieblicher mädchenhafter Anmutung wiedergegeben ist (Abb. 21). Ihr charaktervoll-scharf gezeichnetes und dennoch ebenmäßiges Gesicht wird von geflochtenen blonden Haaren eingefasst. Der Blick der jugendlichen Heiligen ist demutsvoll nach unten gerichtet, die Rechte sanft zur Brust geführt. Hell zeichnet sich das Inkarnat des Antlitzes und der im Halbton plastisch modellierten schmalen Hände ab, während der mit Rosen gefüllte Korb in ihrer Linken einen stilllebenhaften Ausdruck besitzt. Der blaue Mantel und das hoch gegürtete ornamental gemusterte weiße Kleid sind in der Manier des späten 14. Jahrhunderts drapiert. Eng anliegend bringen sie den schlanken Körper der Heiligen zur Geltung, die in angedeuteter Ponderation auf einer ausladenden, reich verzierten Konsole steht. Die Anmut der Heiligen wird wesentlich von einer betonten Schönlinigkeit der Zeichnung, der Drapierung und der Außensilhouette mitgetragen. Hier mag zu gewissen Teilen bereits der Zeitgeist des Jugendstils mitschwingen. In der Farbikonografie, in der Haltung der Figur oder in Details wie dem Lilienfries über der das Untergewand abschließenden Perlbandborte verbergen sich marianische Gestaltungstopoi. Die mit einer Blattkrone als Landgräfin gekennzeichnete und in ihrem Nimbus mit „Sancta Elisabeth" bezeichnete Heilige ist mit Schwarzlot, Braunlot und leicht ins Grünliche tendierender Farbe auf Antikglas gemalt. Die Verwendung von Silbergelb und Überfangglas bereichert das Gestaltungsrepertoire der Glasmalerei, die in zartem lasierendem Auftrag und feiner strichförmiger Modellierung ausgeführt ist. Dunkle Konturen und schmale radierte Lichter akzentuieren die hell hervortretende Figur und ihre Rahmenarchitektur.[101]

Am 20. und 21. Juli 1896 waren die fertiggestellten Sakristeifenster des Erfurter Domes im Charlottenburger Institut in der Berliner Straße 9 zur allgemeinen Besichtigung ausgestellt.[102] Überschwenglich lobte eine Berliner Tageszeitung die „feierlich und hoheitsvoll dastehenden Figuren, [...] eingeordnet in gothische Nischen von reizvollster und originellster Architektur", die auffallend „intime Behandlung, die sich in den Köpfen, in dem Faltenwurf, in der Musterung der Gewänder und in sonstigen Details zu erkennen giebt, den stimmungsvollsten Eindruck der milden Farbenpracht" und den „Einklang" der neuen Glasmalereien mit den integrierten mittelalterlichen Resten.[103]

Nach erfolgter Endabnahme der Glasmalereien durch Persius gingen die Fenster am 24. Juli 1896 in zwei Kisten zum Einbau nach Erfurt.[104] Im August 1896 setzte der Erfurter Glasermeister Rudert die fertig gestellten Scheiben in die Sakristeifenster des Domes ein.[105] Auf Grund eines technisches Missgeschicks konnte der Einbau jedoch nicht reibungslos vonstatten gehen. Offensichtlich hatte man bei der Anfertigung der neuen Glasmalereien die Maße für die Fenster nord IX und nord XI vertauscht.[106] Um die Beibehaltung des geplanten ikonografischen Programms dennoch sicherzustellen, mussten die bis dato im Fenster nord IX platzierten mittelalterlichen Reste nach nord XI versetzt und die Felder 3a–c am unteren Rand um ca. 10 cm gekürzt werden. Außerdem war ein Austausch der beiden äußeren Scheiben der dritten Zeile nötig. Bei den neuen Glasmalereien genügten geringfügige Korrekturen. Auch beim Ornamentfenster nord XII schienen sich Messfehler eingeschlichen zu haben. Regierungsbaumeister Büttner als zuständiger Beamter der Königlich Preußischen Regierung in Erfurt monierte bezüglich des Fensters, dass „der äußerste gelbe Streifen außer im Maßwerk ganz vom Falz verdeckt" sei und deshalb das Fenster so nicht abgenommen werden könne.[107] Auf Bernhards Angebot, notfalls Ersatz zu liefern[108], scheint man aber verzichtet zu haben.

Für die Felder nord IX 1c, nord XI, 1a und nord XII, 1a der neuen Sakristeifenster fertigte Schlossermeister Fischer drei Lüftungsflügel nach dem Sielaffschen Patent.[109] Die Gitter aus starken Eisenstäben, die sich an den Fenstern befanden, wurden durch engmaschige Schutzgitter aus der Werkstatt des Nadlermeisters Hermann Franke ersetzt.[110]

Die hl. Elisabeth aus der Kilianikapelle des Erfurter Doms (1900)

Bald nach der Verglasung der Sakristei wurden auch die vier dreibahnigen Maßwerkfenster der Kilianikapelle im Südflügel des Kreuzganges mit figürlichen Glasmalereien ausgestattet.[111] Die Arbeiten übernahm die Werkstatt Linnemann aus Frankfurt a. M. noch unter ihrem Firmengründer Alexander. In der Neuverglasung der Kilianikapelle griff die Werkstatt die Grundidee der Sakristeifenster von 1895/96 auf und wiederholte die Thematik in reduzierter Form. Die Fenster erhielten Darstellungen der Gottesmutter mit Jesuskind sowie der Heiligen Elisabeth, Adolar und Eoban als Standfiguren. Parallel dazu wurden die Fenster des damals unter der Kilianikapelle befindlichen Dommuseums ornamental verglast.[112] Ende April des Jahres 1900 konnten die fertigen Glasmalereien eingesetzt werden.[113]

Wie bei der Sakristei gab es auch bei der Kilianikapelle anfangs andere Vorstellungen über die in den Fenstern wiederzugebenden Motive. Zunächst war beabsichtigt, „in der Kilianikapelle eine etwas reichere Ausführung mit der Darstellung der Geburt, der Kreuzigung, der Auferstehung sowie der Ausgießung des heiligen Geistes" und „im Dom-Museum eine Ausführung vorwiegend en Grisaille ohne figürliche Darstellung" vornehmen zu lassen.[114] Wegen der zu hohen Preise musste jedoch von der „in Aussicht

Abb. 21   Erfurt, Dom, die hl. Elisabeth in nord IX, 1–3 b, Kgl. Institut für Glasmalerei Berlin-Charlottenburg 1896, Foto 1997

Abb. 22   Erfurt, Dom, Kartons zu Maria mit Kind und der hl. Elisabeth für zwei Fenster der Kilianikapelle, Werkstatt Linnemann 1900

genommenen Darstellung je einer Figurengruppe [...] Abstand genommen" werden.[115] Die Auswahl der Heiligen für die vier Fenster der Kilianikapelle erfolgte wiederum in Absprache zwischen der Abteilung für Kirchen- und Schulwesen der Königlichen Regierung in Erfurt in Person des Landbauinspektors Büttner und Dompropst Reick als Kirchenvorstandsvorsitzendem der Domgemeinde.[116] Wie wir wissen, fiel die Wahl auf „Maria und Elisabeth als Patronin und Conpatronin der Kirche" sowie auf Adolar und Eoban, die von Büttner nicht ganz korrekt „als die beiden ersten Bischöfe" von Erfurt bezeichnet werden.[117] An Kosten wurden für die vier Ornamentfenster des damaligen Dom-Museums 4 900 Mark, für die vier figürlichen Verglasungen der Kilianikapelle hingegen lediglich 2 400 Mark veranschlagt.[118] Im Februar 1900 waren die Glasmalereien für das Museum bereits vollendet und zwar nach Wunsch Büttners in der helleren der zwei angebotenen Varianten.[119]

Die hl. Elisabeth aus der Kilianikapelle ist mit ausschreitender Fußstellung leicht schräg ins Bild gesetzt (Abb. 23). Sie steht unter einem auf blattgeschmückten seitlichen Konsolen aufsitzenden Architekturbaldachin. Ihre fürstliche Kleidung kommt vor dem tief blauen ornamentalen Blattrankenmuster des Teppichhintergrundes besonders gut zur Geltung. Elisabeth ist als junge Frau mit blassem Inkarnat und hellem welligem Haar wiedergegeben. Sie hat einen auffallend langen Hals, eine schmale, etwas gebogene Nase, leicht geschwungene Augenbrauen, breite Augen und einen schmalen sinnlichen Mund. Ihr Kopf ist leicht geneigt, der Blick wiederum gesenkt. Als Kopfbeckung trägt sie ein orientalisch anmutendes, turbanähnlich drapiertes Tuch, das seitlich manschettenartig zusammengefasst ist und über der Stirn durch eine Brosche gerafft wird. Darüber erhebt sich eine breit ausladende, sehr vegetabil aufgefasste Blattkrone, die geradezu zu schweben scheint und sich vor dem gelb gerahmten grünen Scheibennimbus deutlich abzeichnet. Über einem weißen Hemd trägt die Heilige ein weiß gefüttertes grünes Kleid und ein gelb-violettes Mieder mit Perlbandbesatz und Schmuckmedaillons. In ihrem hermelinbesetzten, von einem breiten Tasselriemen gehaltenen roten Mantel präsentiert sie dem Betrachter die aus Brot verwandelten Rosen. Elisabeth ist in leicht s-förmig geschwungener Körperhaltung, mit vorgesetztem rechtem Bein und gegenläufigen Armbewegungen in einer verschränkten Komposition wiedergegeben, die sehr geschlossen wirkt und die Heilige introvertiert erscheinen lässt. Der perspektivisch fluchtende Fliesenfußboden wird vorderseitig von einem querrechteckigen Schriftfeld abgeschlossen. Es trägt die in gotisierenden Minuskeln ausgeführte Inschrift „st · elisabeth".

Stilistisch lehnte sich die Werkstatt Linnemann in den vier Fenstern der Kilianikapelle stark an die Gestaltungsweise des ausgehenden 15. Jahrhunderts an. Dies zeigt sich insbesondere in den Proportionen der Figuren, den winklig-knittrigen Falten der Gewänder und den Gesichtern der beiden männlichen Heiligen. In den verwendeten Materialien ist das Elisabethfenster der Kilianikapelle mit dem Sakristeifenster des Erfurter Domes vergleichbar. Es wurde ebenfalls in Braun- und Schwarzlot auf Antik- und rotem Überfangglas ausgeführt – lediglich auf Silbergelb wurde verzichtet. Maltechnisch gibt es zur Sakristeiverglasung jedoch leichte Unterschiede. So ist der Überzug flächiger angelegt, weicher in den Übergängen und differenzierter in seinen Transparenzstufen ausgebildet. Er bedeckt nahezu die gesamte Oberfläche. Die durch ausgewischte Partien gesetzten Lichter konzentrieren sich auf die Inkarnatbereiche, das Kopftuch und den Hermelinbesatz.

Die figürlichen Glasmalereien der Kilianikapelle befinden sich nicht mehr in situ. Im Mai/Juni 1933 wurden sie im Zusammenhang mit der Einrichtung einer Bibliothek und eines Archivs in der Kilianikapelle ausgebaut und die Fensteröffnungen von der Erfurter Firma Julius Dürrfeld/Söhne mit unbemaltem Antikglas geschlossen.[120] Für die neue Nutzung der Kapelle erschien den Verantwortlichen eine Farbverglasung zu dunkel. Nach Maßgabe waren die Linnemannschen Glasmalereien „sorgfältig in Kisten zur Aufbewahrung zu verpacken und nach Angabe beiseite zu stellen".[121] Glücklicherweise fand sich für die Kunstwerke bald ein neuer Standort, so dass sie bis heute erhalten geblieben sind. Als im Jahre 1940 ein Bedarf an Ausstattungsstücken für die damals als Notkirche der hiesigen Lorenzgemeinde errichtete Kapelle St. Georg bestand, wurden die

Glasmalereien der Gemeinde überlassen. Neben anderen Gegenständen aus der Erfurter Magdalenenkapelle erbat Pfarrer Wand im Namen des Kirchenvorstandes der Lorenzgemeinde mit Schreiben vom 27. März 1940 eine alte Kommunionbank und die aus der Kilianikapelle entfernten farbigen Fenster als Schenkung.[122] Auf seiner Sitzung vom 30. März 1940 beschloss der Kirchenvorstand des Domes die Überlassung der vier Fenster der Kilianikapelle an die Lorenzgemeinde.[123] Seither schmücken die Glasmalereien das kleine Gotteshaus St. Georg am Rande der Stadt Erfurt.[124]

Zusammenfassung

In der Zeit zwischen 1866 und 1868 erhielten die Fenster süd VII und süd VIII im Hohen Chor des Erfurter Domes zahlreiche szenische Darstellungen zum Leben der hl. Elisabeth von Thüringen. Sie wurden nach Entwürfen von Georg Eberlein (Nürnberg) in der rheinländischen Glasmalereiwerkstatt Friedrich Geißler (Ehrenbreitstein) geschaffen. 1913 erneuerte die Frankfurter Werkstatt Linnemann die Verglasungen mit zeitgenössischen Glasmalereien zum gleichen Thema. Inzwischen waren außerdem ein Fenster der Domsakristei und ein weiteres in der Kilianikapelle mit Einzeldarstellungen der hl. Elisabeth ausgestattet worden. Die wiederum in musivischer Technik ausgeführten Bleiverglasungen entstanden 1896 im Königlichen Institut für Glasmalerei Berlin-Charlottenburg bzw. im Jahre 1900 in der Werkstatt Linnemann. Damit besaß der Erfurter Dom den umfangreichsten Glasmalereibestand zum Thema der hl. Elisabeth nicht nur in Thüringen und Deutschland, sondern wahrscheinlich sogar weltweit. Anstelle der beiden im Zweiten Weltkrieg zerstörten und nur noch fragmentarisch erhaltenen Linnemannschen Elisabethfenster von 1913 verweist seit 1960 eine von Charles Crodel (München) geschaffene Verglasung in süd VII mit Szenen aus dem Leben der thüringischen Heiligen auf die bis in die sechziger Jahre des 19. Jahrhunderts zurückreichende Tradition.

Abb. 23 Erfurt, Dom, die hl. Elisabeth aus der Kilianikapelle (seit 1940 in St. Georg), Werkstatt Linnemann 1900

Rocco Curti

Ehemalige Bezirksparteischule der SED in Erfurt

Einführung

Die ehemalige Bezirksparteischule der Sozialistischen Einheitspartei Deutschlands (SED) wurde 1969–72 als Lehrgebäude für die innerparteiliche Kaderbildung im Bezirk Erfurt der Deutschen Demokratischen Republik (DDR) erbaut. Bezirksparteischulen waren eine besondere Bauaufgabe innerhalb der Architektur der 1960er und 1970er Jahre. Mit dem Baukomplex in Erfurt ist ein seltenes Exemplar dieser „Bauaufgabe Bezirksparteischule" in erstaunlich gutem und vollständigem Zustand erhalten geblieben. Das Thüringische Landesamt für Denkmalpflege und Archäologie hatte auf Anfrage des Staatsbauamtes seine Denkmaleigenschaft zu überprüfen. Zu diesem Zweck mussten die Gesamtheit des Schulkomplexes (mit Freibereichen, Interieur, technischer Ausstattung etc.) erfasst und seine Entstehungs- und Nutzungsgeschichte sowie seine Bedeutung im historischen Kontext erforscht werden. Im Ergebnis dieser Recherche konnte die Denkmaleigenschaft nach § 2 des Thüringer Denkmalschutzgesetzes (ThürDSchG) festgestellt werden. Da die Denkmalwürdigkeit gerade bei Bauten der jüngsten Vergangenheit in der Öffentlichkeit immer wieder angezweifelt und diskutiert wird, sollen im Folgenden die Gründe für die Unterschutzstellung des Schulkomplexes erläutert und das Denkmal in all seinen Teilen vorgestellt werden.

Fragestellung

„1960 plus – ein ausgeschlagenes Erbe?", unter diesem Titel hatte das Deutsche Nationalkomitee für Denkmalschutz (DNK) das Fachpublikum im April 2007 zu einer Tagung nach Berlin eingeladen. Die Tagung fand im ehemaligen Staatsratsgebäude (Roland Korn, Hans-Erich Bogatzky, 1960–64) statt und somit im einzigen verbliebenen Gebäude des damaligen politischen Zentrums der DDR am ehemaligen Marx-Engels-Platz. Was diese und andere Orte in Berlin (und nicht nur dort) angeht, muss man leider zu der Erkenntnis gelangen, dass dort das Erbe der 1960er und 1970er Jahre tatsächlich größtenteils ausgeschlagen wurde. Mangels politischer und stadtplanerischer Akzeptanz wurde hier u. a. das Außenministerium der DDR (Josef Kaiser, 1964–67) abgerissen, der Palast der Republik (Heinz Graffunder u. a., 1973–76) wird ebenfalls bald verschwunden sein. Fehlendes Interesse und Unwissenheit stehen der Erhaltung dieser Bauten oftmals im Wege – eine Problematik, die bereits während der Podiumsdiskussion[1] am ersten Abend der Tagung anschaulich zu Tage trat. Der Architektur dieser Zeit wurde von den anwesenden Politikern vehement der „Wohlfühlcharakter" abgesprochen. In den 1960er Jahren sei nicht historisch, sondern modern gebaut worden, und deshalb sei dem Bürger die Begegnung mit den Bauten der 1960er Jahre so schwierig. Der Bürger wolle sich in erster Linie in seiner Stadt wohlfühlen und sein negatives Votum müsse in einer Demokratie wahrgenommen werden. Erneut wurde auch die Frage nach der zeitlichen Grenze, an der man die Denkmalfähigkeit von Bauten festmachen könne, diskutiert. Norbert Huse gab jedoch zu bedenken, dass es keine Geschichte „à la carte" geben könne und somit eine Auswahl an Objekten nicht zulässig sei. Der zeitliche Abstand sei nicht allein ausschlaggebend. Auch die Andersartigkeit, die Fremdartigkeit könne eine entscheidende Denkmaleigenschaft sein. Zudem stellte er zutreffend fest, dass die Denkmalpflege in der Vergangenheit ihre Erfolge in der Öffentlichkeit mit der Agitation gegen den Funktionalismus der 1960er und 1970er Jahre erzielt hatte. Somit ist das Vermittlungsproblem der staatlichen Denkmalpflege – die nicht vorhandene Akzeptanz in der Öffentlichkeit, wenn es um den Schutz der Bauten dieser Epoche geht – zu großen Teilen hausgemacht.

Wie ist es nun um die Erhaltungsvoraussetzungen für die Architektur und den Städtebau der DDR bestellt? Nach 1989 gab es in Deutschland keine prinzipielle antisozialistische Haltung. Die Haltung gegenüber Staat und Staatsarchitektur nach der Wiedervereinigung war nicht mit der von 1945 zu vergleichen. Die Architektur der DDR hat heute mittlerweile gute Aussichten, als erhaltenswert eingestuft zu werden. Die Stimmen, die für eine pflegliche Behandlung des kulturellen Erbes der DDR sprechen, mehren sich[2], auch abseits von modisch-oberflächlichen Ostalgie-Wellen. Anfang der 1990er Jahre war die Situation jedoch noch eine andere. Das Deutsche Nationalkomitee für Denkmalschutz (DNK) und die Vereinigung der Landesdenkmalpfleger reagierten bezüglich einer eindeutigen Aussage für die Unterschutzstellung von DDR-Bauten anfangs zögerlich. Auf der Tagung der Vereinigung der Landesdenkmalpfleger 1991 in Potsdam wurde als Staatsarchitektur zumindest die Denkmalwürdigkeit der Stalinallee anerkannt.[3] Der Schutz der Bauten aus der Zeit ab 1960 bleibt allerdings problematisch. Von der Öffentlichkeit werden die baulichen Hinterlassenschaften der DDR oftmals als hässlich empfunden. Das betrifft vor allem die Architektur und den Städtebau ab 1960, da die Bauwerke aus jener Zeit[4] eine entschieden funktionalistische Sprache sprechen. Ihnen wird oftmals ein Mangel an architektonischer Qualität unterstellt, da zu ihren Merkmalen, ganz in der Tradition der Internationalen Moderne, gerasterte Fassaden aus vorgefertigten Elementen gehören. Den Zeitgenossen mag diese Architektur auf Grund des heutigen Ästhetikempfindens als zu karg und monoton erscheinen. Zudem stehen vor allem die Staatsbauten der DDR in äußerst exponierten Lagen. Hier möchte die Stadtplanung heute neue Akzente setzen.[5] Einen umfassenden Zustandsbericht „zur Problematik der Denkmalpflege bei Bauten der sechziger und siebziger Jahre" im Gebiet des

Freistaats Thüringen hat Mark Escherich 2004 in einem Arbeitsheft des Thüringischen Landesamtes für Denkmalpflege erstattet.[6] Angesichts der Uniformität der Bauwerke dieser Periode sei es nicht verwunderlich, dass den Hinterlassenschaften der DDR mit großen Vorbehalten begegnet werde.[7] Aus diesem Grund hat sich auch das DNK dem Thema der Erhaltung des baulichen Erbes der DDR der 1960er und 1970er Jahre nachdrücklich zugewandt. Spätestens seit der Veröffentlichung „Architektur und Städtebau der 60er Jahre – Planen und Bauen in der Bundesrepublik Deutschland und der DDR von 1960 bis 1975" im Jahr 2003 legte das DNK „einen Arbeitsschwerpunkt auf die im Zeitraum zwischen dem Mauerbau 1961 und dem Europäischen Denkmalschutzjahr 1975 entstandenen Zeugnisse der Architektur, der Gartenkultur und des Städtebaus in Deutschland. Im Vordergrund standen dabei Probleme der Denkmalerfassung und Denkmalbewertung dieser jungen Zeitschicht. In den meisten Bundesländern ist die Denkmalerfassung für das dritte Viertel des 20. Jahrhunderts nur lückenhaft erfolgt. Namentlich die Zeugnisse der 1960/70er Jahre stellen ein wichtiges Desiderat der Denkmalforschung dar, aber auch eine Forschungslücke der universitären Architektur- und Kunstgeschichte."[8] Letzteres gilt auch für Thüringen.

Die ehemalige Bezirksparteischule der SED in Erfurt – ein Kulturdenkmal?

Für Kulturdenkmale ist im Freistaat Thüringen weder eine bestimmte zeitliche Grenze noch ihr „Wohlfühlcharakter" von Bedeutung. Für die Beurteilung der Denkmaleigenschaft maßgeblich ist die gesetzliche Definition des § 2 des Thüringer Denkmalschutzgesetzes. Kulturdenkmale sind danach Sachen, Sachgesamtheiten oder Sachteile, an deren Erhaltung ein öffentliches Interesse besteht (so genannte Denkmalwürdigkeit). Öffentliches Interesse besteht, wenn diese Objekte aus geschichtlichen, künstlerischen, wissenschaftlichen, technischen, volkskundlichen oder städtebaulichen Gründen oder aus Gründen der historischen Dorfbildpflege von besonderer Bedeutung sind (so genannte Denkmalfähigkeit). Hinsichtlich des Schulkomplexes der ehemaligen Bezirksparteischule der Sozialistischen Einheitspartei Deutschlands (SED), Werner-Seelenbinder-Straße 14 in Erfurt (Abb. 1), waren Denkmalfähigkeit und Denkmalwürdigkeit sowohl für die einzelnen Teile als auch für die Gesamtanlage zu prüfen.[9]

Bereits im Jahre 2000 bestand, im Zusammenhang mit der Unterschutzstellung der ehemaligen Bezirksleitung der SED in Gera[10] durch das Thüringische Landesamt für Denkmalpflege (TLD), die Vermutung, dass auch für die ehemalige Bezirksparteischule der SED in Erfurt eine Denkmaleigenschaft bestehen könnte. Im Gutachten „Architektur 1960–1989 in Thüringen" von Mark Escherich aus dem Jahre 2001, beauftragt durch das TLD, wurde auf den Denkmalwert des Bauwerks ausdrücklich hingewiesen.[11]

Gesamtanlage und Außenbau

Mit dem Bau der Parteischule war als Generalprojektant das Wohnungsbaukombinat Erfurt, Betriebsteil VII Projektierung, Projektierungsbereich Weimar, beauftragt. Die Entwurfsstudie erstellten Heinz Gebauer (Komplexverantwortlicher) und Walter Schönfelder. In der Entwurfsphase waren, zusätzlich zu Gebauer und Schönfelder, Erich Neumann, Gottfried Mempel und Hannelore Henze beteiligt. Werner Wagner und Siegfried Terber waren als Künstlerkollektiv am Bau beschäftigt. Mit der Grünplanung war Erhard Kister betraut.[12] Der Bau gewann 1972 den Architektur-Preis des Bezirks Erfurt.[13]

Für den Standort des Schulkomplexes wurde Ende der 1960er Jahre ein Grundstück zwischen Südpark im Norden und der Werner-Seelenbinder-Straße im Süden gewählt. In nächster Nähe zum Standort befindet sich der Sportstättenbereich mit Steigerwaldstadion und Sportgymnasium westlich der ehemaligen Bezirksparteischule. Das Gelände steigt nach Süden um einige Meter in Richtung Steigerwald an (Abb. 2). Der Schulkomplex passt sich

Abb. 1 Erfurt, Schulkomplex, Blick auf den Haupteingang von Süden, 2007

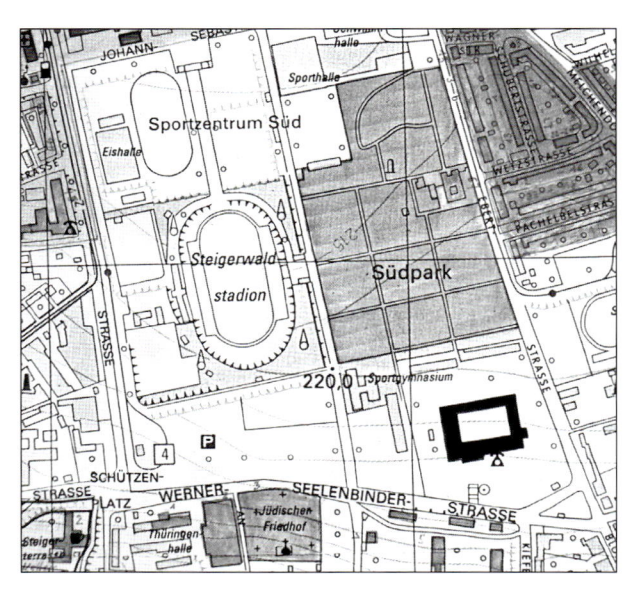

Abb. 2 Erfurt, Lageplan von 1993, Ausschnitt. Rechts unten die Bezirksparteischule, 2007

Abb. 3 Erfurt, Schulkomplex, Foyer, Modell der ehemaligen Bezirksparteischule der SED, 2007

Abb. 4 Erfurt, Schulkomplex, Detail der Fassade des Mehrzwecksaales, emaillierte Blechelemente, 2007

durch Geschossstaffelung an die Hangsituation an. Das städtebauliche Umfeld wird von Solitärbauten geprägt, dies besonders im Norden und Westen mit der Thüringenhalle, dem Stadion, der Eishalle und den Bauten der Landesregierung.

Der Gesamtkomplex ist funktional in Gebäudeteile gegliedert (Abb. 3). Er besteht aus drei Hauptbereichen: dem winkelartigen Lektions- und Wirtschaftstrakt, aus welchem das Auditorium Maximum (der große Mehrzwecksaal) als hoher kubischer Baukörper hervorgehoben ist, dem Seminargebäude und dem zwölfgeschossigen Internat als Höhendominante mit Fernwirkung. Die drei Hauptbereiche umschließen einen gartenartigen Innenhof. Der Gebäudekomplex ist in eine parkartige Grünanlage eingebettet. Östlich und nördlich der Schule befinden sich Parkplätze, die Zone für die Anlieferung liegt westlich, dem Wirtschaftsbereich zugeordnet. Der Hauptzugang erfolgt aus Richtung der Werner-Seelenbinder-Straße über die Südseite der Anlage. Insgesamt kann man von einer introvertierten, sich um einen Innenhof gruppierenden Anlage sprechen, die in einem Park steht. Die Parkanlage geht im Norden des Komplexes in den Erfurter Südpark über. Zu dem Ensemble gehören das Trafohäuschen im Westen und der Kindergarten im Nordwesten der Anlage.

Dem Konzept des nach Funktionen gegliederten Gebäudekomplexes folgt auch die Fassadenausbildung. Die Konstruktionsprinzipien sind an der Materialität der Fassadenverkleidungen erkennbar. Der Flachbau des Lektions- und Wirtschaftstrakts bildet den südlichen und westlichen Winkel des den Innenhof umschließenden Karrees. Er wird von dem kubischen, mit auffälligen blau emaillierten Blechelementen verkleideten Baukörper des Mehrzwecksaals (Audimax) überragt (Abb. 4). Die südliche Außenwand des Mehrzwecksaals ragt ab dem Obergeschoss über den Eingangsbereich hinaus, wird von vier Stützen abgefangen und bildet somit eine überdachte Eingangszone. Bis zur breiten Attika, die die Konstruktionshöhe der Dachkonstruktion des Saales erahnen lässt, ist die Fassade des Mehrzwecksaals umlaufend mit einem Endlosmuster aus quadratischen Emailpyramidenelementen ver-

kleidet. In der Aneinanderreihung der Emailtafeln ergibt dies eine stark gegliederte, waffelartige Oberflächenstruktur. Die Spitzen der Pyramidenelemente sind aus der geometrischen Mitte des quadratischen Elements geschoben. Das Relief wird durch diese asymmetrische Gestaltung des einzelnen Elements belebt und die Monotonie der Wiederholung gebrochen. Gehalten werden die Elemente durch Pressleisten. Bauten mit geschlossenen Endlosmuster-Fassaden, die man als Bezugsobjekte heranziehen kann, sind beispielsweise die Mensa, das Haupt- und das Seminargebäude der ehemaligen Karl-Marx-Universität in Leipzig (Hermann Henselmann u. a., 1968–1974)[14] und das ehemalige Warenhaus Konsument in Leipzig (Günter Walter u. a., 1966–68)[15] (Abb. 5, 6). „Im Bereich des Mehrzwecksaals wurde eine Stahlskelettkonstruktion eingesetzt; erstmalig wurde hier die VT-Falten-Dachdeckung [trapezförmige Faltwerkträger aus Spannbeton] für den Gesellschaftsbau angewandt."[16] An der Südfassade belichtet ein Fensterband mit hochrechteckigen Elementen den Vorbereich des Mehrzwecksaals im Obergeschoss. Eine gelochte Vorhangfassade (ebenfalls mit Endlosmuster) verkleidet den Sanitärtrakt an der Südwestecke des Komplexes.

Der zu den Parkplätzen im Norden hin dreigeschossige Baukörper des Seminargebäudes erstreckt sich fast über die gesamte Länge des Schulkomplexes (Abb. 7). Durch den Niveauunterschied im Gelände treten vom Innenhof aus gesehen allerdings nur zwei Geschosse sichtbar hervor. Der Baukörper wurde in der so genannten 2-MP-Skelettbauweise errichtet. Die Mittelgangerschließung teilt den Riegel in zwei Hälften. Im Norden liegen die Seminarräume, im Süden – zum Innenhof – die ehemaligen Räume des Lehrpersonals. Die Fassaden im Norden und im Innenhof werden mittels durchlaufender Fensterbänder gegliedert. Im Fensterband sind pro Konstruktionsachse drei hochrechteckige Fensterflächen angeordnet. Vor der Stütze liegt innerhalb der Ebene des Fensterbandes ein abdeckendes rotes Paneel, passend dazu auch der rote Anstrich der Fensterrahmen (auf der Nordseite stark verblasst).

Abb. 5   Leipzig, ehemaliges Hauptgebäude der Universität, Blick von Westen während des Abbruchs, 2007

Das Internat wurde als Hochhaus mit zwölf Geschossen in der so genannten Montagebauweise 5Mp errichtet. In der Ansicht von Osten besitzt der Bau mit eine ausgeprägte Sockelzone und einen hervortretenden Treppenhaus- und Fahrstuhlturm, welcher zudem die geschossweise angeordneten Klubräume aufnimmt (Abb. 8). Der Sockel umfasst zwei Geschosse des Internatsgebäudes und ist, im Gegensatz zu den restlichen Obergeschossen, leicht zurückgesetzt sowie achsen- und geschossweise in Felder gegliedert. Die hochrechteckigen Fassadenelemente des Sockels (passend dazu: hochrechteckige Fensterelemente) sind grau, die senkrechten und waagerechten Konstruktionsglieder weiß gefasst. Die übrige Fassade wird durch eine geschossweise horizontale Gliederung bestimmt. In jedem Plattenelement sitzt ein dreiteiliges Fenster. Die Seitenflächen des Internatshochhauses (Nord- und Südfassade) sind aus relieffierten Plattenelementen zusammengesetzt, die insgesamt ein sich wiederholendes wabenartiges Endlosmuster ergeben. Die stark gegliederte Fassade – mit ihren Erhebungen und Senken – wird durch das vertikale Fenster- und Brüstungsband (blaue Brüstungselemente) der dahinter liegenden Mittelgangerschließung geteilt.

Abb. 6   Leipzig, ehemaliges Warenhaus Konsument, 2007

Abb. 7   Erfurt, Schulkomplex, Seminargebäude, Blick von Nordwesten, 2007

Innenräume

Der Erdgeschosszone kommt innerhalb des Gesamtkomplexes eine ganz besondere Bedeutung zu. Sie bindet sämtliche Funktionen zusammen und ist dabei eine Symbiose aus Typenbau (Internat- und Seminargebäude) und individueller Bauweise. Auf die Gestaltung dieses Bereichs wurde allergrößter Wert gelegt. Der Eingangsbereich mit seiner – bedingt durch die ansteigende Bestuhlung des darüber gelegenen Mehrzwecksaals – nach Süden hin aufsteigenden Decke, welche mit einer Vielzahl kleiner kastenförmiger, halb in die Decke eingelassener Lampen bestückt ist, leitet in die umliegenden Gebäudeteile über und bildet gleichzeitig das Foyer für das Audimax. Gegenüber dem Windfang, an der Wand zum ehemaligen Speisesaal,

Abb. 8   Erfurt, Schulkomplex, Blick auf das Internatshochhaus von Südosten, 2007

befindet sich ein großformatiges Wandbild von Werner Wagner und Siegfried Terber aus dem Jahre 1972, wandfest ausgeführt. Dargestellt sind 26 Personen aus verschiedenen Berufen und Altersgruppen mit den jeweiligen Attributen. Im Zentrum steht ein Arbeiter (Abb. 9), von hier aus entwickeln sich konzentrische Kreise, Ellipsen und andere Segmente, vorwiegend in Rottönen gehalten. Zum Rand hin bilden die Geometrien aufschwingende rote Fahnen, während die Größe der Figuren abnimmt. Die geometrischen Linien liegen teilweise transparent über den Figuren, bilden mit ihnen Überschneidungen oder sind in den Hintergrund gerückt. Die Berufsgruppen sind (grob) einzuteilen in Kunst und Kultur (Maler, Tänzer, Schauspieler), Landwirtschaft, Bau, Ingenieurswesen bzw. Technik. Dies mag ein Hinweis auf den alle Teile der Gesellschaft erfassenden Bildungsauftrag der ehemaligen Bezirksparteischule sein. Der Künstler Werner Wagner war in Sömmerda mit der künstlerischen Gestaltung der Fassade der Marktsüdseite (Sgraffiti in Zusammenarbeit mit Herbert Reiher) betraut.[17]

Besonders aufwendig gestaltet ist der Treppenaufgang zum Audimax. An den Rändern des Eingangsbereichs führen einläufige Treppen mit Zwischenpodest auf die Empore des Foyers. Von der Empore aus gelangt man in den Saal bzw. über einläufige geschwungene Treppen in die oberen Ränge des Saals und in die Technikräume (Abb. 10). Der Saal (550 Sitzplätze) selbst hat eine bemerkenswerte, nach akustischen Erfordernissen gestaltete gefaltete Decke (Abb. 11). Grundsätzlich ist festzustellen, dass große Teile des bauzeitlichen Mobiliars, der wandfesten Ausstattung, der abgehängten Decken und der Architekturoberflächen erhalten sind. Dies gilt insbesondere für die Eingangs- und Aufgangssituation zum Mehrzwecksaal, den Saal selbst, die zwei großen Lektionssäle mit dem davorliegenden Gang, zahlreiche Wohneinheiten, Klubräume und Teeküchen des Internatsgebäudes, aber auch für die im Keller erhaltenen Räumlichkeiten der Kegelbahn. Die Geschlossenheit in der Überlieferung der Innenausstattung steht der des gesamten Komplexes in nichts nach.

Das Gebäude ist mit zahlreichen Räumlichkeiten versehen, die die technischen Anlagen und deren Steuerung bzw. Kontrolle aufnehmen: in den Kellern Elektroanschlussräume, Räume für Heiz- und Klimageräte, Räume zur Steuerung der technischen Anlagen, zudem die an das Audimax angeschlossenen Räume für den Mitschnitt, Dia- und Filmvorführung sowie für die Dolmetscher. Besonders die großen Lektionssäle, das Audimax und seine Foyerbereiche sowie der Speisesaal werden durch abgehängte, teilweise gerasterte Decken und in die Decken integrierte Beleuchtungskörper bestimmt. Die Gestaltung der Deckenuntersicht variiert je nach Bedeutung der Räumlichkeiten.

Garten- und Freiflächengestaltung

Der gesamte Außenbereich des Grundstücks ist als offene Parkanlage mit Rasenflächen, Baumgruppen, Wegesystemen (mit Laternen) und Pflanzbeeten (angrenzend an das Gebäude und die terrassierte Treppenanlage) mit niedrigen Gehölzen und bodendeckenden Pflanzen gestaltet. Vor allem im Süden der Anlage übernimmt der Park eine wichtige raumgliedernde und zum Gebäude überleitende Funktion. Laut Entwurfsverfasser wurde der alte Baumbestand weitestgehend erhalten.[18] An der Westseite des Gebäudes ist dem Wirtschaftsbereich, mit direktem Zugang zum Gaststättenbereich, eine Terrasse mit Grillplatz zugeordnet. Eingefasst wird die plattenbelegte Terrasse durch bossierte Kalksteinquadermauern und eine Mauer aus Beton-Lochsteinelementen.

Abb. 9 Erfurt, Schulkomplex, Foyer im Erdgeschoss, Detail des Wandbildes, Arbeiter, zentrales Motiv, 2007

Abb. 10 Erfurt, Schulkomplex, Empore des Foyers, östliche Treppe zu den oberen Saalbereichen, 2007

Abb. 11 Erfurt, Schulkomplex, Mehrzwecksaal, Bereich der oberen Sitzreihen, Decke, 2007

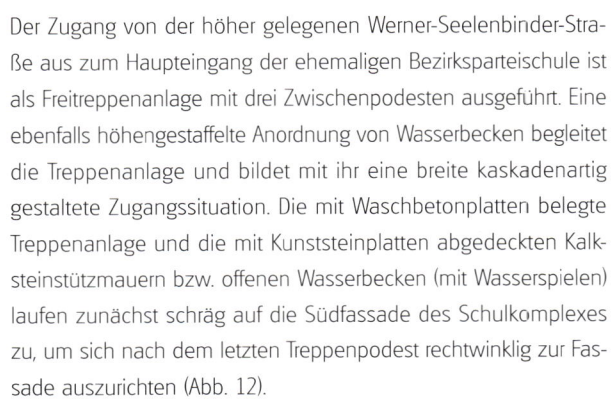

Abb. 12 Erfurt, Schulkomplex, Zugang mit Freitreppenanlage, Blick vom Dach des Internatshochhauses, 2007

Der Zugang von der höher gelegenen Werner-Seelenbinder-Straße aus zum Haupteingang der ehemaligen Bezirksparteischule ist als Freitreppenanlage mit drei Zwischenpodesten ausgeführt. Eine ebenfalls höhengestaffelte Anordnung von Wasserbecken begleitet die Treppenanlage und bildet mit ihr eine breite kaskadenartig gestaltete Zugangssituation. Die mit Waschbetonplatten belegte Treppenanlage und die mit Kunststeinplatten abgedeckten Kalksteinstützmauern bzw. offenen Wasserbecken (mit Wasserspielen) laufen zunächst schräg auf die Südfassade des Schulkomplexes zu, um sich nach dem letzten Treppenpodest rechtwinklig zur Fassade auszurichten (Abb. 12).

Von höchster Bedeutung für den Gesamtentwurf und zentrales Element der Anlage ist der Innenhof. „Der allseitig umbaute Innenhof dient der Pausenerholung und ist von allen Gebäudeteilen direkt erreichbar. Er wird begrenzt von dem Speisesaal, den Lektionssälen der Bibliothek und den Lesesälen und erhielt als schmückendes Element eine Büste Ernst Thälmanns."[19] Die bauzeitliche Gestaltung ist heute noch recht gut nachvollziehbar. Die ehemals vorhandenen Wasserbecken sind zwar, soweit sie bodenbündig eingelassen waren, verfüllt und mit Gehwegplatten belegt, jedoch noch eindeutig erkennbar. Ein ebenfalls erhaltenes erhöhtes Wasserbecken ist abgedeckt. Darüber hinaus sind die bauzeitlichen Pergolen und Wegesysteme größtenteils überliefert, ebenso die Reste eines Steingartens und der artenreiche Bewuchs. Die einfühlsame Gestaltung mit Bäumen und Sträuchern, die Zonierung des Innenhofs durch Beete und Wasserflächen (Wasserspiele), die in die inneren Funktionsbereiche überleitenden Wegesysteme und die gefühlvolle Abstimmung der einzelnen Elemente zueinander deuten auf die hohe Bedeutung des Innenhofs für das Leben im Schulkomplex hin (Abb. 13). Die vermutlich größte Störung ist im östlichen Bereich des Innenhofs anzunehmen. Hier sind Beete, Pergolen und die Stele mit der Büste Thälmanns entfernt worden.

Die Gestaltung der Freiflächen stammt von Erhard Kister, der in Erfurt bei nahezu allen bedeutenden städtebaulichen und architektonischen Projekten der Zeit die Freiflächenplanung übernommen hat. Zu nennen sind hier die Projekte „Leninstraße" (heutige Johannesstraße, 1969/73) mit der Freiraumgestaltung zwischen den Altbauten im Bereich des „Haus zum Stockfisch" und dem Neubau am Juri-Gagarin-Ring[21], „Juri-Gagarin-Ring, südlicher Teil" (1973/81)[22], „Juri-Gagarin-Ring, östlicher Teil" (1967/68)[23], „Wohnkomplex Johannesplatz" (1965/70)[24], das „Naherholungsgebiet Nordstrand" (1972/76)[25], der „Wohnkomplex Rieth" (1971/74)[26], der „Wohnkomplex Nordhäuser Straße" (1973/78)[27] und der „Wohnkomplex Roter Berg" (1977)[28]. Zudem hat Kister die Freiflächen des Wohnkomplexes des Uhren- und Maschinenkombinats Ruhla in Seebach (1974) geplant.[29]

Überlieferungszustand

Das Gebäude befindet sich in einem hervorragenden Überlieferungszustand. Es gab keine grundlegenden Erneuerungsmaßnahmen, somit sind alle Fassadenflächen und Grundrissstrukturen, bis auf die Unterteilung der ehemaligen Bibliothek, unverändert überliefert. Gleiches gilt für die feste Innenausstattung des Wirtschafts- und Lektionsgebäudes. In eingeschränktem Maße sind die Innenausstattungen der Räumlichkeiten im ehemaligen Internatshochhaus erhalten geblieben. Viele bauzeitliche Möbelstücke (und sogar Gardinen und Vorhänge) sind noch in den Zimmern (Abb. 14, 15), den Gemeinschaftsküchen und ehemaligen Klubräumen (Abb. 16) vorhanden. Das Mobiliar, das von den heutigen Nutzern nicht mehr gebraucht bzw. gewünscht wurde, ist zu großen Teilen im Haus eingelagert. An der Nordseite des Seminargebäudes wurde außen ein Treppenzugang mit Überdachung angefügt. Die größten Eingriffe geschahen im Innenhof: Entfernung der Büste Thälmanns mit der entsprechenden Stele, Verfüllung und Abdeckung der Wasserbecken, Reduktion der Gestaltungselemente wie Beete, Gehölze, Pergolen.

Abb. 13 Erfurt, Schulkomplex, Innenhof, Blick nach Westen, 2007

Denkmalfähigkeit

Wie bereits eingangs erläutert, werden im § 2 ThürDSchG sieben verschiedene Kriterien der Denkmalfähigkeit genannt, die sich überschneiden können. Ein einziges Kriterium ist allerdings bereits ausreichend, um einer Sache die Denkmaleigenschaft zuzuerkennen. Das Alter einer Sache ist in Thüringen, im Gegensatz zu anderen Ländern der Bundesrepublik Deutschland, nicht ausdrücklich konstituierend für deren Denkmaleigenschaft. So wird beispielsweise im Bayerischen Denkmalschutzgesetz nur Sachen aus vergangener Zeit, sprich aus einer historisch abgeschlossenen Epoche, die Denkmalfähigkeit zugestanden. Das ThürDSchG stellt speziell die historische Dimension einer Sache heraus: Zeugnisse einer geschichtlichen Entwicklung sollen geschützt werden.[30] Sämtliche Teile des Schulkomplexes stammen aus einer mit dem Zeitpunkt der Wiedervereinigung Deutschlands historisch abgeschlossenen Epoche.[31] Im Folgenden werden alle Ebenen der Denkmalfähigkeit des Schulkomplexes erläutert.

„Die Sache muss von einem Ereignis oder einer Entwicklung Zeugnis geben. Beispiele: Allgemeine Geschichte, Zweige wie Vor-, Heimat-, Religions-, Sozial-, Architektur- und Technikgeschichte u.v.a.m."[32] Bedeutung kommt dem gesamten Schulkomplex insbesondere für die Bereiche der Stadt- und Landesgeschichte, der Geschichte des Partei- und Bildungssystems der DDR und der Architekturgeschichte (seltener Bautypus, charakteristische Architektursprache für die Epoche) zu.

Nach der Gründung der Sozialistischen Einheitspartei Deutschlands (SED) 1946, welche aus dem Zusammenschluss von Kommunistischer Partei Deutschlands (KPD) und Sozialdemokratischer Partei Deutschlands (SPD) entstanden ist, wurden zunächst alle wichtigen Parteipositionen paritätisch besetzt. Auf der 12. Tagung der SED 1948 wurde beschlossen, die SED in eine „Partei neuen Typus" umzuwandeln, was faktisch die Übernahme des stalinistischen Parteimodells der Kommunistischen Partei der Sowjetunion (KPdSU) bedeutete. Dies leitete eine Reihe von „Parteisäuberungen" ein. Ab 1949 sollten

Abb. 14 Erfurt, Schulkomplex, ehemaliges Internatshochhaus, Doppelzimmer mit Interieur, Schreibtische, 2007

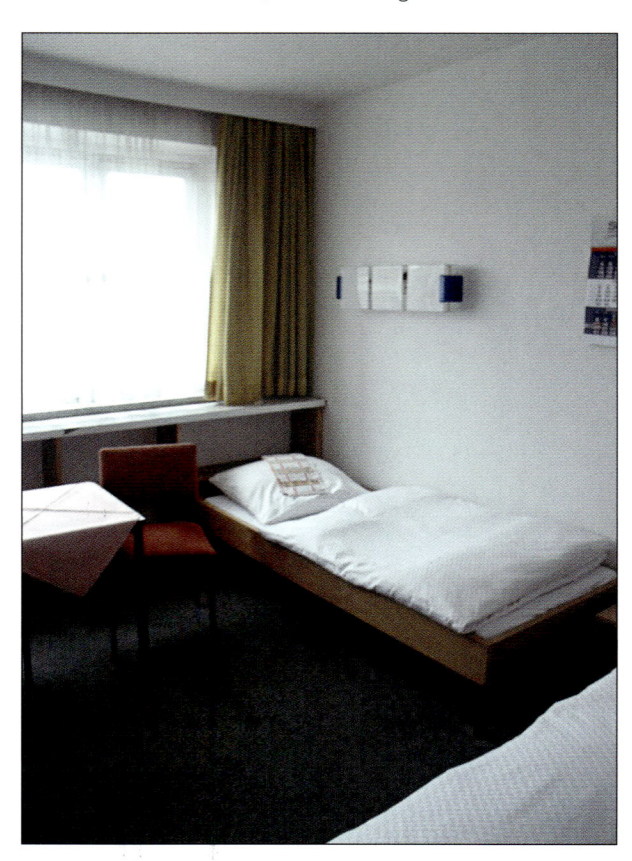

Abb. 15 Erfurt, Schulkomplex, ehemaliges Internatshochhaus, Doppelzimmer mit Interieur, Betten, 2007

Abb. 16 Erfurt, Schulkomplex, ehemaliges Internatshochhaus, Klubraum mit Interieur, 2007

nach dem Prinzip des „demokratischen Zentralismus" die „Besten und Fähigsten", unabhängig von ihrer früheren Parteizugehörigkeit, in leitende Funktionen gelangen. Das Prinzip des paritätischen Parteiaufbaus wurde aufgehoben. Ehemalige Sozialdemokraten und kritische ehemalige KPD-Mitglieder wurden aus Führungspositionen und sogar aus der Partei verdrängt. Die SED war in der Folge dieses Beschlusses streng hierarchisch gegliedert.[33] „Das höchste Organ war der alle vier Jahre zusammentretende Parteitag, der das Zentralkomitee (ZK) wählte, von dem wiederum auf der ersten nach dem Parteitag stattfindenden konstituierenden Sitzung das Politbüro des ZK, das Sekretariat des ZK und der Generalsekretär gewählt wurde. Auch diese Wahlen waren keineswegs Ergebnisse freier Diskussionen und Entscheidungen […] sondern parteiöffentliche Akklamation von Personalentscheidungen, die von der jeweiligen Leitungsebene hinter verschlossenen Türen stattfanden. Diese zentrale Struktur wiederholte sich auf Bezirks- und Kreisebene, die der staatlichen Administration angepasst […] war. […] Einen weiteren Einschnitt stellte der IV. Parteitag 1954 dar: Neben der Festschreibung der Führungsrolle der SED sollten nun in allen gewählten Organen des Staates und in den Massenorganisationen Parteigruppen gebildet werden, die administrativ den jeweiligen SED-Leitungen unterstellt wurden. Die Grundorganisationen in den VEB, MTS, VEG und LPG [Volkseigenen Betrieben, Maschinen-Traktoren-Stationen, Volkseigenen Gütern und Landwirtschaftlichen Produktionsgenossenschaften] erhielten ausdrückliches Kontrollrecht über die Tätigkeit der Betriebsleitungen, so dass die SED in der Folgezeit alle gesellschaftlichen Bereiche unter ihre Kontrolle bekam."[34] Die umfassende Kontrolle aller gesellschaftlichen Bereiche durch die SED-Führung bedeutete aber auch, dass sich die Partei-Führung immer mehr von der Gesellschaft entfernte. Macht und Machtbefugnis konzentrierten sich zunehmend auf kleine Gruppen von Entscheidungsträgern. Folglich erhielten immer weniger Personen immer mehr Einfluss. Durch eine ritualisierte Parteidisziplin sollte dieser gesellschaftliche Einfluss gefestigt werden. Ziel der Parteiführung war es, möglichst alle Mitglieder zu gläubigen Parteisoldaten zu erziehen. Die SED verfügte zwar über einen nahezu[35] „unbeschränkten Zugriff auf Informationen jeder Art, besaß jedoch nie eine zusammenfassende Lageanalyse. Die Mitglieder wurden regelmäßig ‚auf Linie getrimmt', wofür die Parteischulung gemäß dem Vorrang der Ideologie von dominanter Bedeutung war. Die Schulung erfolgte auf allen Ebenen vor allem in Form der Vorgabe von Interpretationen zentraler Beschlüsse und Reden etc. Dazu verfügte die SED über parteieigene, dem Sekretariat des ZK oder den jeweiligen Regionalleitungen unterstellte Studien- und Bildungseinrichtungen: Die Akademie für Gesellschaftswissenschaften beim ZK, das Institut für Marxismus-Leninismus beim ZK und die Parteihochschule Karl Marx beim ZK übernahmen die Aus- und Weiterbildung der höheren Kader, Bezirks- und Kreisparteischulen die der Mitglieder niederer Leitungen; für alle Mitglieder wurde außer den Lehrgängen an den Bildungsstätten regelmäßig das so genannte Parteilehrjahr (mindestens monatlich) durchgeführt. […] Nahmen SED-Mitglieder gegenüber offiziellen Richtlinien kritisch Stellung, wurden sie von der Parteiführung oder anderen Dogmatikern an der Basis konsequent bekämpft."[36]

Nach der 2. Parteikonferenz der SED im Juli 1952 wurde in Weimar die Bezirksparteischule der Bezirksleitung Erfurt eröffnet. Am 10. April 1953 begann der erste Einjahreslehrgang. Standort der Bezirksparteischule „Otto Grotewohl" in Weimar war das 1935/37 vom Architekten Georg Schirrmeister errichtete Haus des Ärztebundes Thüringen, Bauhausstraße 11. Auf Beschluss der Parteiführung wurde die Bezirksparteischule 1956 von Weimar nach Erfurt verlegt[37], „um die materiellen Bedingungen zur Erhöhung der Qualität und Effektivität der Erziehungsarbeit weiter zu verbessern".[38] Ab dem 4. April 1956 wurden in Erfurt in der Bezirksparteischule „Rosa Luxemburg" in der Altonaer Straße 25, dem heute umgebauten Gebäudekomplex der Fachhochschule (FH) Erfurt, die Kader der Bezirksleitungen Suhl[39] und Erfurt ausgebildet. Als „die Räumlichkeiten in der Altonaer Straße den gewachsenen Anforderungen an eine moderne und zweckmäßige Bildungseinrichtung der Partei nicht mehr entsprachen, wurde der Neubau einer Bezirksparteischule beschlossen […]. Nach zweijähriger Bauzeit übergab am 20. Januar 1972 das Mitglied des Politbüros und Sekretär des ZK, Genosse Werner Lamberz, diese Bildungseinrichtung der Bezirksparteiorganisation Erfurt und verlieh ihr den ehrenvollen und verpflichtenden Namen des großen Revolutionärs und hervorragenden Theoretikers ‚Ernst Thälmann'"[40], heißt es in der Festschrift zum 35-jährigen Bestehen der Bezirksparteischule Erfurt.

Die Struktur von Lehre und Ausbildung und die Hierarchie innerhalb der Bezirksparteischule lassen sich folgendermaßen umschreiben: Die Lehrgänge waren typologisch in Jahreslehrgänge, Fernunterrichtslehrgänge, Dreimonatslehrgänge und Kurzlehrgänge gegliedert. Der Schulleiter übertrug die Beschlüsse des Zentralkomitees der SED und der Bezirksleitung Erfurt, unter Herausarbeitung von Schwerpunkten, auf die Bildungs- und Erziehungsarbeit der Schule und „qualifizierte" das Lehrerkollektiv dahingehend. Die Parteileitung der so genannten Grundorganisation (kleinste Basisorganisationseinheit der SED in Betrieben und Einrichtungen[41]) sicherte den Einfluss der Partei und die Durchführung der Beschlüsse in allen Partei-, Arbeits- und Studienkollektiven. Die Lehrgangsleiter hatten in Zusammenarbeit mit den Lehrstuhlleitern die inhaltliche Gestaltung der Lehre zu sichern. Unterstützend kam hier die Arbeit der so genannten Massenorganisationen (z. B. Freier Deutscher Gewerkschaftsbund, FDGB, als Massenorganisation für die Gesamtheit der Werktätigen) hinzu, die durch „klassenmäßige Erziehung und politische Qualifizierung" sowie durch kulturelle Angebote auf die „Persönlichkeitsentwicklung" der Lehrgangteilnehmer und Mitarbeiter im Sinne der SED Einfluss nahm. Vier Lehrstühle (67 Mitarbeiter, 1988) übernahmen die Ausbildung der Kader in den Bereichen „Marxistisch-leninistische Philosophie", „Marxistisch-leninistische politische Ökonomie", „Geschichte der deutschen und internationalen Arbeiterbewegung" sowie dem Bereich „Partei/Parteileben". Um die Beschlüsse der Parteitage auf den Bezirk Erfurt anwenden zu können, erarbeitete das sogenannte Lehrkabinett (21 Mitarbeiter, 1988) in Abstimmung mit den Lehrstühlen Anschauungs- und Unterrichtsmaterialien.[42] „In diesem Prozeß leisten die Mitarbeiter der Bibliothek, der Dokumentation/Information einschließlich des Lesesaals, der Vervielfältigung, der Grafik, der Fotografie und der Unterrichtstechnik eine bedeutende und verantwortungsvolle Arbeit. So verfügt zum Beispiel die Bibliothek über ein umfassendes Angebot an gesellschaftswissenschaftlicher Literatur, Belletristik und Schallplatten."[43] Die Bibliothek besaß 38 000 Bände.[44]

Im Wirtschaftsbereich der Bezirksparteischule gab es zahlreiche Einrichtungen mit entsprechendem Personal: Verwaltung, Hausmeisterbereich, Bedienung und Wartung der technischen Anlagen, Handwerkerbereich (Tischler, Schlosser, Elektriker, Klempner und Kraftfahrer), Küche, Speisesaal und Gaststätte, Betriebswache, Reinigungspersonal. Das angrenzende Kinderheim verfügte über 35 Kinderkrippen-, 75 Kindergarten- und 35 Schülerplätze. Zusätzlich wurden Dienstleistungen angeboten, wie Volksbuchhandlung und Konsum-Verkaufseinrichtung. Die Schule verfügte zur ärztlichen Versorgung über ein Betriebsambulatorium.[45] Strenge Hierarchisierung, funktionale Gliederung (in Arbeitsweise und Architektur), der introvertierte Charakter des Schulgebäudes, die Lage am Rande der Stadt Erfurt und die Ausstattung mit sämtlichen Versorgungseinrichtungen lassen den Schluss zu, dass es sich bei der Bezirksparteischule um ein abgeschottetes, autarkes Gebilde, eine fast klosterähnliche Anlage handelte.

Dem Schulkomplex kommt eine eigene architekturgeschichtliche Bedeutung zu. Die Grundsteinlegung erfolgte 1969 und somit im selben Jahr wie die der Bezirksparteischule in Rostock[46] (Fertigstellung 1970). Die beiden Schulen sind die ersten Neubauten der „Bauaufgabe Bezirksparteischule", die in den 1970er Jahren fertig gestellt wurden. Nach dem Konzept der Rostocker und Erfurter Schule, mit den funktional getrennten Bauteilen Internat, Wirtschaftsgebäude, Seminargebäude, Innenhof und Außenanlagen, wurden – mit Variationen des Grundthemas und unter Anpassung an die jeweilige Situation – auch die Neubauten in Neubrandenburg (1974/75)[47], Potsdam (1975/78)[48], Frankfurt an der Oder (1976/79)[49] und Schwerin (1979)[50] errichtet. Obwohl das Baugeschehen in der DDR in der Zeit nach 1960 zentralistisch diktiert und von Industrialisierung sowie Mangelwirtschaft geprägt war, gab es vereinzelt Möglichkeiten individueller Planung.[51] Das Beispiel der ehemaligen Bezirksparteischule in Erfurt ist ein solcher Fall. Trotz Einsatz von Typenbauweisen bei Internats- und Seminargebäude finden sich individuelle Gestaltungen in Bereichen des Lektions- und Wirtschaftstraktes und natürlich in den Freiflächen.

Eine künstlerische Bedeutung liegt vor, wenn die Sache einen ästhetisch-gestalterischen Willen verkörpert.[52] Der Kommentar des Thüringer Denkmalschutzgesetzes präzisiert diese Aussage: „Das Merkmal der ‚künstlerischen Gründe' i. S. d. § 2 Abs. 1 verlangt eine gesteigerte ästhetische oder gestalterische Qualität. Sie ist […] z. B. gegeben, wenn Sachen das ‚ästhetische Empfinden in besonderem Maße ansprechen oder zumindest den Eindruck vermitteln, dass etwas nicht Alltägliches oder eine Anlage mit Symbolgehalt geschaffen worden ist', wenn ihnen ‚exemplarischer Charakter' für eine bestimmte Stilrichtung oder für das Werk eines Künstlers beizumessen ist oder wenn sich Form und Funktion eines Werks in besonders gelungener Weise entsprechen. Entscheidend ist, dass sich eine individuelle schöpferische Leistung auf der Basis künstlerischer Inspiration ablesen lässt. Nicht erforderlich ist, dass das Werk Schmuckformen aufweist; ausreichend ist, dass sich Form und Zweck nach Stilmerkmalen eines Kunstideals seiner Zeit entsprechen."[53] Dem Gesamtkomplex kommt, obwohl Teilbereiche wie das Seminargebäude (2-Mp-Skelettbauweise) und das Internat (5-Mp-Montagebauweise) aus vorgefertigten Teilen erstellt worden sind, eine gesteigerte ästhetische und gestalterische Qualität zu. Der besondere und individuelle Gestaltungswille ist sehr gut am Lektions- und Wirtschaftsgebäude (Abb. 17) sowie an den Garten- und Freiflächen (Abb. 18) erkennbar. Die Baukörpergruppierung um den Innenhof folgt zwar dem Rostocker Vorbild, ist aber für den Erfurter Standort individuell abgewandelt und somit einzigartig.

Wissenschaftliche Bedeutung liegt vor, wenn ein Zweig der Wissenschaft, z. B. Archäologie, Anthropologie, Volkskunde, berührt wird.[54] Der Gesamtanlage kommt mindestens eine volkskundliche Bedeutung zu, weil sie von fast zwanzig Jahre währenden Lebens- und Arbeitsumständen im Bildungssystem der DDR zeugt. Eine weitere Bedeutungsebene ist die geschichtswissenschaftliche. Der Bau ist als Informationsträger der Geschichte der SED-Bezirksparteischulen, welche bisher in einem sehr geringen Maße aufgearbeitet ist, zu schützen. Die Denkmaleigenschaft ist aus Gründen der Bedeutung des Baus für die Wissenschaft gegeben.

Abb. 17   Erfurt, Schulkomplex, Empore des Foyers, Gesamtgestaltung mit westlicher Treppe, 2007

Abb. 18   Erfurt, Schulkomplex, Innenhof, Blick vom Dach des Internatshochhauses, 2007

Den Anlagen des technischen Ausbaus[55] des Schulkomplexes kommt eine besondere technikgeschichtliche Bedeutung zu. Auch hier befindet sich die Ausstattung in bemerkenswert gutem Zustand und in nahezu lückenloser Überlieferung. Die ehemalige Bezirksparteischule der SED verfügt über ein ausgeklügeltes Belüftungs- und Klimatisierungssystem. Sämtliche großen Räume im Erdgeschoss des Lektions- und Wirtschaftstrakts werden in getrennter Weise versorgt. Die Technik ist bauzeitlich und funktionstüchtig. Lediglich die zentrale Heizungsanlage wurde erneuert. Das Gebäude verfügt über einen Dieselgenerator aus dem Jahre 1971, der als Notstromaggregat dient. Sämtliche bauzeitlichen Räume für die technische Infrastruktur wie der Anschlussraum für elektrischen Strom, die Ansaugvorrichtung für die Luft der Klima- und Belüftungsanlage, der Schaltraum und die Telefonanlage sind, mit den ursprünglichen Gerätschaften bestückt, erhalten geblieben, ebenso die historische Technik der drei Aufzüge im Internatsbau. Alle Teile der erhaltenen technischen Ausstattung werden von den Mitarbeitern der Hausverwaltung (obwohl teilweise bereits in Rente) liebevoll gepflegt. Für viele Bauteile gibt es bereits keine Ersatzteile mehr (z. B. die Schaltung der Aufzüge). Erhalten, aber nicht mehr in Betrieb ist die Kegelbahn (Abb. 19). Die Anlagen des technischen Ausbaus zeugen lebhaft vom handwerklichen und technischen Wirken der Zeit um 1970. Weiterhin muss erwähnt werden, dass im Bereich des Wirtschafts- und Lektionsbaus zum ersten Mal eine Deckung aus VT-Falten an einem Gebäude von gesellschaftlicher Zweckbestimmung eingesetzt wurde.

„Städtebauliche Bedeutung hat ein Gegenstand, wenn er allein oder zusammen mit anderen das Orts-, Straßen- oder Landschaftsbild prägt."[56] Von einer besonderen städtebaulichen Bedeutung kann ausgegangen werden, „wenn ein Gebäude zu einer stadtgeschichtlichen oder stadtentwicklungsgeschichtlichen Unverwechselbarkeit führt".[57] Zwar stehen historische Straßenverläufe, Weganlagen, Orts- und Parzellengrundrisse, stadträumliche Beziehungen und Standorte von Bauten im Vordergrund. Eine städtebauliche Bedeutung kann jedoch auch vorliegen, wenn ein Bauwerk Gliederung und Erscheinungsbild eines Ortes prägt.[58] Der Schulkomplex ist weit von den zwei anliegenden Straßen (Werner-Seelenbinder-Straße und Friedrich-Ebert-Straße) zurückgesetzt. Wegen der Platzierung des Gebäudekomplexes inmitten einer parkartigen Grünanlage muss man von einem Solitärbaukörper sprechen. Allein durch die Höhendominante des Internatsgebäudes tritt eine Fernwirkung ein (Abb. 20). Das Erscheinungsbild des Ortes wird allerdings durch die Beziehung der Bauteile zueinander, den Wechsel im Material, die skulpturale Hervorhebung von Gebäudeteilen bzw. Funktionen und der Wirkung der Gesamtkomposition geprägt. Somit liegt eine städtebauliche Bedeutung vor.

Abb. 19   Erfurt, Schulkomplex, Wirtschafts- und Lektionstrakt, Kellergeschoss, Kegelbahnanlage mit Möbellager, 2007

Denkmalwürdigkeit

Für die Beurteilung der Denkmaleigenschaft maßgeblich ist die gesetzliche Definition des ThürDSchG. Kulturdenkmale sind Sachen, Sachgesamtheiten oder Sachteile, die im öffentlichen Interesse zu erhalten sind (so genannte Denkmalwürdigkeit). „Das öffentliche Interesse ist zu bejahen, wenn zumindest einem größeren Kreis von Sachverständigen oder Interessenten die Überzeugung von der D-Würdigkeit besteht oder sich diese einem verständigen Betrachter offenkundig erschließt […]."[59]

„Dem Seltenheitswert wird bei der Prüfung des öffentlichen Erhaltungsinteresses ein primärer Rang eingeräumt. Die Seltenheit allein vermag aber die Denkmaleigenschaft nicht zu begründen: Stets ist zuvor ein Schutzgrund zu benennen, der das Objekt denkmalfähig macht. Es wäre missverständlich, wenn das Merkmal der Seltenheit dazu gebraucht würde, den Denkmalschutz und die Denkmalpflege auf die Erhaltung von gewissermaßen ‚letzten Exemplaren' zu beschränken. Dörfliche und urbane Kulturlandschaften können nur dadurch erhalten werden, dass auch gleichartige und gleichwertige Objekte als Denkmal geschützt werden. Von untergeordnetem Gewicht ist das Kriterium ‚Seltenheit' regelmäßig dann, wenn der Aussagewert gerade durch seine Situation im Gefüge gleichartiger Denkmäler aus derselben Entstehungszeit gesteigert wird."[60]

„Eine Sache unterliegt insbesondere nicht dann erst dem DSchG, wenn sie ‚einzigartig, erstklassig oder hervorragend' ist […]. Das Merkmal ‚bedeutend' in § 2 Abs. 1 DSchG NW (ebenso ThDSchG) soll nur belanglose Sachen, etwa Massenprodukte, aus dem Denkmalschutz ausschließen. Es bedeutet nicht, dass lediglich herausragende Objekte erhalten werden sollen […]."[61] Im Falle der ehemaligen Bezirksparteischule des SED in Erfurt ist insbesondere die künstlerische Bedeutung der Gestaltung, wohl am besten zu erkennen an Innenhof sowie Lektions- und Wirtschaftsgebäude (sowohl Außenbau als auch Interieur), als herausgehoben anzusehen. Die feine Komposition der einzelnen Bauteile des Komplexes zueinander, das alle Funktionen verbindende Erdgeschoss, das längs zum Geländeanstieg platzierte Internatshochhaus und die damit verbundene städtebauliche Wirkung der Anlage sprechen für eine hohe Gestaltungsqualität mit gesteigertem Anspruch. Die Bedeutung der Einrichtung für die Kaderausbildung der SED und als Repräsentationsgebäude in Zusammenhang mit der Pflege internationaler Kontakte hat eine besonders repräsentative Anlage nötig gemacht.

Erwähnt wurde der Schulkomplex bereits 1979 im „Architekturführer der DDR. Bezirk Erfurt". Bestätigt wurde die besondere Bedeutung des Schulkomplexes im Jahre 2000 durch die ausführliche Würdigung als ein bedeutendes Beispiel der Architektur des 20. Jahrhunderts im „Architekturführer Thüringen. Vom Bauhaus bis heute", ein Werk, das auf rein sachlich wissenschaftlichen Ergebnissen unabhängiger Fachleute beruht.[62] Die Aufnahme in den „Architekturführer Thüringen", welcher mittlerweile zu Recht als Standardwerk zur jüngsten Architekturgeschichte Thüringens gelten darf und welcher als Forschungsprojekt die Unterstützung des Thüringer Kultusministeriums und der Stiftung Baukultur genießt, bezeugt nochmals die besondere Bedeutung des Schulkomplexes.[63] Ebenfalls wurde das Bauwerk im Architekturführer „Architektur in Erfurt. Von den 20ern bis zur Gegenwart" gewürdigt. Dieser Architekturführer, welcher innerhalb eines Projekts des Fachbereichs Architektur der FH Erfurt 1999 erstellt worden ist, erhebt den Anspruch, Objekte von besonderer Qualität zu dokumentieren, die besonders charakteristisch für ihre Entstehungszeit sind. Es werden auch beispielhafte Zeugnisse der DDR-Architektur dargestellt.[64]

Fazit

Es ist festzustellen, dass der Schulkomplex der ehemaligen Bezirksparteischule der SED als Einzelgebäude bzw. Gebäudekomplex für die Denkmallandschaft von Erfurt, Thüringen und für das Gebiet der ehemaligen DDR von besonderer Bedeutung ist. Das öffentliche Interesse an der Erhaltung des Gebäudekomplexes ist damit hinreichend dargelegt. Dieses Interesse wird nicht dadurch in Frage gestellt, dass bisher keine Unterschutzstellung erfolgt ist.

Abb. 20   Erfurt, Schulkomplex, Blick vom Petersberg, in der Mitte im Hintergrund das Internatshochhaus vor dem Steigerwald, 2007

Das Gebäude stellt einen unverzichtbaren Baustein der Geschichte der DDR dar. Denn durch eine Recherche zur Bauaufgabe Bezirksparteischule in der DDR konnte belegt werden, dass es sich hierbei wohl um das letzte gut überlieferte Exemplar seiner Gattung mit Denkmalwert in Deutschland handelt. Nach derzeitigem Kenntnisstand kann man innerhalb des Neubauprogramms für Bezirksparteischulen der SED zwischen 1969 und 1979 von sechs Neubauten sprechen. Der Bezirksparteischule der SED in Rostock von 1970 folgte die Erfurter Schule 1972. Sie ist somit die zweite Schule, welche dieser Epoche und dieser Bauaufgabe zugehörig ist. Ihr folgten 1974/75 der Bau in Neubrandenburg, 1978 Potsdam, 1979 Frankfurt/Oder, 1979 Schwerin. Vor dem Neubauprogramm waren die Bezirksparteischulen vorwiegend in Altbauten (siehe Schleusingen und Weimar) untergebracht. Die Rostocker Schule wird heute als Behördenzentrum genutzt und wurde zu diesem Zweck umgestaltet.[65] In Neubrandenburg wurde die Schule zum „Hotel am Ring" umgebaut und völlig verändert.[66] Auch in Potsdam wurde die ehemalige Bezirksparteischule nach der Wende als „Residence Hotel" genutzt, später zu Wohnzwecken grundlegend umgebaut. Hierbei wurde der Mehrzwecksaal abgerissen.[67] Die Europa-Universität Viadrina nutzt seit 2004 die Gebäudeteile der ehemaligen Bezirksparteischule in Frankfurt an der Oder als Hochschulgebäude mit Auditorium Maximum (ehemalige Verwaltungs-, Hörsaal- und Seminargebäude) und als Studentenwohnhaus (ehemaliges Internat). Die vorhandenen Gebäude wurden für die Nachnutzung grundlegend verändert.[68] Die Fachhochschule des Bundes zog nach der Wiedervereinigung in den Schweriner Schulkomplex ein. Der Bau steht allerdings seit dem Jahr 2000 leer. Zurzeit wird eine neue Nutzungskonzeption entwickelt.[69]

Der Erhaltungszustand des Erfurter Gebäudekomplexes lässt sich, im Gegensatz zu den anderen Bauten, als sehr gut beschreiben. Der Gesamtkomplex wird bis heute durchgehend genutzt. Irreversible Veränderungen wurden an der Heizanlage vorgenommen, die Dachabdichtung wurde in großen Teilen erneuert. Schäden sind bei den Begehungen nicht wahrgenommen worden. Mängel am Anstrich der Fassade und der Fenster (Internat und Seminargebäude) sind auffällig. Die Untersuchung des Objekts hat mehrere Dinge klar aufgezeigt. Die Architekten der DDR um 1970 hatten gestalterischen Spielraum, wenn es um besondere oder staatlich bedeutende Bauaufgaben ging. Einzelne handwerklich hergestellte Bauteile (leichte Trennwände, Heizkörperverkleidungen, Treppengeländer, Handläufe etc.) konnten somit individuell gestaltet werden. Manche Details der Bezirksparteischule von 1972 scheinen sogar mehr zur Architektursprache der 1950er Jahre zu passen (Abb. 21).[70] Darüber hinaus stehen aber noch einige Fragen im Raum. Die Geschichte der Kaderbildung innerhalb der SED-Diktatur muss viel genauer untersucht werden. Ein weiteres Forschungsdesiderat ist das Thema der Freiflächenplanung und das Wirken der Landschaftsarchitekten der Zeit um 1970. Aufgabe der Denkmalpflege wird es sein, durch weitere Forschungen zum Objekt und zum Thema ein vertieftes Verständnis zu erhalten und außerdem durch einen Bindungsplan eine denkmalverträgliche Um- oder Weiternutzung des Schulkomplexes zu ermöglichen.[71]

Abb. 21 Erfurt, Schulkomplex, Empore des Foyers, Gestaltungsdetail mit Treppengeländer und Heizkörperverkleidung, 2007

Nicola Damrich

Gera 2007 – Frisches Grün für eine ganze Stadt?

In die Annalen der Stadt Gera wird das Jahr 2007 als das Jahr der ersten Bundesgartenschau (BUGA) in Thüringen eingehen. Mit diesem Ereignis sind zehn Jahre Vorbereitungszeit verbunden, in denen auch Denkmalpflege und Denkmalschutz maßgeblich zum Gelingen der BUGA beigetragen haben. Die Stadt präsentiert sich heute mit fröhlichem Gesicht – was sich vorher auf dem Geraer Gelände der BUGA und im näheren Umfeld befand und saniert wurde, wird schnell vergessen sein.

Die Inventarisierung der Kulturdenkmale, also die wissenschaftliche Untersuchung und Bewertung, hatte in diesem Prozess eine wesentliche Bedeutung. Mit der tieferen Analyse der einzelnen Objekte konnten die relevanten denkmalkundlichen Belange erarbeitet und vermittelt werden. Ein wichtiger Beitrag des Thüringischen Landesamtes für Denkmalpflege und Archäologie (TLDA) in Kooperation mit der Otto-Dix-Stadt Gera zum Festjahr 2007 ist die „Denkmaltopographie Bundesrepublik Deutschland. Kulturdenkmale in Thüringen. Band 3. Stadt Gera", die in Zusammenarbeit mit der Denkmalschutzbehörde, dem Stadtarchiv, den Museen der Stadt Gera und Fachautoren realisiert werden konnte. Sie stellt die Kulturdenkmale der Stadt Gera monografisch dar und erläutert in einleitenden Aufsätzen ihren kulturhistorischen und topografischen Kontext. Erstmals sind alle greifbaren Daten zu den Objekten zusammengefasst und analytisch untersucht. Mit dem dritten Band in der Reihe der Denkmaltopographien Thüringens sind bauhistorische Fakten und Interpretationen der überlieferten Substanz als Grundlage für den denkmalpflegerischen Umgang bei Um- und Nachnutzung und Sanierung publiziert und damit zugänglich bzw. nutzbar gemacht worden.

Ein weiterer Beitrag sind die beiden Hefte in der Reihe „Kulturdenkmale in Gera" zum Küchengarten und Theater, herausgegeben von der Stadt Gera/Denkmalschutzbehörde und dem TLDA. Sie beleuchten umfassend die Entstehungs- und Nutzungsgeschichte der beiden zentralen Kulturdenkmale im BUGA-Gelände sowie den denkmalrelevanten Aspekt in der komplexen Problematik der Wiederherstellung bzw. Sanierung.

Bei einer Veranstaltung des Thüringer Kultusministeriums im Thüringen-Pavillon auf dem BUGA-Gelände informierte das Thüringische Landesamt für Denkmalpflege und Archäologie am 26.6.2007 mit Vorträgen, u. a. zu Gartendenkmalen in Thüringen und zur Sanierung des Geraer Theaters, über aktuelle Fragen zu prominenten Garten- und Baudenkmalen in Gera.

Darüber hinaus sind zahlreiche Artikel zum Thema erschienen, genannt seien die Beiträge von Martin Baumann und Sabine Schellenberg in „Stadt + Grün."[1]

Im Geraer Kerngebiet der Bundesgartenschau haben weitreichende Eingriffe und Veränderungen das Gelände nachhaltig verbessert: So sind durch die neue Trasse der Stadtbahnlinie 1 nicht nur Neu-Untermhaus mit dem Friedrich-Naumann-Platz und den neu geschaffenen Platzräumen Orangerieplatz und Theaterplatz an das Verkehrsnetz angeschlossen. Auch der Mohrenplatz als Auftakt zu Alt-Untermhaus ist von der Haltestelle Orangerieplatz zu Fuß über die Küchengartenallee rasch zu erreichen. Die Verkehrsberuhigung in diesem Stadtteil bringt Lebens- und Erlebnisqualität in die Küchengartenallee und die Gutenbergstraße und insbesondere in den Küchengarten selbst zurück. Die Revitalisierung des zentrumsnahen Erholungsparks durch nachhaltige Nutzung darf auch über die BUGA hinaus erwartet werden. Die Anbindung sollte auch für die städtischen Museen in der Orangerie und im Otto-Dix-Haus am Mohrenplatz von Nutzen sein. Der Verlust eines Teils des Gartengrundstücks des Kulturdenkmals Theaterstraße 2 kann hinsichtlich des Gewinns als verträglich bezeichnet werden.

Mit der neuen Trassenführung der Ortsumfahrung Süd-Ost-Tangente, die parallel zum Bahndamm gelegt wurde, konnten die Industriebrachen dort neu geordnet werden. Vor allem aber wurde mit der BUGA-Planung eine neue Gestaltung des Hofwiesenparks erreicht. Ein Gewinn ist darüber hinaus für die Prinzenhäuser an der nun im nördlichen Teil verkehrsberuhigten Straße am Sommerbad zu verzeichnen. Mit der Neugestaltung des Bahnhofsvorplatzes und seines Umfeldes sind zwar nicht originär denkmalpflegerische Felder besetzt, aber diese Freiraumplanungen sind weitgehend mit den Trägern öffentlicher Belange, darunter auch der staatlichen Denkmalpflege, abgestimmt.

Im BUGA-Kerngebiet wurden die Kulturdenkmale Küchengarten, Orangerie, Theater, Küchengartenallee[2], Villa Jahr[3] und der Ortskern Alt-Untermhaus mit Mohrenplatz und ehemaligem Kammergut saniert. Außerdem wurden das Stadion instand gesetzt, das Stadtbad durch einen Neubau ersetzt und die Hofwiesen neu gestaltet. Auch Schloss Osterstein profitierte u. a. mit Kunstprojekten, mit der Öffnung des Schlossgartens und mit der Wiederherstellung des Brunnens im Schlossgarten durch Initiative der Geraer Wohnbaugesellschaft (GWB) Elstertal GmbH und weiterer Spender von der Durchführung der Gartenschau. Die Kulturdenkmale Dahliengarten[4] und Haus Schulenburg waren mit Sanierungsmaßnahmen und Veranstaltungen als Begleitprojekte an die Bundesgartenschau angeschlossen.

Die Komplexität der Stadtsanierung kann in diesem Beitrag nur angedeutet werden. Exemplarisch sollen einige wenige Projekte vorgestellt werden, zu deren Verwirklichung der Freistaat Thüringen durch fachliche Beratung seitens des Landesamtes für Denkmalpflege und Archäologie sowie auch maßgeblich durch finanzielle Förderung beigetragen hat:

Orangerie (Küchengartenallee 4, jetzt Orangerieplatz 1)[5], Küchengarten[6], Theater (Küchengartenallee 2, jetzt Theaterplatz 1)[7] und

Scheunen des Kammerguts (Mohrenplatz 5)[8]. Die Beschreibungen und bauhistorischen Würdigungen sind weitgehend im wörtlichen Zitat der oben genannten „Denkmaltopographie Bundesrepublik Deutschland. Kulturdenkmale in Thüringen. Band 3. Stadt Gera" entnommen.

Eingangs soll aber ein Projekt gewürdigt werden, das in Verantwortung der Stadt Gera für die Besucher der BUGA zugänglich war und künftig einer neuen Nutzung zugeführt werden soll.

Abb. 1   Gera, Tschaikowskistraße 39, Villa Jahr, Blick von Osten, 2006

In der heutigen Tschaikowskistraße (zuvor Uferstraße, seit 1919 nach dem Eisengießereifabrikanten Karl Wetzel bezeichnet, dessen Firmensitz sich seit 1882 hier befand), die östlich der Gartenstadtsiedlung „Heinrichsgrün" am Westufer der Weißen Elster verläuft, lagen an der Westseite Verwaltungs- und Produktionsgebäude (Gießereien). Die Straße endete am Garten der damaligen Villa Jahr (Tschaikowskistraße 39)[9]. Das Grundstück ist am Fuß des Hainbergs gelegen und begrenzt von Faulenzerweg im Westen, Johann-Sebastian-Bach-Straße im Süden und dem Flusslauf der Weißen Elster im Osten.

Die Villa wurde 1905/07 nach Plänen des Geraer Architekten Rudolf Schmidt für Moritz Rudolf Jahr, den Sohn des Begründers der Geraer Maschinenbauindustrie, errichtet und ist bauliches Zeugnis für den hohen Wohnstandard des durch die Industrialisierung Anfang des 20. Jahrhunderts entstandenen wohlhabenden Großbürgertums. Nach 1945 als Wohnstätte des Geraer Stadtkommandanten der Sowjetischen Streitkräfte und ab 1960 als Kinderheim genutzt, wurden 1977 mit der Sanierung der Innenräume und dem Küchenumbau sowie dem Anbau eines Sanitärtrakts Veränderungen vorgenommen, die erst in den letzten Jahren, nachdem die Stadt Gera Eigentümerin des Hauses geworden war, rückgängig gemacht werden konnten. Die bauliche Instandsetzung der Villa erfolgte 2004/05, die Restaurierung der Innenräume bleibt künftigen Nutzern vorbehalten.

„[Der] kompakte, zweigeschossige Putzbau [...] unter ausgebautem Sattel- und Walmdach mit großen Schweifgiebeln nach Norden und Süden [war in der Grundstücksmitte errichtet worden]. Infolge des hohen Grundwasserspiegels durch die Flussnähe wurde das Souterraingeschoss fast auf Geländehöhe angelegt. Der an ein Schloss erinnernde Außenbau wird von Architekturgliedern im Mischstil aus Formen der Neogotik, Neorenaissance und des Neobarock geziert. Die Haube des Hauptturmes mit hoch aufragendem, geschweiftem Helm an der Nordostecke entspricht derjenigen des Bergfrieds der Rochsburg unweit der Stadt Penig. Ein Treppenturm ragt an der Nordwestecke auf. Weit vorgezogene Eckrisalite mit Schweifgiebeln gliedern die Südost- und Südwestseite. An der Nordfassade liegt der rundbogige Haupteingang mit bauzeitlicher messingbeschlagener Holztür mit Verglasung sowie schmiedeeisernem Gitter und einer Freitreppenanlage unter einem Balkon.

Die zentrale Eingangshalle ist prächtig mit einem begehbaren Prunkkamin und dazu gehörenden Sitznischen ausgestattet. Die Rückwand besteht aus Klinkern, die vordere Einfassung des Korbbogens aus glattflächig behauenen Kalksteinquadern wie an der Gewänderahmung des Haupteingangs. Der breite, hölzerne Treppenaufgang bildet durch eine massive Brüstungsmauer eine gestalterische Einheit mit dem hier anschließenden Kamin. Die herrschaftlichen Wohnräume im Erdgeschoss mit großteils erhalten gebliebener, bauzeitlicher wandfester Ausstattung bestehend aus Kastenfenstern mit Rollläden, Innentüren einschließlich Beschlägen, Stuckdecken mit Blumengirlanden, Parkettböden und Mosaikfliesenbelägen. Die im Obergeschoss gelegenen Privaträume verfügen z. T. noch über bauzeitliche Einbauten, wie Wäscheschränke mit gebogenen, verglasten Türen."[10]

Der Garten war in Form eines Englischen Landschaftsparks angelegt. Von diesem sind Bäume, das Wegesystem und ein Felsen verblieben. Die Lage des Teiches war im modellierten Gelände noch gut erkennbar, der Teich und die nahe gelegene Parkbrücke konnten im Rahmen der Instandsetzung und Sanierung des Gartens anhand historischer Fotografien und archäologischer Spuren wieder hergestellt bzw. nachgebaut werden. Der temporären Nutzung während der BUGA als Präsentationsraum von Grabstättenkultur wird zumindest die Anbindung an den Elster-Radweg folgen. Der westliche Teil wird heute als Tennisplatz genutzt.

Abb. 2 Gera-Untermhaus, Orangerie, Blick von Westen, 2007

Abb. 3 Gera-Untermhaus, Orangerie, Blick von Osten mit Küchengarten, 2007

Abb. 4 Gera-Untermhaus, Orangerie, Erdgeschoss, Treppenhaus nach Nordosten, 2007

Auch wenn die künftige Nachnutzung des Gebäudes noch nicht geklärt ist, so ist mit dem Bekenntnis der Stadt Gera zu diesem Objekt und mit der bisher erfolgten Instandsetzung ein wichtiges Zeugnis der bürgerlichen Architektur des beginnenden 20. Jahrhunderts erhalten geblieben. Die Fabrikantenvilla und ihr zugehöriger Garten belegen nicht nur den Anspruch des Bauherrn und Architekten, sondern repräsentieren eine wichtige Epoche der Geraer Stadt- und Wirtschaftsgeschichte.

Neben diesem Beispiel der jüngeren Stadtgeschichte befinden sich im Kerngebiet des BUGA-Geländes aber vor allem signifikante Vertreter der älteren Geschichte der einstigen Residenzstadt Gera.

„[Die Orangerie wurde] am östlichen Flussufer der Weißen Elster, im ehemaligen sich in Ost-West-Richtung erstreckenden Lust- und Küchengarten, den sie westlich abschließt[, errichtet]. Der gleichsam zu Füßen des Schlosses Osterstein gelegene Garten mit Orangerie zählte zu den erheblichsten städtebaulichen Leistungen von Reuß J. L. Die Anlage war axialer Vermittler zwischen Residenz auf dem Bergsporn und Stadt. Ihre raumgreifende Wirkung ging durch die seit Mitte des 19. Jh. in unmittelbarer Umgebung errichtete städtische Bebauung weitestgehend verloren.

[...] Nachdem 1729 ein älteres, wohl Anfang des 17. Jh. unter Heinrich II. Reuß-Gera J. L. (1602–1670) errichtetes rechteckiges

Abb. 5 Gera-Untermhaus, Orangerie, Obergeschoss, Saal nach Süden, 2007

Orangeriehaus abgebrannt war, entstanden bis 1732 unter Graf Heinrich XVIII. Reuß-Gera J. L. (1677–1735) und vermutlich unter der beratenden Mitwirkung des Architekten Gottfried Heinrich Krohne in der 1700 als ‚Alter und Neuer Küchengarten' bezeichneten lang gestreckten Anlage vier auf quadratischer Grundfläche errichtete Pavillons. Diese fügten sich halbkreisförmig mit zwei, nur flach gedeckten Zwischenflügeln zu einem optischen Ganzen. Die Arbeiten wurden von hiesigen Baumeistern geleitet, u. a. dem Hofbaumeister [Christian Friedrich] Herrmann. Die 1745 mit ‚Garten-Palais' betitelte Anlage wurde ab 1746 unter Graf Heinrich XXV. Reuß-Gera J. L. (1681–1748) durch die Überbauung der offenen Längsachse zwischen den beiden inneren Pavillons auch funktionell zu einem Komplex zusammengefügt. Einige prachtvolle Entwürfe für die Überbauung aus dem Jahre 1744 im Stil des Rokoko mit bekrönendem Schweifkuppelaufbau stammen vermutlich von Friedrich August Krubsacius. Zur Ausführung gelangte jedoch nur ein reduziertes Bauvolumen im präklassizistischen Formengewand, das die inneren Pavillons durch die Errichtung eines Mittelbaus unter einheitlichem Mansarddach zusammenfasste. Die Fertigstellung erfolgte 1748 laut nur bauseits freigelegter Inschriften ‚1746' und ‚1748' in einem Sandsteinpfeiler im südlichen Zwischenflügel[, die seit der nunmehr abgeschlossenen Sanierung wieder sichtbar sind].

1749 wurden über den Seitenflügel Satteldächer errichtet, die zum Teil unglücklich an die rahmenden Pilaster und Kapitelle der Pavillons anschlossen. 1768 Abbrand eines Zwischenflügels (gegebenenfalls mit Pavillon). Der Entwurf zum Wiederaufbau und zur Neugestaltung der Anlage vom Ratsbau- und Hofzimmermeister Johann Gottfried Dicke von 1786 fand wie die 1777/79 von einem unbekannten Baumeister gefertigten Pläne keine praktische Umsetzung. Nach dem Stadtbrand von 1780 wurden die Dächer erstmalig mit Schiefer anstelle blau gestrichener Holzschindeln eingedeckt. Städtebaulich brillant wirkten die nach 1780 wieder angelegte ‚Neue Allee' vom östlichen Ende des Gartens zu der in die Altstadt führenden Schloßstraße und die neu geschaffene dreistrahlige Allee westlich der Orangerie, die bis zur Elsterbrücke nach

Alt-Untermhaus führte. Sie bestand aus drei Kastanienalleen, die fächerförmig vom Wiesenplatz vor der Orangerie aus bis zum westlich gelegenen Mühlgraben (heute verrohrt) verliefen. 1802 – mit dem Erlöschen des Hauses Reuß-Gera J. L. – wurden die Bauten nicht mehr als Orangerie genutzt. 1805/06 Nutzung als Lazarett, von 1840 bis 1850 u. a. als Militärstandort, um 1900 partiell als Ausstellungsgebäude des Geraer Kunstvereins. Im östlichen Parkteil wurde 1900/02 das Fürstliche Theater errichtet. 1933/36 Instandsetzungsarbeiten an der Orangerie. Seit 1947 andauernde museale Nutzung. 1949 Wiederherstellung des durch Kriegsschäden teilzerstörten, südlichen Eckpavillons und Zwischenflügels. 1954/57 unter der Leitung des Architekten Werner Lonitz Restaurierung und umfangreiche, ästhetisch gelungene Innenumbauten im historistischen Formengewand: Aufgabe Mezzaningeschoss zugunsten größerer Raumhöhen im Erdgeschoss unter Wahrung des äußeren historischen Erscheinungsbildes, Einbau von Treppenhaus und Vestibül im ‚nördlichen Innenpavillon' des Mittelbaus. [...]

Die Kernanlage 1729/32 aus 2x2 Pavillons einschließlich Zwischenflügel, jedoch ohne Mittelbau, ist am Gesamtbaukomplex durch die leicht differenzierte Fassadengestaltung noch gut erkennbar. Die äußeren, östlichen Eckpavillons im Norden bzw. Süden sind zweigeschossig, 3x3-achsig mit ursprünglich dazwischenliegendem Mezzaningeschoss. Sie wurden auf einer Pfahlrostgründung und teilweise auf kreuzgratüberwölbtem Untergeschoss und unter geschweiftem Mansarddach errichtet. Alle Öffnungsachsen und Gebäudecken [!] werden von geschosshohen, korinthisierenden Pilastern mit Blütengehängen, Schnecken, Netz- und Blattwerk geschmückten Volutenkapitellen gerahmt. Über dem Gurtgesims ein umlaufendes, horizontal gliederndes Kranzgesims. In allen vier Mittelachsen ein durch ein Ochsenauge durchbrochener Dreiecksgiebel im Dach, dessen Ecken einst von kunstvollen Wasserspeiern betont wurden. In der innenseitigen, dem Garten zugewandten Mittelachse der Rundbogenzugang mit zweiflügliger Rechtecktür. Im Scheitel des Rundbogens über der Agraffe ein an die oberhalb liegende, segmentbogige Verdachung anstoßender Frauenkopf. Die seitlichen Rechtecköffnungen mit rahmenden, geohrten, rundbogigen Gewänden aus Sandstein, die manieristisch im Scheitel mit einer Konsole abschließen. Die seitlichen Öffnungen des Erd- und Mezzaningeschosses durch einen großen, von Pilastern begleiteten Rundbogen zusätzlich umfasst. Im Obergeschoss Rechteckfenster.

Die beiden Eckpavillons waren durch eingeschossige, auf viertelkreisförmigem Grundriss errichtete Zwischenflügel unter Flachdach mit den westlich gelegenen Innenpavillons verbunden. Die Längsachse zwischen den letzteren wurde zunächst freigehalten bzw. nur mit einer eingeschossigen Tordurchfahrt überbaut. In der Mittelachse der Pavillonaußenwand befindet sich eine Tür, die vormals auf die Flachdächer der Zwischenflügel führte, heute in deren 1749 entstandenen Dachraum. Neun segmentbogige Öffnungen mit Schlusssteinen strukturieren die Außenseite und sieben die Innenseite der Zwischenflügel, in denen einst Orangen- und Zitronenbäume gezogen wurden. Ursprünglich hatten die Außenseiten große, bis zum Boden reichende, korbbogige Glasfenster. Die Innenseiten mit jeweils zwölf konchenförmigen Nischen zwischen den Öffnungsachsen, die durch Pilaster voneinander getrennt sind. Die Rundbogen der Nischen wurden von einer Muschel ausgefüllt.

Die beiden Innenpavillons wurden durch die Errichtung des Mittelbaus 1746/48 zu einem im Obergeschoss neunachsigen Hauptbau vereint. In der Längsachse des Gartens und dem axialen Zentrum des Mittelbaus befindet sich die dreiteilige, nach innen flach und nach außen rundbogig überdeckte Tordurchfahrt. Die Außenseite nach Westen mit kleinem Vorsprung im Bereich des großen Torbogens; darüber im Obergeschoss ein Altan mit Blickachse zum ehemaligen Residenzschloss. Über dem Torbogen und unter der Agraffe des Balkongesimses das reußische Wappen. Drei flachbogige Öffnungen als französische Fenster mit schmiedeeisernen Gittern im Obergeschoss. Toskanisierende Pilaster anstelle der korinthischen an der Kernbebauung gliedern hier die Öffnungsachsen. Einheitlich umlaufendes, im Bereich der Pilaster verkröpftes Gurt- und Kranzgesims. In der Mittelachse ein bekrönender mit Rundfenster durchbrochener Dreiecksgiebel im Dach. In der Mittelachse der einstigen inneren Pavillons wieder die noch mit Ochsenaugen durchbrochenen, älteren Dreiecksgiebel von 1729/32. Die nach Osten gerichtete Innenseite des Mittelbaus mit seitlichen Wandpfeilern und kräftigem, hohem Gebälk, das die Pfeiler- und Säulenkapitelle des Mittelbaus gegenüber denen der inneren Pavillons hier vertikal nach unten verschob. Die Zugänge der ehemaligen Innenpavillons innerhalb der Tordurchfahrt des Mittelbaus; die seitlichen Fenster vermauert (wohl bereits 1748 erfolgt). Über der Tordurchfahrt liegen [!] der Festsaal mit flachgewölbten, kreuzförmigen Korbbögen und Spiegelgewölbe über kräftigem Gebälk. Die Zwischenflügel dienen als Ausstellungsräume, der nördliche Eckpavillon als Ausstellungs- und Pädagogikraum, der südliche als Technik- und Verwaltungsraum."[11]

2005–2007 fanden umfangreiche Restaurierungsarbeiten am Außenbau und im Inneren statt, bei denen weitere Erkenntnisse zu Baugeschichte und Konstruktion gewonnen wurden. Zum Beispiel waren mit Sanierung des Fußbodens im Obergeschoss umfangreiche Reparaturen der Balken-an-Balken-Lage über dem Erdgeschoss notwendig. Die Maßnahmen koordinierte im Auftrag des Eigentümers Stadt Gera/ZGGW (Eigenbetrieb Zentrale Grundstücks- und Gebäudewirtschaft) das Geraer Architekturbüro Leucht. Die Gebäudesanierung umfasste die Reparatur und Neueindeckung des Daches, die Reparatur des Außenputzes und die Farbfassung sowie die Erneuerung der sprossengeteilten Fenster. Mit der Instandsetzung war das Bekenntnis zur weiteren Nutzung als Museum verbunden. Der Anspruch an moderne Ausstellungsräume mit Klimatechnik und Beleuchtung war mit denkmalpflegerischen Anforderungen in Einklang zu bringen: Es galt, ein Kulturdenkmal des Nachkriegs-Wiederaufbaus, das historischen Bestand aus dem 18. Jahrhundert birgt, für die Anforderungen musealer Nutzung im 21. Jahrhundert tauglich zu gestalten.

Wie so oft bei Sanierung historischer Bauwerke steckte der Teufel im Detail: Zahlreiche Baustellentermine waren zur Lösung schwieriger Probleme notwendig. Schließlich sollte der historische Bestand mit seinen Zeitschichten erhalten und erlebbar bleiben und gleichzeitig ein überzeugendes, harmonisches Gesamtbild geschaffen werden. Klimatechnik, Brandschutz und Beleuchtung erfüllen die aktuellen Erfordernisse und Vorschriften. Die dazu notwendige Ausstattung ist konsequent modern und zugleich zurückhaltend gestaltet. Die überlieferte Substanz wurde saniert und Fußbodenbeläge (Parkett- und Dielenböden), Fenstergliederung, wo notwendig neue (Brandschutz-) Türen oder Beleuchtungskörper nach Abstimmung aller Details dem historischen Vorbild des Wiederaufbaus nachempfunden.

Abb. 6   Gera-Untermhaus, Küchengarten, Blick von Westen, 2007

„Der Küchengarten [ab 1946 bis 1950 Stalinpark, 1950 bis 1953 Theaterpark, 1953 bis 1991 Park der Opfer des Faschismus, seit 1991 wieder Küchengarten] mit Küchengartenallee umfasst die Grünfläche westlich der Orangerie bis zum Ufer der Weißen Elster an der Elsterbrücke und die Parkanlage östlich der Orangerie bis zur Theaterstraße sowie die Orangerie selbst. Er bezieht sich räumlich, funktional und optisch auf das Schlossfragment Osterstein. Von der aufwendigen barocken Gartenanlage verblieb das Wegesystem mit dem Achsenkreuz im westlichen Teil (Wiederherstellung der Gesamtanlage nach dem Erscheinungsbild zu Beginn des 20. Jh. 2005/07).

Der herzogliche Küchengarten wurde 1631 erstmalig erwähnt. Er diente sowohl als Nutzgarten für den Küchengebrauch der Geraer Hofhaltung als auch als Lustgarten. Der Garten war von einer Hecke und einem Zaun umfriedet. In der Gartenmitte befand sich bereits damals ein Brunnenbecken mit Fontäne. Bestandteil der Gartenanlage und räumlicher Abschluss nach Westen war ein vorwiegend für die Unterbringung der Pflanzensammlungen gedachtes Gewächshaus mit rechteckigem Grundriss, das sich an Stelle der heutigen Orangerie im Küchengarten befand. Für die besonders in den 20er Jahren des 18. Jh. stark angewachsenen Pflanzenbestände erwies sich das vorhandene Gewächshaus bald als zu klein – im Inventar 1727 sind neben ‚Orientalischen' und ‚anderen Gewächsen' wie diversen Feigenarten allein 841 Stück Orangenbäume angeführt, so dass Graf Heinrich XVIII. 1729 bis 1732 eine neue Orangerie erbauen ließ. In diesem Zusammenhang wurden auch im Garten erhebliche Veränderungen vorgenommen. Das besondere Interesse des Fürsten galt zu diesem Zeitpunkt der repräsentativen Ausgestaltung der unmittelbar vor den Orangeriegebäuden gelegenen Parterres, während die östliche Gartenhälfte noch weiterhin für den Anbau von Obst und Gemüse genutzt wurde. Erhalten sind drei nicht ausgeführte Pläne, die sich lediglich auf den Lustgartenbereich an der Orangerie beziehen. Der tatsächlich ausgeführte Plan ist hingegen verschollen, vermutlich ist er am 8. April 1945 verbrannt.

Die älteste gesicherte Darstellung des Küchengartens stammt von 1794 (Grundriß der Gräfl. Reuß-Pl. Stadt Gera nebst nah anliegenten Orten, Stadtmuseum Gera) und zeigt den Garten aus der Zeit um 1730 mit einem einfachen geometrischen Grundriss, auf dem die Parterreflächen gleichmäßig angeordnet sind. Die Anlage ist in einen Nutz- und einen Ziergartenbereich geteilt. Unmittelbar vor der Orangerie liegt der Parterrebereich, dessen sechs Beete mit kunstvollen Broderien geschmückt sind. Den Mittelpunkt des Gartens bildet ein runder Platz mit einem großen Wasserbassin. Jenseits des Mittelbassins, in der östlichen Gartenhälfte, sind acht Beetflächen eingezeichnet, die auf späteren Plänen (1843) nicht mehr auftauchen. Dabei handelte es sich, wie die auf dem ‚Grundriß' befindliche Ansicht zeigt, um Gemüsebeete und Obstbaumflächen. Umgrenzt wurde der Garten noch mit Hecken und Zäunen, während zwei einfache Alleen einerseits vom östlichen Ende des Gartens zur städtischen Schloßstraße, andererseits zur Mühlgrabenbrücke hin verliefen. Die Alleen bestanden aus Rosskastanien. Der Garten war ‚nicht allgemein zugänglich'.

Der Küchengarten wurde sukzessive umgestaltet und weiterentwickelt. Zur Zeit Heinrichs des XXV. dürfte er auf seine letztendliche Größe erweitert und in eine durchgängige repräsentative barocke Anlage umgewandelt worden sein, wie sie auf den Flurkarten von 1843 dargestellt ist (Karte der Flur Untermhaus mit Gries. Section 1. von Wilhelm Wetzel. 1843. Katasteramt Gera). Die Gesamtanlage ist streng axial auf das Hauptgebäude, die Orangerie, ausgerichtet. Der Garten ist streng symmetrisch gegliedert durch die von der Orangerie über das östliche Tor hinaus zur Stadt verlaufende Mittelachse und die dazugehörigen Querachsen. Der kunstvollste Teil des Gartens ist das unmittelbar vor der Orangerie gelegene Parterre. Es war mit komplizierten Mustern aus Buchsbaumhecken ausgefüllt, den so genannten Broderien, und wurde für die Präsentation der wertvollen Kübelpflanzen genutzt.

An das Zierparterre schließt sich, abgegrenzt durch eine Doppelallee [!], der Boskettbereich an. Das waren geometrisch untergliederte Kompartimente, die von Hecken, Baumwänden oder Laubengängen umschlossen wurden. Sie bildeten verschiedene

Räume, die nach der Architektur ‚Salle de verdure', ‚Cabinet' oder ‚Galerie' hießen. Auch gab es vor der Orangerie zwei Springbrunnen und zentral gelegen in der Hauptachse den großen Platz mit der Mittelfontäne. Orangeriegebäude und Garten wurden zu einem Gesamtkunstwerk verbunden. Ab 1780 wurde der Ostteil des Gartens im landschaftlichen Stil umgestaltet. Es wurden geschlängelte Wege angelegt und einzelne Baumgruppen auf offenen Wiesenflächen gepflanzt. Da die Fläche nur begrenzt war und die Anlage eines großzügigen Landschaftsgartens nicht zuließ, entstand eher ein Arboretum mit damals seltenen Gehölzarten."[12]

Im weiteren Verlauf erfuhr der Küchengarten vielfache Veränderung und Umgestaltung. 1900/02 wurde in seinem östlichen Abschnitt der Theaterneubau errichtet und 1953 „Den Opfern des Faschismus" in der Mittelachse ein Denkmal von Carl Kuhn und Otto Oettel gesetzt. Die Figurengruppe aus Kunststein wurde 2006 abgebaut.

In der Vorbereitungsphase zur BUGA waren die (Neu-)Ordnung und Pflege des Küchengartens ein umstrittenes Anliegen. Unterschiedliche Meinungen – von der Erhaltung des gewachsenen Zustandes bis zu der Wiederherstellung eines „barocken" Küchengartens – standen einander entgegen. Auf der Grundlage einer systematischen Bestandsaufnahme, Recherche und Analyse aller zugänglichen historischen Pläne, Fotografien und Schriftquellen konnte eine gartendenkmalpflegerische Zielstellung erarbeitet werden, die alle maßgeblichen Erkenntnisse auswertete und die mar-

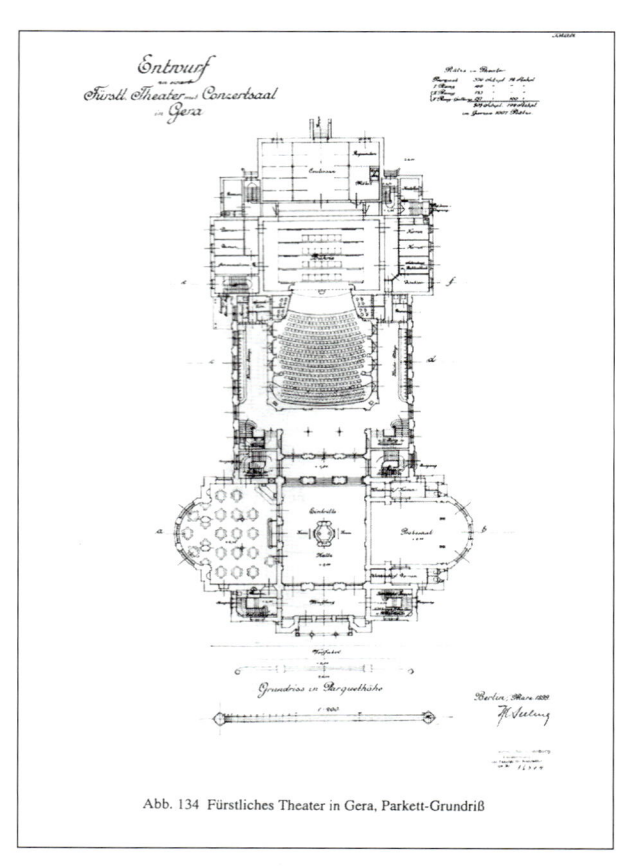

Abb. 8   Gera-Untermhaus, Theater, Grundriss Erdgeschoss, 1905

Abb. 7   Gera-Untermhaus, Theater, Blick von Südosten, 2007

Abb. 9 Gera-Untermhaus, Theater, Spiegelfoyer nach Südwesten, 2007

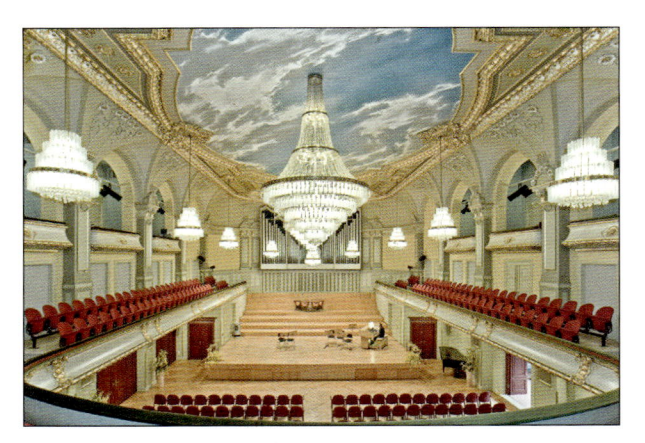

Abb. 10 Gera-Untermhaus, Theater, Konzertsaal nach Osten, 2007

Abb. 11 Gera-Untermhaus, Theater, Theatersaal nach Süden, 2007

kanten Gestaltungsmerkmale berücksichtigte. Sie fand zunächst in der Öffentlichkeit wenig Gefallen. Jedoch konnte nach beharrlicher Überzeugungsarbeit und nach der Ausräumung von Missverständnissen eine Variante umgesetzt werden, die der barockzeitlichen Idee eines axial angelegten Gartens mit alleengesäumten Wegen (im westlichen Teil) und dem gewachsenen Bestand (Landschaftsgarten mit Großgehölzen im östlichen Teil) gerecht wird. Schon nach nur einer Vegetationsperiode überzeugt das Ergebnis. Die Besucher der Bundesgartenschau wie die Geraer Bürger haben den neuen alten Küchengarten gerne angenommen.

„[Theater.] Ein in großer Geste in den Außenraum ausstrahlender Monumentalbau auf T-förmigem Grundriss über hohem Sockelgeschoss in Bandrustika, geschossübergreifenden, rundbogigen Fensternischen im Stil der Neorenaissance mit Gestaltungselementen des Klassizismus und Jugendstils. Trotz dieser historischen Formenvielfalt weist der Baukörper stilistisch ein geschlossenes Erscheinungsbild auf. Die stark bauplastisch ausgebildete Eingangsfront ist gestalterisch entfernt an antike Vorbilder angelehnt. Sie wird über einer niedrigen, als Hauptzugang fungierenden Portikus von einem Mittelrisalit mit monumentaler, zurückliegender, gebäudehoher Rundbogennische bestimmt. In dieser befinden sich direkt über der Portikus ein Altan und die Kolossalbüsten von Friedrich Schiller sowie Johann Wolfgang von Goethe. Innerhalb der Nische die Inschrift: ‚Musis Sacrum'. Die seitlichen Reliefs der Pilaster zeigen Melpomene und Bacchantin. Auf dem Giebel des Mittelrisalits thront ein nach Entwürfen von A. Meißner aus Friedenau gefertigter geflügelter, vergoldeter Genius, die Göttin der Wahrheit. Die Vorlagen für Büsten und Reliefs stammen von dem Berliner Bildhauer Ernst Westpfahl. Die flankierenden Seiten mit hoher Attika über dem Kranzgesims. Hinter dem Mittelrisalit ragt der sich über dem Vestibül erhebende hohe Kuppelbau ohne ursprünglich beabsichtigter Laternenbekrönung hervor. Nach Osten und Westen treten auf Höhe des Kuppelbaus Exedren aus der Fassade heraus; dahinter befinden sich Probensaal und Restaurant. Das Bühnenhaus unter Flachdach.

[…] Klare symmetrische Grundrissgestaltung, die am Außenbau ablesbar ist. Windfang, Vestibül (Spiegelfoyer), Theatersaal mit einem 670 Plätze aufnehmenden Zuschauerraum und Bühnenhaus befinden sich in der von Nord nach Süd ausgerichteten Längsachse; der Konzertsaal liegt im Obergeschoss in der Querachse, genau über Probensaal, Vestibül und Restaurant. Im Schnittpunkt beider Achsen befindet sich die gemeinsame Wandelhalle. Die Westseite des Erdgeschosses nimmt das sowohl vom Vestibül als auch vom Außenraum erschlossene Restaurant ein; die Nordseite der große Probensaal. Vom hinter dem Vestibül erhöht gelegenen Umgang des Parketts führen seitlich Treppen in den ersten Rang, separate Treppenhäuser von den Seiteneingängen in den zweiten Rang. Hinter der Bühne das Magazin für die Kulissen, seitlich Funktionsräume. Der rechteckige Zuschauerraum mit Parkett und zwei Rängen auf hufeisenförmiger Grundfläche. An der Westseite im ersten Rang einst die Fürstenloge. Der in Anlehnung an neobarocke Vorbilder ausgestaltete, 960 Plätze fassende Konzertsaal auf rechteckiger Grundfläche mit Apsiden an den Stirnseiten und Emporen unter Rundbogenarkaden mit Pilastergliederung auf schlanken Stützen. Die Orgel, ein bedeutendes Großinstrument des modernen Orgelbaus mit vielfältigen Klangmöglichkeiten von der Fa. Sauer aus Frankfurt an der Oder 1977 gefertigt. Zur wandfesten Ausstattung des Hauses zählen feingliedrige, eklektizistische Wand- und Deckendekoration, Brüstungen mit vergoldeter Ornamentik,

Pilaster und dekorative Stuckaturen, Massivholztüren mit Beschlägen, schmiedeeiserne Geländer und Eckverkleidungen aus ornamentalen Metallstützen in den Treppenaufgängen. Ausschmückung mit konventionellen Gemälden und Plastiken von 1914–1921. Die historischen Kronleuchter und Wandleuchten dagegen [sind] unwiederbringlich verloren gegangen."[13]

Der Neubau des Fürstlichen Theaters mit Konzertsaal in Gera ist eng verbunden mit einer kulturbewussten Bürgerschaft und dem aufgeschlossenen Fürstenhaus Reuß. Als 1897 mit einer großzügigen Stiftung von Clara Ferber an den „Musikalischen Verein" der Neubau eines Konzerthauses initiiert wurde, entschloss man sich im gleichen Zuge auch das Theater neu zu errichten. Heinrich XIV. Reuß J. L. stellte das Grundstück an der damaligen Promenaden- und heutigen Theaterstraße am östlichen Rand des Küchengartens zur Verfügung. Neben dem Erlös aus dem Verkauf des alten Theaters brachte er weitere Geldmittel ein. Der größte Anteil wurde aber aus Spenden und Erlösen der Theaterbaulotterie erbracht, nachdem sich das 1898 gegründete „Komitee für die Förderung des fürstlichen Theater- und Konzertsaal-Baus" für den Neubau eingesetzt hatte.

Zu diesem Zeitpunkt konnten Auftraggeber und planender Architekt auf Vorbilder aus einer langen Geschichte des Theaterbaus zurückgreifen. In der Tradition der Hoftheater des 16. bis 18. Jahrhunderts waren auch im 19. Jahrhundert Neubauten an den Höfen entstanden. Zudem war dem Bildungsbürgertum im 19. Jahrhundert Theaterbau als erstrebenswerte Bauaufgabe bewusst geworden. Seit dem ausgehenden 19. und im frühen 20. Jahrhundert wurden Theaterneubauten zunehmend in Verantwortung von privaten Stiftungen, wie z. B. der von Clara Ferber für den Neubau des Theaters in Gera, von privaten Auftraggebern wie z. B. Richard Riemerschmid für die Kammerspiele in München, von Theaterbaugesellschaften wie z. B. der Deutschen Schauspielhaus AG für den Neubau des Schauspielhauses in Hamburg und von Kommunen wie z. B. Nürnberg, Bielefeld, Wiesbaden u. a. m. beauftragt und dann betrieben.

Die Aufführungspraxis und Regieführung hatten sich im ausgehenden 19. Jahrhundert ebenso geändert und weiterentwickelt wie das Vergabewesen und die Sicherheits- und Baubestimmungen. Fürstliche Konzerthäuser und Theater beschäftigten als Repertoiretheater Hofkünstler und feste Ensembles für Schauspiel und Musik- und Tanztheater, engagierten daneben Künstlerpersönlichkeiten. Zunehmenden Anteil an der musikalischen Unterhaltung gewannen Musikalische Vereine, Liedertafeln etc., so dass weitere Bühnen – vornehmlich Stadttheater, Konzerthäuser und Kurtheater – einen Teil des Bedarfs abdeckten. Ein bekanntes Beispiel ist vielleicht der Neubau des Wiener Konzerthauses für das neu gegründete Symphonie-Orchester.

Die gebildete Unterhaltung war Allgemeingut geworden, die Architekten wurden nicht mehr direkt von Landesherren beauftragt, sondern im Wettbewerbsverfahren mit Bauaufgaben betraut. So erhielten auch die namhaften Theaterarchitekten des ausgehenden 19. und frühen 20. Jahrhundert, wie Heinrich Seeling, Max Littmann (München, Weimar, Stuttgart), Bernhard Sehring (Bielefeld, Cottbus), Ferdinand Fellmer und Hermann Helmer (Hamburg, Fürth) ihre Aufträge im allgemeinen nach gewonnenen Wettbewerben und nicht in direkter Vergabe bzw. Beauftragung durch den Bauherrn.

Der im reußischen Zeulenroda geborene und damals in Berlin tätige Architekt Heinrich Seeling (1852–1932) gewann 1899 mit seinem Entwurf den ausgeschriebenen Wettbewerb für das „Fürstliche Hoftheater und Konzerthaus" in Gera. Zu diesem Zeitpunkt hatte er sich mit Theaterbauten in Halle/Saale, Essen, Berlin, Rostock und Bromberg bereits einen Namen gemacht. Weitere Theaterbauten in Frankfurt a. M., Nürnberg, Kiel, Freiburg i. Br., Berlin-Charlottenburg etc. sollten später noch entstehen.

Seelings Theaterbauten folgen der Tradition der Rangtheater mit Kastenbühne. Diese waren aus dem italienischen Theaterbau mit hufeisenförmigem Auditorium und dem französischen Balkontheater entstanden und mit den Opernhäusern in Dresden von Gottfried Semper (1838–1841, nach Brand 1869 Neubau unter Manfred Semper 1871–1878) und in Paris von Charles Garnier (1860–1875) weiterentwickelt worden.

Die veränderte gesellschaftliche Funktion beeinflusste aber auch Seelings Weiterentwicklung der klaren Gliederung der Baukörper und -funktionen sowie der Erschließungswege. Gute Sicht von allen Plätzen und gute Akustik gewannen an Bedeutung. Diesen Anforderungen wurden Seelings Theaterbauten gerecht: Sie waren durchwegs konzipiert mit Vestibül, Foyer, breitgelagertem U-förmigem Zuschauerraum, im allgemeinen mit Proszeniumslogen und in Gera mit zwei Rängen, einer Kastenbühne mit Bühnentor, diese umgebenden Funktionsräumen (Technik, Künstlergarderoben etc.) und angegliedertem Theaterrestaurant. Zugleich beeinflussten die technischen Möglichkeiten und Baustoffe wie auch die zeitgenössischen Bauvorschriften bezüglich des Brandschutzes die Planung. Seeling entwickelte mit Martin Dülfer das später sogenannte Seeling-Dülfersche Verfahren, das Bühnenhaus und Zuschauerraum sowie separate Foyers und seitliche Treppenaufgänge in einzelne Brandabschnitte gliederte. Diesen Anforderungen wurde die in Gera zunächst gebaute Mischkonstruktion, die in späteren Bauten durch eine reine Stahlbetonbauweise abgelöst wurde, gerecht. Zugleich gelang es Seeling, all diese technischen Parameter mit eindrucksvoller Architektur zu verbinden, wobei er die monumentale Wirkung seiner Bauten mit durchweg schlichten Mitteln erreichte: Er bevorzugte Putzfassaden mit sparsamer Gliederung und Dekor; regionaltypische Baustoffe verwendete er in Kiel (Backstein) und Nürnberg (Buntsandstein) und brachte dabei die ganze stilistische Bandbreite von der Vielfalt der Neostile bis hin zum Jugendstil zur Anwendung. Allerdings verzichtete er auf monumentale Überhöhung der Architektur durch Säulenfronten oder Portici. Vielmehr setzte er im Rückgriff auf antike Formensprache Großformen wie

z. B. den die Gebäudehöhe einnehmenden Rundbogen an der Fassade ein. In Rostock wurde das Motiv entwickelt, in Gera und Nürnberg ist es noch erkennbar. Die Staffelung der Gebäude- bzw. Funktionsteile des Theaterbaus endete im allgemeinen mit der Überhöhung des Bühnenhauses durch eine Kuppel. In Gera allerdings trägt das Foyer diese Kuppel.

Die Besonderheit am Geraer Theater ist eine zweifache Kombination: die von Bürgertheater und Hoftheater sowie die von Theaterbau und Konzertsaal. Den beiden Nutzergruppen entspricht die Planung mit separaten Ein- und Aufgängen für das Bürgertum und für das Fürstenhaus, dazu die Fürstenloge. Der zweifachen Funktion wird die Einordnung eines separaten Konzertsaales gerecht. Im Obergeschoss über der Eingangshalle angeordnet, wird der Konzertsaal über Treppenaufgänge und das obere Foyer erschlossen, über die auch die Ränge des Theaters zu erreichen sind. Seeling kombinierte die Funktionen und ordnete sie seinem Prinzip der klaren Zuordnung folgend in Gera genial.

Als herausragend an Seelings Entwurf gilt die Verbindung von verschiedenen Funktionen – Schauspiel und Musiktheater mit Konzertsaal, Theaterrestaurant und Probensaal – in zeitgemäßer Konstruktion. Ausgeführt wurde der Bau als Mischkonstruktion von Stahlbetonfußboden im Saal, Stahlfachwerkträgern, Stahlsteindecken und Holzbalkenkonstruktion. Zeitgemäß war auch die technische Ausstattung, sowohl hinsichtlich brandschutztechnischer Vorkehrungen (Stahltüren zwischen Bühnenhaus und Zuschauerraum und seitliche Anlage abgetrennter Treppenhäuser) als auch hinsichtlich der Bühnentechnik. Letztere hat in einhundertjähriger Nutzung nicht überdauert: In den 1960er Jahren wurde sie erstmals und nunmehr den heutigen Anforderungen entsprechend erneuert.

Die bauzeitliche Raumfassung und Innenausstattung, u. a. von den Gebr. Bieber (Stuckaturen) und Roland (Ausmalung), beide Berlin, war charakterisiert durch die Ornamentik und Farbigkeit des Jugendstils. Zugleich besaß sie vielfältige ikonografische Bezüge, großteils aus der griechischen Mythologie. Auch sie wurde durch Modernisierung 1963 bzw. in den 1970er Jahren zum Teil entfernt oder überfasst. Das Gesamtkunstwerk des frühen 20. Jahrhunderts war damit in seiner Substanz und Aussage beeinträchtigt.

Im Jahr 2000 konnte mit der Außensanierung begonnen und später mit der Innensanierung fortgesetzt werden. Die Stadt Gera als Eigentümer und Bauherr, der planende Architekt Klaus Sorger und Innenarchitektin Evelin Fötsch koordinierten die Interessen der Nutzer (damals Theater Altenburg-Gera GmbH, heute Theater & Philharmonie Thüringen GmbH mit Generalintendant Prof. Matthias Oldag und Chefdramaturgin Dagmar Kunze) und die baulich fachlichen Anforderungen der einzelnen Gewerke. Restauratorische Untersuchung und Ergänzung leistete das Restaurierungsatelier CO-REON mit Ludwig Volkmann u. a. Die fachliche Beratung oblag Dipl.-Rest. Uwe Wagner (TLDA). Für ständige Betreuung und Begleitung vor Ort ist der Denkmalschutzbehörde der Stadt Gera zu danken.

Das Dach wurde neu gedeckt, die Fassade nach Farbbefund monochrom gefasst. Nach 100 Jahren Nutzung waren Brandschutz, technische Ausstattung, Beleuchtung, Belüftung, Akustik und nicht zuletzt die Ästhetik der Räume zu überarbeiten.

Durch den Haupteingang an der Südfassade erschließt sich das Spiegelfoyer, von dem aus man das westlich, an der Parkseite gelegene und auch von dort erreichbare Theaterrestaurant betreten kann.

Die Modernisierung in den 1960er Jahren hatte den Raum vom „alten feudalen Staub" befreit, d. h. in Gestalt und Material dem Zeitgeist entsprechend neu interpretiert. Die nunmehr abgeschlossene Sanierung berücksichtigt heutige Nutzungsansprüche, z. B. durch Einbau einer Fußbodenheizung, und achtet die bauzeitliche Gestaltungsabsicht. So konnten der Fußboden aus rotem, grauem und schwarzem Stein (Rosso Verona, Grigio Carnico, Kleinziegenfelder Dolomit), die Beleuchtungskörper und der ursprüngliche Raumeindruck durch historische Aufnahmen nachempfunden und insgesamt neu gestaltet werden. Gleichermaßen neu gestaltet ist das Restaurant, von dessen ursprünglicher Ausstattung keine nennenswerten Reste erhalten waren.

Nach Norden schließt an das Spiegelfoyer das Theaterfoyer mit beidseitigen Garderoben und Treppenaufgängen an. Von hier aus ist das Parkett des Theatersaals zugänglich. Ein durchdachtes Farbkonzept, das auf der Grundlage restauratorischer Befunde erarbeitet wurde, liegt der Gesamtgestaltung zugrunde. Das hölzerne Geländer und die lasierten Holztüren vermitteln die bauzeitliche Materialität und Farbigkeit und harmonieren mit dem textilen Bodenbelag und der wiedergewonnenen Raumfassung. Die Decken- und Wandleuchten wurden aus erhaltenen Fragmenten wiederhergestellt bzw. nachgebaut. Das Leitsystem mit Beschriftung an den Wänden wurde neu gestaltet.

Entsprechend dem unteren Spiegelfoyer ist das obere Konzertsaalfoyer unter Einbeziehung erhaltener bauzeitlicher Ausstattung auf der Grundlage der Überformung durch Max Kühne (um 1920) saniert. An der Südseite führen Flügeltüren in den quer gelagerten Konzertsaal. An der Ost- und Westwand wurden zwei Gemälde mit allegorischen Darstellungen von Friedrich Klein-Chevallier aus dem Jahr 1916 wieder in den restaurierten bzw. nach Befund gefassten Raum eingebracht. Bereits die Erschließungsräume sind durch qualitätvolle Raumfassung, hier Friese mit Jugendstilornamentik, oder metallene, zum Teil floral ornamentierte Kantenschoner geprägt. Sie konnten freigelegt und nach Befund wiederhergestellt werden.

Der Konzertsaal präsentiert sich heute im Erscheinungsbild der 1993/94 erfolgten Sanierung. Sie war notwendig geworden, nachdem erhebliche Eingriffe von 1963 bereits 1977 Sanierungsmaßnahmen erforderlich gemacht hatten, die 1977 mit Einbau einer Sauer-Orgel, die eine von Kommerzienrat Georg Hirsch 1910 geschenkte elektrische Orgel der Fa. Walcker ersetzte, abgeschlossen wurden. Jedoch konnten technische Erfordernisse wie Belüftung und Akustik nicht ausreichend bedient werden. Die Sanie-

Abb. 12   Gera-Untermhaus, Scheunen des ehemaligen Kammerguts, Blick von Südosten, 2007

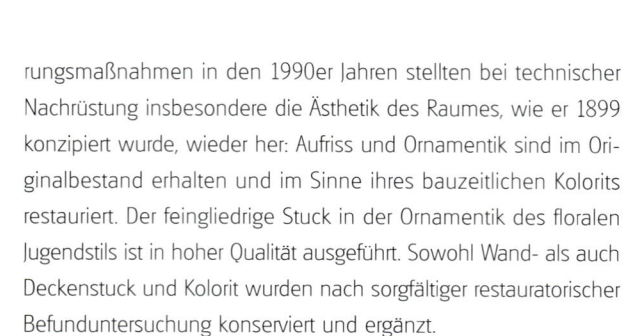

Abb. 13   Gera-Untermhaus, Scheunen des ehemaligen Kammerguts, Innenraum nach Norden, 2007 (nach Beendigung der BUGA 2007)

rungsmaßnahmen in den 1990er Jahren stellten bei technischer Nachrüstung insbesondere die Ästhetik des Raumes, wie er 1899 konzipiert wurde, wieder her: Aufriss und Ornamentik sind im Originalbestand erhalten und im Sinne ihres bauzeitlichen Kolorits restauriert. Der feingliedrige Stuck in der Ornamentik des floralen Jugendstils ist in hoher Qualität ausgeführt. Sowohl Wand- als auch Deckenstuck und Kolorit wurden nach sorgfältiger restauratorischer Befunduntersuchung konserviert und ergänzt.

Der Theatersaal präsentiert nach seiner Sanierung eine zeitgemäße Kastenbühne und einen Orchestergraben mit modernster technischer Ausstattung. Unter Einbeziehung erhaltener Ausstattung, wie z. B. der Rahmung des Bühnentors und der Ränge, ist der Raumcharakter wieder hergestellt. Jedoch gingen mit der Modernisierung 1963 die Proszeniumslogen und die Bühnenschürze mit dem Gemälde „Apoll im Tanz mit den Musen" unwiederbringlich verloren. Zugunsten moderner Beleuchtungsmaschinerie sah man auch jetzt von einem Nachbau ab. Dagegen sollte das abgenommene Deckenbild „Pegasos mit Bellerophontes" nach seiner Restaurierung wieder an der Decke im Vestibül angebracht werden.

Für die Sanierungsarbeiten konnte eine historische Aufnahme von 1914 zugrunde gelegt werden. Zeitweilig war der Gesamteindruck durch Eingriffe erheblich gestört. Restauratorische Befunduntersuchungen und Archivrecherchen konnten aber das Gesamtkonzept und Kolorit des Raumes entschlüsseln, so dass seit Abschluss der Sanierungsarbeiten die künstlerische Qualität des Raumes wieder voll zur Geltung kommt. Bestimmt durch die horizontale Gliederung der Ränge ist der breitgelagerte stützenfreie Raum in seiner bauzeitlichen Idee wieder erlebbar. Die Wandpfeiler, Wandflächen und die Decke mit zartgliedrigen, kühn geschwungenen stuckierten Ranken, die Fassung der Brüstungen mit goldfarbenen Reliefs und nicht zuletzt die grandiose Deckengestaltung mit einem Kronleuchter begründen die Bewunderung für dieses wiedergewonnene Raumbild. Der Farbdreiklang von Weiß, Rot und Gold konnte durch Freilegung, Reinigung und teilweise Neufassung wiederhergestellt werden; die roten Tapeten wurden nachgebildet, die Füllungstüren nachgebaut.

Der filigrane Stuck an den Pfeilern und Wandflächen über dem zweiten Rang konnte freigelegt, partiell ergänzt und neu gefasst werden. Die seit 1963 verlorene Deckengestaltung wurde dem Original getreu nachgebildet, so dass der von einer Wiener Firma nachgebaute Kronleuchter auf angemessenem Grund montiert ist: Radiale stuckierte Strahlen münden in einen äußeren und inneren Stuckring, der Fond ist mit einer illusionistischen Malerei farbig gefasst.

Den Mohrenplatz, vor 1919 Kirchplatz, säumen die Marienkirche und das Geburtshaus von Otto Dix (heute Dix-Museum mit Neubau an der Untermhäuser Straße) im Norden und im Süden das 1850 aufgelöste Kammergut mit ehemaligem Justizamtsgebäude und Rentamtsgebäude mit südlich anschließenden Remisen, Scheunen- und Speichergebäuden sowie ausgedehnten Höhleranlagen (Bierkellern) zwischen Faulenzer Weg, Elsterufer und Schlossberg. Den westlichen Abschluss des Platzes bildete ein Fachwerkhaus (ehemals Mohrenplatz 9), das 1988 ersatzlos abgebrochen wurde.

Der Scheunenkomplex „hat hohe historische Wertigkeit als Sachzeugnis des ehemaligen Kammergutes; er prägt maßgeblich die Ufersilhouette von Alt-Untermhaus südlich der Elsterbrücke. Bereits im frühen Mittelalter soll unterhalb des Schlossberges ein Vorwerk existiert haben, das vornehmlich der Versorgung der Bewohner des Schlosses diente. Urkundlich Erwähnung fand es jedoch erst 1562. Über dessen ursprüngliche Baugestalt ist nur weniges bekannt. Zu ihm gehörte u. a. die ‚Krautwiese' neben dem Alten Küchengarten (heute Biermannplatz) [...]. Nahezu gleichzeitig mit dem Ausbau des Schlosses ließ Heinrich Post[h]umus Reuß J. L. (1572–1635) im Jahre 1603 auf dem Gelände des Vorwerks ein Gärhaus und eine Brennerei errichten. Während der Regentschaft Graf Heinrichs XVIII. Reuß-Gera J. L. (1677–1735) brannte das Vorwerk 1728 nahezu vollständig nieder, weswegen er nicht viel später seine Wiederherrichtung veranlasste. In der zweiten Hälfte des 19. Jh. wurde die Anlage zugunsten der neu geschaffenen Schlossauffahrt durch den Abbruch von zwei Häusern erstmalig in ihrer Fläche verringert."[14]

„Die sich in nordsüdlicher Richtung ausdehnenden, lang gestreckten, eingeschossigen Remisen, Speicher- und Scheunengebäude unter steilem Satteldach […] lassen Rückschlüsse auf die ursprüngliche Größe des Wirtschaftshofes und seine wirtschaftliche Bedeutung zu. Der zeitgleich mit dem Rentamtsgebäude 1728 (dendrochronologisch datiert) errichtete Baukomplex ist in vier Brandabschnitte unterteilt. Das massive, aus Buntsandstein und Sandstein heller Varietät bestehende Erdgeschoss wurde vielfach überformt; zumeist brach man hier rechteckige Öffnungen ein, deren Laibungen mit Ziegel ausgeflickt wurden. Im zweiten Teilabschnitt von Norden ist das ursprüngliche baukonstruktive Gefüge, bestehend aus zweireihigen, auf Steinfundamenten aufsitzenden Holzständern mit Kopfbändern, auf denen – nur im Bereich der Tenne – die hölzernen Deckenbalken und die Dachkonstruktion aufliegen, erhalten geblieben. Die Dachfläche wird nach Osten, zur Weißen Elster im ersten, [dem] am nördlichsten gelegenen Abschnitt von einer großen dreieckigen Gaube durchbrochen. Hier schloss einst ein Rechteckvorbau unter Walmdach an. Das zweigeschossige Kehlbalkendach über liegendem und einfach stehendem Stuhl.

An die Remisen, Speicher- und Scheunengebäude fügt sich im Süden ein eingeschossiges, aus Sand- und Buntsandstein errichtetes Wirtschaftsgebäude unter Walmdach an. Es wurde, da sich das Grundstück nach Süden erheblich verjüngt, zurückgesetzt. Den südlichen Abschluss des Kammergutes nimmt ein eingeschossiges, aus Buntsandstein gefügtes Gebäude unter Krüppelwalmdach ein. Teile des 1603 errichteten Gärhauses und der Brennerei sind vermutlich im dreijochigen, kreuzgratgewölbten Erdgeschoss des südwestlichen, zweigeschossigen Gebäudes am Steilhang enthalten. Hofseitig findet man rechts einen rundbogigen Zugang in einfacher sandsteinerner Gewänderahmung. Von der rückwärtigen, nicht überkommen Gebäudeflanke des Kammergutes führte einst ein Fußweg zum Schloss, der bildlich [auf einer Stadtansicht] erstmals um 1670 als steile Allee am damals noch unbewaldeten Hainberg nachweisbar ist."[15]

Schon mit den bauhistorischen Untersuchungen von Gebäuden in Alt-Untermhaus, darunter auch 1997 die gefügekundliche Untersuchung der Dachwerke der Scheunen, konnte auf deren Bedeutung hingewiesen werden. Erst nach und nach reifte die Idee, die Scheunen in das Nutzungskonzept der BUGA einzubeziehen. Die Sanierung der Scheunen, die noch mit Restitutionsansprüchen des Hauses Reuß belegt sind, konnte erst 2006 von der Stadt Gera/ZGGW begonnen werden. Mit der Planung dazu war das Büro für historische Bauforschung und Schadensermittlung an Holzkonstruktionen, Silbitz, beauftragt. Ziel war nicht die umfassende Sanierung, sondern die Rohbausicherung und zimmermannsmäßige Instandsetzung für temporäre angemessene Nutzung – z. B. gastronomische Bewirtschaftung während der BUGA. Auf überhöhte Anforderungen wurde verzichtet. Vielmehr sollten die historische Konstruktion erhalten und sichtbar gemacht werden sowie traditionelle Handwerkstechniken erlebbar und nachvollziehbar werden.

Ein lebendiges Zeugnis, nicht die museale Präsentation ist das Ziel der Maßnahme. Die handwerkliche Reparatur der Dachstühle und der Wiedereinbau der verlorenen Fledermausgauben, die Einfachdeckung mit Segmentbibern und Spließen sowie die Reparatur des Bruchsteinmauerwerks und die Verfugung mit Kalkmörtel konnten mittlerweile im nördlichen Teil umgesetzt werden. Für die zunächst temporäre Nutzung wurde ein einfacher Fußbodenaufbau eingebracht. Die Sicherung des südöstlichen Eck- und des südwestlichen Seitengebäudes sind weitere Herausforderungen.

An der neuen alten „Kulturmeile" wurde ein bauliches Ensemble, das einen 300 Jahre währenden Ausschnitt aus Geras Stadtgeschichte veranschaulicht, instand gesetzt und in die aktuelle Stadtplanung und -gestaltung eingebunden. Der Freistaat Thüringen förderte die Maßnahmen an den genannten Kulturdenkmalen (Garten der Villa Jahr, Orangerie, Küchengarten, Theater, Scheunen) im Rahmen eines interministeriellen Programms (IMAG Bundesgartenschau Gera 2007) mit insgesamt rund 1,5 Millionen Euro. Die Planung und Ausführung lag überwiegend in Händen regionaler Firmen und Handwerksbetriebe, so dass mit der Instandsetzung auch Handwerk und Wirtschaft in Thüringen gefördert wurden. Neben den beschriebenen sind weitere umfassende Sanierungsmaßnahmen an kirchlichen Gebäuden und Bauten der öffentlichen Hand zu nennen, die Gera in den vergangenen 15 Jahren und seit Zuschlag für die BUGA 1997 zu einer großen Baustelle gemacht haben. Straßenbaumaßnahmen, deren Ende kaum glaubhaft schien, konnten abgeschlossen werden und viele konkrete Maßnahmen an Kirchen, Schulen, Verwaltungsgebäuden (z. B. den Gebäuden von Amts- und Landgericht) sind erfolgt.

Die Sanierung des Stadtmuseums (Museumsplatz 1) mit umfassender Umgestaltung der Innenräume war 2002/2004 ein Vorbote des erneuerten Geras, leider aber mit Verlusten historischer Bausubstanz verbunden. Vor kurzem erst abgeschlossen ist die umfassende Sanierung des Rathauses, die unter Berücksichtigung denkmalpflegerischer Belange neben anderen Sanierungen am Marktplatz und in der Großen Kirchstraße Akzente setzt. Aktuelle Sanierungsmaßnahmen finden zur Zeit an der Salvatorkirche (Nicolaiberg 4) statt. Die partielle Instandsetzung des Mittelrisalits der Fassade ist mittlerweile abgeschlossen. Sanierungsmaßnahmen der Pfarrkirche St. Johannis (An der Clara-Zetkin-Straße) werden sukzessive fortgeführt.

Auf die baldige Sanierung z. B. der Villa Voss (Parkstraße 10) oder des Schreiberschen und Ferberschen Hauses (Nicolaiberg 3, Greizer Straße 37/39) mit den Städtischen Museen für Naturkunde und Angewandte Kunst hoffen Museumsleute, Betreiber und Besucher.

Nicht zu vergessen sind die zahlreichen privaten Initiativen, ohne die sich die Stadt bei weitem nicht so lebendig präsentieren könnte. Sie auch nur annähernd alle zu nennen ist in diesem Rahmen nicht möglich. Den Besuchern und Bürgern indessen erschließt sich die Revitalisierung der Stadt Gera, die unter Beteiligung der Denkmalbehörden ihr unverwechselbares Gesicht wieder erhält.

Mark Escherich, Kerstin Vogel

Kirchenerhaltung als weitergefasste Gestaltungsaufgabe zukünftiger Architekten.
Ergebnisse eines denkmalpflegerischen Semesterprojektes an der Bauhaus-Universität Weimar

Semesterprojekte, wie das hier vorzustellende, nehmen den Hauptanteil der denkmalpflegerischen Lehre innerhalb der Architekturausbildung in Weimar ein. Sie sollen die Studenten vor allem auf die Praxis des Umgangs mit Baudenkmalen einstimmen. Die objektbezogenen Projektaufgaben orientieren auf einen möglichst weit gespannten Bogen von Analyse- und Arbeitsschritten. Das Zusammenspiel von Erforschung, Konzepterarbeitung, Entwurf sowie Präsentation und Vermittlung soll von den Studenten an konkreten Beispielen erprobt und verstanden werden.

Wir versuchen damit auf in Deutschland seit Jahren bekannte Probleme zu reagieren, nämlich die „Diskrepanz [...] zwischen dem, was ein Architekturstudium angesichts der sich wandelnden Strukturen und Herausforderungen sein sollte, und was es gegenwärtig immer noch ist, nämlich eine einseitig auf das Berufsbild des Entwurfsarchitekten [...] ausgerichtete Ausbildung". Das Studium soll laut dem hier zitierten „Aachener Protokoll zur Baugeschichte" als „Vorbereitung auf Gestaltung in einem [...] allgemeineren Sinne" begriffen werden.[1] Was dort im Hinblick auf die Baugeschichte formuliert wurde, gilt erst recht für den Bereich der Denkmalpflege, wo Gestaltung immer auch auf das Soziale, Politische und Ökologische ausgerichtet ist: Der Baubestand wird nicht nur genutzt oder verlassen, sondern auch gesellschaftlich angeeignet, ignoriert oder abgestoßen. Denkmalpflegerische Praxis und Lehre schließen vielfältige Analysetechniken, Deutungs- und Sinnstiftungsleistungen sowie Methoden der Konzepterarbeitung ein. Die Beschäftigung mit der vorhandenen baulich-räumlichen Umwelt trägt zur Kultivierung von Fähigkeiten zur Gestaltung auch außerhalb des Baulichen bei.

Im Rahmen der Semesterprojekte sollen die Studenten einen Einblick in die Denk- und Arbeitsweise der am Baudenkmal tätigen Berufsgruppen erhalten. Deshalb werden Geisteswissenschaftler, Betriebswirte und Ingenieure zunehmend in das Lehrprogramm einbezogen. Weil einzeln oder in Kleingruppen gearbeitet wird, ist jeder intensiv an der Analysearbeit beteiligt; die Ergebnisse führen zur Konzeption. Zugleich ist damit das Fundament für eine weitgehend eigenverantwortliche Arbeitsweise gelegt. Nur wenige Praxiskontakte werden vorgegeben. Im Verlauf der Bearbeitung knüpfen die Studenten in der jeweiligen Arbeitsphase selbst weitere Kontakte, z. B. zu Behörden, Unternehmen, Vereinen und Heimatforschern.

Praxispartner sind vor allem Denkmalbehörden und Denkmaleigentümer, auch Vereine, die ihre Problemfälle an die Professur herantragen. Fast immer handelt es sich um von Desinteresse, Leerstand und Verfall gezeichnete Denkmalobjekte, meist in Klein- und Mittelstädten sowie ländlichen Gebieten. Hier hat vor allem der ökonomische und soziale Strukturwandel der letzten Jahrzehnte Baustrukturen aufreißen lassen. Er wird dann zum Problem, wenn Reduktion die Träger kultureller und sozialer Werte bedroht. Angesichts immer kleiner werdender Gemeinden stellt sich die Frage, ob und wie man dennoch das bewahrenswerte bauliche Erbe erhalten kann. Verschärfend wirkt sich aus, dass vornehmlich die wirkungsmächtigen Akteure räumliche Bindungen aufgeben und damit kreative Ressourcen eher abwandern, als sich mit denkmalpflegerischen Anliegen verbinden.[2] Auf die studentischen Projektarbeiten richten sich deshalb in der Regel einige Hoffnungen. Namentlich in aussichtslosen Fällen, wo keine Ideen für die zukünftige Nutzung eines Baudenkmals existieren, sind Studenten besonders willkommen. Hier agieren sie als Ideenfinder und Konzepterarbeiter. Zugleich ist der studentische Einsatz auch Vermittlungsarbeit, bei der die üblichen Vorbehalte, insbesondere gegenüber den behördlichen Vertretern von Denkmalschutz und Denkmalpflege, keine Rolle spielen. Studenten dringen zwangsläufig auch in das soziale Umfeld ihres Bearbeitungsobjektes vor und tragen dort zur kulturell-denkmalpflegerischen Bewusstseinsbildung bei. Dazu gehört es auch, die Ergebnisse vor Ort publik zu machen und sie Entscheidungsträgern wie Interessierten nahe zu bringen.

Semesterprojekt „Kirchen und Klöster neu genutzt" – Messeakademie der „denkmal 2006" Leipzig[3]

In einem besonderen Fokus der Diskussion stehen Sakralbauten. Drastisch sinkende Kirchensteuereinnahmen, Abwanderung und Deökonomisierung treffen hier auf eine Denkmalgattung, deren Erhaltung grundsätzlich einen breiten gesellschaftlichen Rückhalt haben sollte. Mit den brachfallenden Gotteshäusern wird kulturelles Leben reduziert, drohen historisches und künstlerisches Erbe, Landmarken und identifikatorische Signifikanten zu verschwinden.

Nachdem sich die Professur Denkmalpflege im Wintersemester 2005/2006 speziell mit dem Problem drohender Dorfkirchen-Stilllegungen im Westhavelland (Brandenburg) beschäftigt hatte, beteiligten sich Weimarer Studenten im folgenden Sommersemester am Messeakademie-Wettbewerb der „denkmal 2006" in Leipzig. Hier standen elf Kirchengebäude in Sachsen, Sachsen-Anhalt und Thüringen zur Auswahl, deren Vielzahl und Verschiedenartigkeit besonders interessant erschienen, machten sie doch die manigfachen Aspekte des Themas greifbar. Das Spektrum reichte von der bescheidenen Dorf- bis zur repräsentativen Stadtkirche, von der Ruine über die abrissgeweihte bis zur intakten Bauhülle, von der Umnutzung im Bestand bis zur Möglichkeit, gestaltend-

Abb. 1 Göllingen (Thüringen), Klosterkirchenruine St. Wigbert, 1995. Beachtliche Reste der Ostpartie der ehemaligen Kirche (u.a. von Hauptapsis und Ostquerhaus) sind durch Bauten aus der Zeit der Domänennutzung überbaut. Studenten erarbeiten Vorschläge für eine museale Nutzung unter Einbeziehung der Strukturen und Bauteile der romanischen Bauphase.

denkmalpflegerisch aktiv zu werden. 400 Studierende deutscher Hochschulen reichten ihre Beiträge ein. Die Weimarer Teilnehmer waren erfolgreich: Der erste und der zweite Preis sowie drei Anerkennungen wurden ihren Arbeiten zugesprochen.[4] Es überwogen deutlich die wenig oder gar nicht mehr genutzten Kirchengebäude. Leerstand und Vernachlässigung basieren auf sehr komplexen Zusammenhängen. Hier suchten und fanden die Studenten ihre Ansätze: Auf der Basis sorgfältiger Recherchen und Analysen erarbeiteten sie sehr individuelle, größtenteils realitätsnahe Konzepte. Während einzig mit der Aufgabenstellung zur Leipziger Lutherkirche klare zukünftige Nutzungsanforderungen formuliert waren und ein ideenreicher Umbauentwurf erwartet wurde, kam es sonst darauf an, in einem weitergefassten Sinne zu gestalten. Hierbei entstanden Vorschläge für ein revitalisiertes oder neues Innenleben, für die Verbesserung städtebaulicher Rahmenbedingungen bis hin zur Anregung konkreter Betreibermodelle für leerstehende Objekte.

Umnutzung und Umbau als denkmalpflegerische Strategien

Die studentische Projektbearbeitung beginnt mit der Dokumentation und Analyse des Baudenkmals und seines Kontextes. Hierbei werden Methoden der baugeschichtlichen Forschung vermittelt und angewendet. Weil historiologische Erkenntnisse allein wenig relevant sind für den Umgang mit dem Denkmal, ist ein wertender Analyseteil notwendig (axiologische Analyse). Geleitet ist er von objektivierten Kategorien des Denkmalwertes, deren Verständnis durch Vorlesung und Diskussion qualifiziert wird.[5] Auf besonders untersuchungsbedürftige Baustrukturen trafen z. B. die Bearbeiter eines Um- und Ausbauvorschlags für eine Klosterkirchenruine (St. Wigbert in Göllingen/Thüringen).[6] Ihnen gelang im Rahmen der Analyse eine solide Problematisierung des denkmalpflegerischen Konfliktes, der in der Überlagerung klosterzeitlicher Strukturen mit durchaus wertvollen neuzeitlichen Bauten seine Ursache hat (Abb. 1).

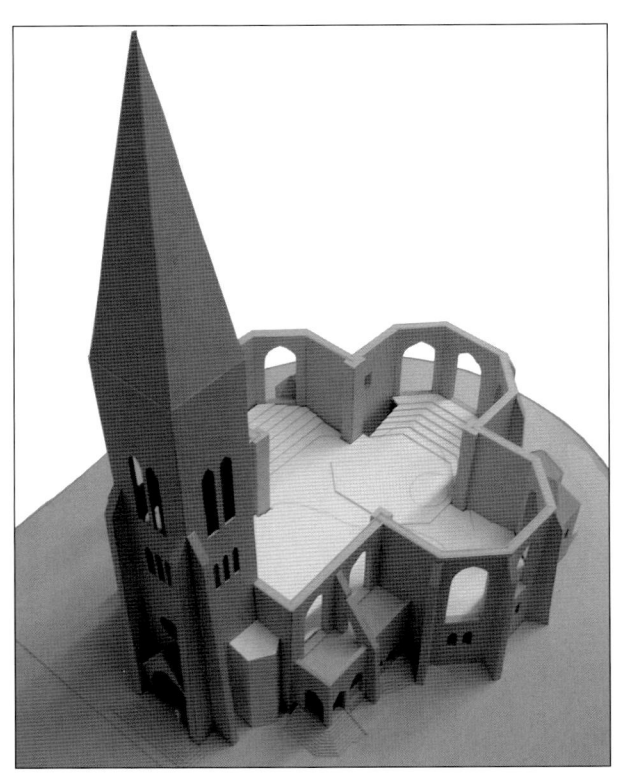

Abb. 2 Leipzig, Lutherkirche, Umbauentwurf „Konzert- und Veranstaltungskirche", Modell ohne Dachwerk (Darja Wiest), 2006

Eine andere ausgesprochene Umbauaufgabe betraf die historische Lutherkirche in Leipzig. Sie soll demnächst als Konzert- und Veranstaltungszentrum genutzt werden. Kern des planerischen Problems war hier die Unterbringung der notwendigen Nebenfunktionen, die Frage nach der Alternative von an- bzw. beigestelltem Neubau einerseits und umfangreichen Einbauten im Inneren andererseits. Die analytische Beschäftigung mit den Denkmaleigenschaften führte zu begründeten konzeptionellen Entscheidungen. Das sehr geschlossen wirkende architektonische Erscheinungsbild und der solitäre gestalterische Status des Bauwerks in einer ausgedehnten Parkanlage gaben Rechtfertigungsargumente für einen Eingriff im Inneren. Mit dem Einbau einer Zwischendecke müsste jedoch ein großer Teil der bauzeitlichen Ausstattung, vor allem die Emporen, entfernt werden. Trotz dieser Verluste überzeugten die besonderen Qualitäten des Entwurfs, der neben einem unbeeinträchtigten Architektur- und Ensemblebild die Schaffung aller notwendigen Funktionen einschließlich eines sehr flexiblen Konzert- und Veranstaltungssaals gewährleistet (Abb. 2).[7]

Weniger konkrete Nutzungsvorstellungen gab es für die Stadtkirche von Eilenburg (Sachsen). Die spätgotische Hallenkirche wurde, wie die Stadt insgesamt, 1945 schwerst beschädigt. Der noch nicht abgeschlossene Wiederaufbau der Kirche ist dort eines der wichtigen erinnerungskulturellen Projekte. Vor allem das historische Gefüge des Innenraums ist heute größtenteils nicht mehr erkennbar. Handlungsanlass war aber auch, dass die Kirche für die Gemeinde

Abb. 3   Eilenburg (Sachsen), Stadtkirche St. Nikolai, Modell zur Turmumbauvariante „vertikale Ausstellung" (Daniel Drewlani und Remo Wüst), 2006

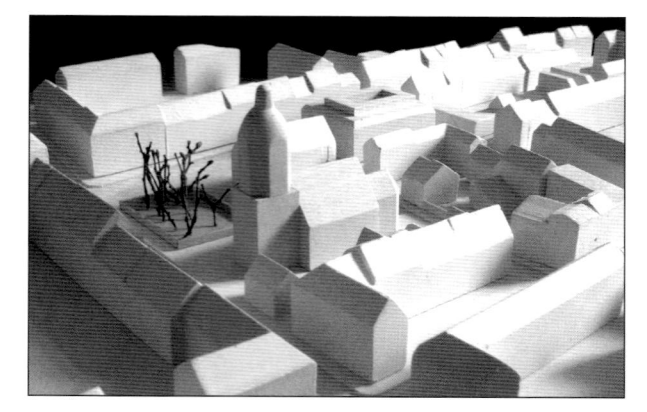

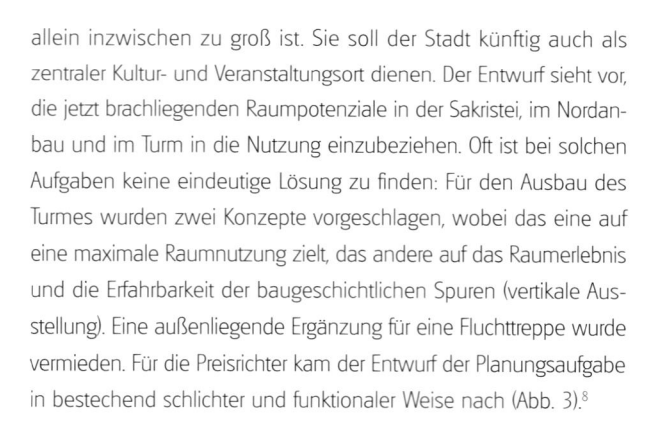

Abb. 4   Eilenburg (Sachsen), Stadtkirche St. Nikolai, Vorschlag für städtebauliche Korrekturen im Umfeld der Kirche (Daniel Drewlani und Remo Wüst), 2006

Abb. 5   Zerbst (Sachsen-Anhalt), Nicolaikirche, Blick vom Turm auf die Kirchenruine und Umgebung, 2006

allein inzwischen zu groß ist. Sie soll der Stadt künftig auch als zentraler Kultur- und Veranstaltungsort dienen. Der Entwurf sieht vor, die jetzt brachliegenden Raumpotenziale in der Sakristei, im Nordanbau und im Turm in die Nutzung einzubeziehen. Oft ist bei solchen Aufgaben keine eindeutige Lösung zu finden: Für den Ausbau des Turmes wurden zwei Konzepte vorgeschlagen, wobei das eine auf eine maximale Raumnutzung zielt, das andere auf das Raumerlebnis und die Erfahrbarkeit der baugeschichtlichen Spuren (vertikale Ausstellung). Eine außenliegende Ergänzung für eine Fluchttreppe wurde vermieden. Für die Preisrichter kam der Entwurf der Planungsaufgabe in bestechend schlichter und funktionaler Weise nach (Abb. 3).[8]

Interventionen im Umfeld

Schließlich wurden für Eilenburg auch städtebauliche Maßnahmen vorgeschlagen. Die momentan undefiniert wirkenden Freiflächen um die Nikolaikirche und der Marktplatz fließen gleichsam ineinander. Der Vorschlag sieht vor, beide Bereiche gestalterisch klarer zu fassen und dadurch die Baumasse der Kirche ästhetisch zu stärken. Ein „grüner Block" mit raumbildender Kraft greift die stadträumlichen Strukturen dieses Bereichs vor der Zerstörung im Weltkrieg auf (Abb. 4).

Noch größere Bedeutung als in Eilenburg hat der städtebauliche Aspekt für die Nicolaikirche in Zerbst (Sachsen-Anhalt). Neben der Ruinierung der Kirche selbst – verursacht durch die Bombardierungen des Zweiten Weltkriegs – ist es das städtebauliche Umfeld, das sie zu einem Problemfall macht (Abstoßung anstatt Einordnung durch die soziale und räumliche Struktur des Stadtteils, Abb. 5). Es sind weder ökonomische Mittel noch Bedarf vorhanden, die Ruine neuen Nutzungen zuzuführen. Die Wiederherstellung des Daches als wichtiges städtisches Erinnerungsbild ist derzeit nicht mehr als eine Vision. Eine zukünftige Nutzung der Kirchenruine kann nur im Zusammenhang mit ihrem städtischem Umfeld gedacht werden. Beabsichtigt wird von den Studenten eine gegenseitige Aufwertung. Deshalb wurde ein städtebauliches Konzept für die nördliche Zerbster Innenstadt erarbeitet, das eine Reihe von Handlungsmöglichkeiten und Vorschlägen, z. B. für geordneten Rückbau, stadträumliche Korrekturen und Reparaturen, Verbesserungen der Wohnbebauung und der Freiflächen, beinhaltet (Abb. 6). Voraussetzung für jegliche Aktivität außerhalb und innerhalb der Nicolaikirche ist allerdings das Engagement von Menschen, die bereit sind, dem Projekt ihre soziale und künstlerische Kreativität zu widmen. Als Initial und Entfaltungsort schlugen die Bearbeiter vor, einen leerstehenden Großtafelbau am benachbarten Markt temporär zu

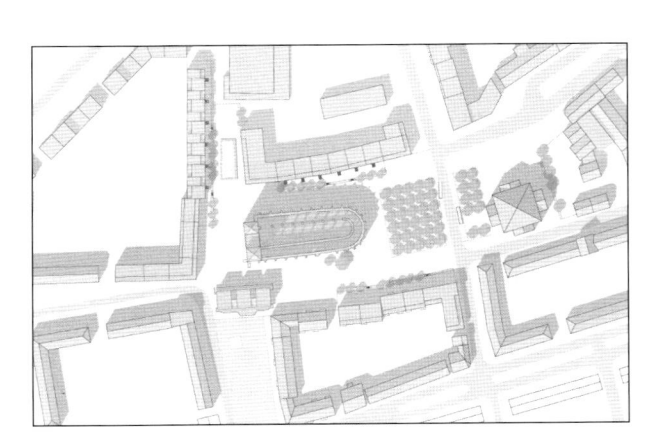

Abb. 6 Zerbst (Sachsen-Anhalt), nördliche Innenstadt, Gesamtplan aller städtebaulichen Maßnahmen (Simon Brandt und Alexander Schnieber), 2006

Abb. 7 Zerbst (Sachsen-Anhalt), der so genannte Block 38 am Zerbster Markt soll „Raumpionieren" und „Spaceworkern" der „Ideenwerkstatt Zerbst-Nord" temporär Raum bieten (Simon Brandt und Alexander Schnieber), 2006

nutzen. Die „Ideenwerkstatt Zerbst-Nord" soll das schöpferische Engagement aus der Stadt und das der Zugezogenen und Gäste zusammenbringen (Abb. 7).

Kombinationen aus Konzepterarbeitung und Umbauentwurf

Für die Nicolaikirche in Zerbst gibt es im Gegensatz zur Lutherkirche Leipzig und zur Stadtkirche in Eilenburg keine konkreten Nutzungsvorstellungen. Somit gehörte sie zu den Objekten, für die Nutzungsideen und -konzepte erarbeitet werden mussten, bevor der eigentliche bauplanerische Projektteil begann. Die Studenten regten an, die Funktion des Kirchenschiffs um einige Veranstaltungs-Gattungen zu erweitern und die Raumpotenziale der Doppelturmfront in die Nutzung einzubeziehen. Ein bescheidener, rohbauartigen Ausbau soll Räume für die Aneignung durch die Stadtbewohner bieten. Der Vorschlag des Ausbaus zu einem Jugendcafé (im ersten Turmgeschoss) resultiert dagegen aus einem bestehenden Bedarf.

Das Konzept für die Nachnutzung der neogotischen Backsteinkirche von Thurau (Sachsen-Anhalt) entstand in Gesprächen mit Kirchenvertretern, Bewohnern und anderen Interessierten. Thurau liegt an einem Europa-Radwanderweg und in einer günstigen Position zu touristisch attraktiven Stätten. Es entstand die Idee einer bescheidenen Herberge für Touristen und für die Interessenten an kirchlichen Freizeiten und Wochenendseminaren. In der Gemeinde kann man sich vorstellen, das Konzept mit eigenem Engagement weiter zu verfolgen. Eine bauliche Verwirklichung erscheint möglich: Zunächst dient der Kirchensaal als multifunktionaler Raum für Veranstaltungen, Feiern und für die Beherbergung. In einem weiteren Schritt kann ein separater Ergänzungsbau für notwendige Nebenfunktionen errichten werden (Abb. 8).

Auch bei der Klosterkirchenruine des ehemaligen Benediktinerinnenklosters Stötterlingenburg in Lüttgenrode (Sachsen-Anhalt) liegt das Problem weniger im technisch Möglichen, sondern mehr in der Struktur- und Finanzschwäche der Region im ehemaligen

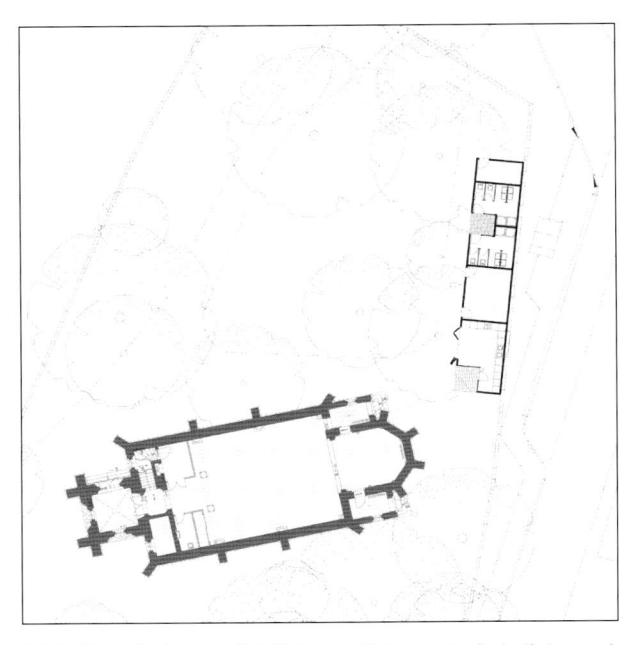

Abb. 8 Thurau (Sachsen-Anhalt), Freiflächen- und Bebauungsplan für das Kirchengrundstück; Kirchengrundriss ohne die geplanten Zutaten (Jost Crasselt), 2006

DDR-Grenzgebiet. Dach und Südwand sind 1971 infolge von Verwahrlosung eingestürzt. Die erhaltene, notgesicherte Nordmauer ist hochgradig gefährdet. Es gab keine Ideen, wie man das wertvolle romanische Bauwerk dauerhaft sichern und wiederbeleben könnte. Die studentischen Nutzungskonzeptionen nahmen vor allem die Geschichtsträchtigkeit des Ortes mit seinem Benediktinerinnenkloster als Ausgangspunkt für hier mögliches religiöses, kulturelles und touristisches Leben. Konkret dürfte die Aufbereitung der Klostergeschichte ein tragfähiger Ansatz sein. In diesem Sinne wurden u. a. Sicherungsmaßnahmen und Wiederherstellungen ehemaliger Baukubaturen vorgeschlagen. Eines der Konzepte will insbesondere im Kirchenschiff die bauzeitliche Raumwirkung in ihrer klösterlichen Askese wieder spürbar machen. Der verlorene südliche Außenwandbereich wird ergänzt und in Material und Form an den Bestand angeglichen (Abb. 9). Wie unterschiedlich hier die Ergebnisse

Abb. 9 Lüttgenrode (Sachsen-Anhalt), Wiederherstellung der Klosterkirche, Perspektivzeichnung (Franziska Horn), 2006

Abb. 10 Lüttgenrode (Sachsen-Anhalt), Ausbau der Klosterkirchenruine, Modell (Katharina Druschke), 2006

sein können, zeigt ein anderer Vorschlag, der sich weitgehend auf Sicherungsmaßnahmen und auf einen Schutzbau beschränkt. In das Kirchenschiff wird ein steifes Rahmengerüst aus Stahl gestellt; das flach geneigte Dach schützt die Mauerkronen und den Innenraum. Wandplatten im unteren Bereich der Südmauer grenzen lediglich das Kirchenschiff vom Außenraum ab; die Raumhülle wird nicht vollständig geschlossen und ermöglicht im Sommer kirchliche und kulturelle Veranstaltungen (Abb. 10).

Anregung konkreter Betreibermodelle

Offen bleibt – so die Jury zu einer der Arbeiten zu Lüttgenrode – „inwieweit es an diesem ... herausragenden Standort ... gelingt, Verantwortliche im Ort und in der Region zu finden, die sich inhaltlich und organisatorisch für ein Gelingen einsetzen."[9] Bei diesem grundsätzlichen Problem setzte die Bearbeiterin der Heilandskirche in Hettstedt-Molmeck an: Auf der Basis sorgfältiger Recherchen und Analysen sowie der mit eigenem Engagement entwickelten Kontakte zu örtlichen Akteuren konnte sie ihr Nutzungskonzept sehr konkret auf die Situation vor Ort beziehen. Dabei gelang es ihr, einen Kreis von Menschen zusammenzubringen, der sich vorstellen könnte, für ein solches Projekt Verantwortung zu übernehmen (Abb. 11). Das Nutzungskonzept selbst nimmt Bezug auf den schlechten Zustand des Bauwerks. Der Selbsthilfeidee folgend, sollen Jugendliche die Kirche zum größten Teil in Eigenarbeit instand setzen und sie zu einer Jugendbegegnungsstätte umgestalten. Bemerkenswert ist, dass dieser Beitrag von der Jury mit dem 1. Preis bedacht wurde. Besonders die Herangehensweise – die vor Ort geführten Gespräche, die „Analyse nicht nur der Bausubstanz" – und die Konzipierung und Organisation eines Betreibermodells überzeugten. Der Entwurf schaffe mehr „als eine bloße Umnutzung von Kirchen"[10] und – möchte man anfügen – weist so in (noch) ungewohnte Lehrfelder der Architektenausbildung außerhalb baulicher Gestaltung.

Abb. 11 Hettstedt (Sachsen-Anhalt), 26. Juni 2006. Vertreter von Jugendwohlfahrtsträgern, der kirchlichen Jugendarbeit im Mansfelder Land und Eva Zimmermann besprechen das Jugendbegegnungsstätten-Konzept.

Monika Kahl, Nils Metzler

Die Alte Kanzlei in Bleicherode
Die Rettung eines Baudenkmals und Zeugnisses jüdischer Geschichte

Am 24. April 2007 wurde in Bleicherode (Lkr. Nordhausen) nach umfangreicher Sanierung die Alte Kanzlei wieder der Öffentlichkeit zugänglich gemacht. Durch die Rettung des Baudenkmals, das noch vor wenigen Jahren dem Verfall preisgegeben schien, wurde im historischen Stadtzentrum Bleicherodes ein Kleinod bewahrt, das seit mehr als 300 Jahren zu den bemerkenswertesten Bauten in der Altstadt zählt. Zugleich wurde mit der Übergabe des restaurierten Gebäudes ein neues kulturelles Zentrum eingeweiht, in dem eine Ausstellung zur Geschichte der jüdischen Gemeinde Bleicherodes, die Bibliothek und die Musikschule ein würdiges Domizil fanden. Damit wurden langwierige Bemühungen um die Erhaltung des geschichtsträchtigen Gebäudes letztlich von Erfolg gekrönt. Es konnte nicht nur ein Baudenkmal gerettet, sondern zugleich auch ein in Vergessenheit geratenes Zeugnis jüdischen Gemeindelebens in der Stadt wieder wahrnehmbar präsentiert werden.

Zur Bau- und Nutzungsgeschichte der Alten Kanzlei

Der an der Hauptstraße gelegene Gebäudekomplex der Alten Kanzlei ist das größte und stattlichste Anwesen in dem in ost-westlicher Richtung durch das Zentrum der Stadt führenden Straßenzug. Er besteht aus einem traufständigen Wohnhaus mit hofseitigen Nebengebäuden und angrenzender großer Tordurchfahrt.

Die überlieferten Bauten wurden auf älteren Vorgängerbauten einer während des Dreißigjährigen Krieges zerstörten Hofanlage errichtet, die vermutlich ein städtischer Adelssitz und zugleich Ackerbürgerhof war. Die Bauzeit des Hauptgebäudes wird auf die zweite Hälfte des 17. Jahrhunderts (um 1670) datiert.[1] Etwa zur gleichen Zeit entstanden wohl die Nebengebäude, eine Scheune, ein Wirtschaftsgebäude und ein kleines Wohnhaus. Alle Gebäude wurden in Fachwerkbauweise in zeit- und landschaftstypischer, an die niedersächsische Tradition anknüpfender Konstruktion ausgeführt.[2]

Das Anwesen war in der ersten Hälfte des 18. Jahrhunderts Wohn- und Verwaltungssitz der Grafschaft Hohnstein und diente als Amtsgebäude des Stadtschultheißen.

Das Wohnhaus, ein zweigeschossiges 23-achsiges Fachwerkgebäude mit vorkragendem Oberstock auf hohem Bruchsteinsockel, erhielt nach einem Besitzerwechsel wohl 1721 mit dem stilistisch angeglichenen Anbau des nördlichen Seitenflügels seine heutige äußere Baugestalt.[3]

Abb. 1 Bleicherode, Hauptstraße 131, Wohnhaus der Alten Kanzlei, Ansicht der Straßenfront, vor 1911

Abb. 2 Bleicherode, Hauptstraße 131, Wohnhaus der Alten Kanzlei, Straßenfront, 2002

Abb. 3 Bleicherode, Hauptstraße 131, Wohnhaus der Alten Kanzlei, Rückfront, 1997

Abb. 4 Bleicherode, Hauptstraße 131. Wohnhaus der Alten Kanzlei, Straßenfront, 2007

Abb. 5 Bleicherode, Hauptstraße 131. Wohnhaus der Alten Kanzlei, Rückfront, 2007

Im Verlaufe des 19. Jahrhunderts wechselten die Eigentümer mehrfach. Das ehemalige Kanzleigebäude wurde zu Wohnzwecken umgebaut und als solches bis in die 1980er Jahre genutzt. Auch der Einbau einer neuen Hauseingangstür ist Baumaßnahmen des 19. Jahrhunderts zuzuordnen. Die gravierendste Maßnahme am äußeren Erscheinungsbild war die Veränderung der Außentreppe im Jahre 1911.[4]

Trotz dieser und einiger weiterer Eingriffe sind die bauzeitliche Gebäudesubstanz sowie die Raumstrukturen und wesentliche Teile der wandfesten Ausstattung, darunter die Balkendecken, Türen und Treppengeländer aus dem 17./18. Jahrhundert, weitestgehend erhalten.

Jahrzehntelange Vernachlässigung, unzureichende Erhaltungsmaßnahmen und Leerstand führten in der zweiten Hälfte des 20. Jahrhunderts zu erheblichen Schäden an allen zum Anwesen gehörenden Bauten. Um den Einsturz des Wohnhauses zu verhindern, musste die Fassade an der Straßenfront abgestützt werden. Im 1998 erschienenen Handbuch der deutschen Kunstdenkmäler, Thüringen, wird die als bemerkenswertes Baudenkmal in der Stadt Bleicherode erwähnte Alte Kanzlei als „z.Zt. in sehr schlechtem Bauzustand" beschrieben.[5] Ungeachtet dessen wurde das bereits in der DDR-Denkmalliste des Kreises Nordhausen erfasste Objekt 1999 als Kulturdenkmal aus geschichtlichen, städtebaulichen und künstlerischen Gründen in das Denkmalbuch des Freistaats Thüringen eingetragen.[6]

Zur denkmalpflegerischen Instandsetzung

In den 1990er Jahren gelang es in Zusammenwirkung von Stadtverwaltung, Thüringischem Landesamt für Denkmalpflege und Landratsamt Nordhausen, durch kurzfristig eingeleitete Notsicherungsarbeiten den fortschreitenden Verfallsprozess an dem bedeutenden Fachwerkhof im Altstadtgebiet von Bleicherode aufzuhalten.

Dabei wurden im Rahmen eines umfassenden Sanierungsprogrammes an dem stark geschädigten Gebäudekomplex grundlegende substanzerhaltende Arbeiten durchgeführt, ohne zunächst eine spätere Nutzung des Gebäudekomplexes zu kennen.

Neben Zimmerer- und Dachdeckerarbeiten erfolgten bauhistorische Untersuchungen und die Dokumentation des gesamten Denkmalbestandes, sowie restauratorische Sondagen an den Fachwerkfassaden und in den Innenräumen. Hierbei wurde schließlich die anfangs noch nicht vollständig erkennbare Wertigkeit des historischen Bestandes in ganzem Umfang deutlich.

Durch die auch in der Öffentlichkeit deutlich wahrnehmbaren Instandsetzungsarbeiten an dem historischen Gebäudekomplex erfolgte ein demonstratives Bekenntnis zur Stadtidentität von Bleicherode und zur Erhaltung des Stadtbild prägenden Denkmalensembles.

Diese neu entstandenen Rahmenbedingungen ermutigten auch den inzwischen ins Leben gerufenen Förderverein „Alte Kanzlei", das in Privatbesitz befindliche Objekt zu erwerben und die vollständige denkmalgerechte Instandsetzung und Nutzung voranzubringen.

Es gelang dem Förderverein unter Leitung von Prof. Dirk Schmidt in kurzer Zeit, erhebliche Spendengelder zum Grundstückserwerb einzuloben und ein realistisches Betreiberkonzept zur öffentlichen Nutzung der Gesamtanlage vorzulegen sowie entsprechende Beschlüsse durch den Stadtrat von Bleicherode herbeizuführen.

Unter diesen Voraussetzungen sowie durch unermüdliches Drängen des Fördervereins konnte das Thüringer Kultusministerium der Förderung durch den Europäischen Fonds für regionale Strukturentwicklung in Verbindung mit Städtebauförderung kurzfristig zustimmen. Die finanzielle Förderung dieser Gesamtmaßnahme wurde mit der Auflage verbunden, das Förderobjekt unverzüglich in einen nutzungsfähigen Zustand mit überregionaler Ausstrahlung zu überführen.

Auf Grundlage der durchgeführten Vorleistung zur Substanzerhaltung an der Alten Kanzlei unverzüglich nach der politischen Wende gelang es mit der fundierten Planung des Architekturbüros Graf aus Nordhausen unter Anleitung des Thüringischen Landesamtes für Denkmalpflege, ein anspruchsvolles und für die Stadt Bleicherode vitalisierendes Projekt zu konzipieren und umzusetzen. Nach Fertigstellung im Sommer 2007 konnte im Hauptgebäude eine moderne Stadt- und Regionalbibliothek sowie ein an diesen Ort in besonderer Weise gebundenes Dokumentationszentrum für jüdische Regionalgeschichte eingerichtet werden.

In Folge des sich bereits in den ersten Monaten nach der Eröffnung des Hauptgebäudes der Alten Kanzlei abzeichnenden großen Interesses der Öffentlichkeit an dieser Einrichtung konnte durch Aufstockung der EFRE-Förderung des Thüringer Kultusministeriums und zusätzliche Mittel der Stadt Bleicherode, des Fördervereins sowie der Städtebauförderung in einem zweiten Bauabschnitt die denkmalgerechte Sanierung und der nutzungstechnische Ausbau der Speichergebäude im Hof des Grundstückes begonnen werden.

Der Förderverein plant in den historischen Nebengebäuden ein Kommunikationszentrum sowie weitere Ausstellungsräume zur Regionalgeschichte der Stadt Bleicherode, darunter die Darstellung von Leben und Werk des bedeutenden Geografen und Kartografen August Petermann (1822–1878), von Geschichte und Technik der Kartografie sowie die Dokumentation des ehemaligen Haupterwerbszweigs der Stadt, der Textilweberei, und die Schaffung von Unterrichtsräumen für den Geschichts- und Heimatkundeunterricht.

Die Wiederentdeckung des Betraums der jüdischen Gemeinde Bleicherodes

In den Publikationen zur Geschichte der jüdischen Gemeinde Bleicherodes werden zumeist lediglich die 1880 bis 1882 nach Plänen von Baurat Edwin Oppler aus Hannover errichtete repräsentative Synagoge in der Obergebraer Straße und der jüdische Friedhof am Vogelberg erwähnt. An die in der Pogromnacht vom 9. zum 10. November 1938 zerstörte Synagoge erinnern ein 1988 errichteter Gedenkstein und eine Gedenktafel an der Marienkirche. Auf weitere Kennzeichnungen an originalen Sachzeugnissen, die auf Spuren jüdischen Lebens in Bleicherode hinweisen, wurde zu damaliger Zeit verzichtet.

Die Wiederentdeckung des Betraums in der Alten Kanzlei stieß bei den Förderern des Sanierungsprojekts auf besonderes Interesse und begünstigte die Unterstützung der angestrebten Erhaltungsmaßnahmen.

Die Existenz des Raumes war bis dato nur aus Hinweisen in archivalischen Quellen und durch einen Beitrag zur Geschichte der jüdischen Gemeinde Bleicherodes bekannt.[7] Im Verlaufe der Baumaßnahmen gelang es, die Lage des Raumes im ehemaligen Kanzleigebäude zu lokalisieren. Während der Recherchen im Vorfeld der geplanten Restaurierung waren die Bearbeiter in den Archivalien auf einen Hypothekenschein aus dem Jahre 1793 gestoßen, der auf das Vorhandensein eines Betraums im ersten Obergeschoss des Gebäudes hinwies. Die weiteren Nachforschungen ergaben, dass es sich hierbei um den vermutlich ersten Betraum der seit Beginn des 18. Jahrhunderts wieder in Bleicherode ansässigen jüdischen Familien handelte.[8]

Erst seit etwa 1700 lebten nach mehr als hundert Jahren der Vertreibung wieder Juden in Bleicherode. Begünstigt durch die

Verfügung des preußischen Königs Friedrich Wilhelm I., zur Förderung der wirtschaftlichen Entwicklung seines Landes den Juden die Freizügigkeit bei der Wahl ihres Wohnortes zu gewähren, nahm die Zahl der Zuwanderer in den folgenden Jahrzehnten in der Stadt rasch zu.[9] Der Grund für die zunehmende Ansiedlung jüdischer Familien in der Stadt war die aufblühende Textilindustrie in Bleicherode, an deren Entwicklung die Juden einen wesentlichen Anteil hatten. Da der jüdischen Bevölkerung noch bis zu Beginn des 19. Jahrhunderts neben einer Reihe weiterer Restriktionen die Erlangung des Bürgerrechtes und der Kauf von Grundbesitz verwehrt waren, wurde ihnen auch nicht der Bau eines eigenen Gotteshauses erlaubt. Die jüdische Gemeinde war daher darauf angewiesen, für ihre Gottesdienste geeignete Räume in Privathäusern von Gemeindemitgliedern einzurichten oder Räume in der Stadt anzumieten. Mit dem Anwachsen der Gemeinde bemühte sich der Vorstand der Synagogengemeinde um den Bau eines eigenen Gotteshauses, was jedoch trotz langer Bemühungen vorerst nicht realisiert werden konnte.

Vermutlich bereits vor 1730 hatte die jüdische Gemeinde für den Betraum ein neues Domizil in der Alten Kanzlei, dem damaligen Sitz des Kriegsrates Stöckelmann, gefunden. Von der bereits über einen längeren Zeitraum währenden Existenz des Betraums in dem Gebäude gibt ein Vertrag Auskunft, den die neue Besitzerin, Gräfin vom Hagen, nach dem Kauf des Anwesens (1790) von den Stöckelmannschen Erben im Jahre 1791 mit dem Vorstand der Synagogengemeinde hinsichtlich der zukünftigen Raumnutzung geschlossen hat.[10] Daraus geht hervor, dass Räume schon „seither" von der Gemeinde genutzt wurden.[11] Eine konkretere Datierung findet sich in einer Stellungnahme der Stadtverwaltung aus dem Jahre 1793, in der vermerkt ist, dass die Absicht der Judenschaft dahin gehe, „diejenigen Zimmer auf dem vom Hagenschen Burgsitze, worinnen sie seit dem Jahre 1730 ihren Gottesdienst gehalten, in eine Synagogen zu verwandeln".[12]

In dem Vertrag von 1791 wird der jüdischen Gemeinde das fortdauernde und unbegrenzte Nutzungsrecht für die überlassenen, „zur Abendseite gelegenen" Räume auch nach einer Weiterveräußerung des Gebäudes unter der Bedingung gewährt, dass den Gemeindemitgliedern der Zugang nur von der Straße her über eine hölzerne Außentreppe gestattet werde.[13]

Im Verlaufe der bauhistorischen Untersuchungen gelang es zwar nicht, die genaue Lage des separaten Treppenaufgangs zu lokalisieren, jedoch wurde während der Baumaßnahmen an der westlichen Giebelseite des Gebäudes eine zugemauerte Maueröffnung entdeckt, von der man annehmen kann, dass es sich um den ehemaligen Zugang zum Betraum handelt.

Mit Einweihung des 1880/82 errichteten neuen Synagogengebäudes in der Obergebraer Straße wurde der Betraum in der Alten Kanzlei nicht mehr benötigt und deshalb von der jüdischen Gemeinde aufgegeben. Die neuen Eigentümer ließen den Zugang

Abb. 6 Bleicherode, Hauptstraße 131, erstes Obergeschoss, wiederentdeckter Zugang zum jüdischen ehemaligen Betraum, 2007

zunächst zum Fenster umbauen und schließlich 1896 gänzlich zumauern. Damit und wohl auch wegen der nachfolgenden Umnutzung geriet die ehemalige Funktion des Raumes in Vergessenheit.

Angeregt durch die Ergebnisse der Recherchen und der während der Baumaßnahmen zutage getretenen Befunde, entschlossen sich die am Projekt Beteiligten, die gewonnenen Erkenntnisse in das geplante Nutzungskonzept einzubeziehen und der Öffentlichkeit zu präsentieren.

Der Betraum als Dokumentationszentrum für die Geschichte der jüdischen Gemeinde Bleicherodes

Die seit Mitte der 1990er Jahre im Zusammenhang mit den Bemühungen um die Rettung der Alten Kanzlei betriebenen Recherchen zur Bau- und Nutzungsgeschichte des Gebäudes boten Anlass, sich über die Spurensuche nach dem Betraum hinaus mit der Geschichte der gesamten Geschichte der jüdischen Gemeinde zu beschäftigen.

Der ehemalige Betraum, an dessen westlicher Giebelwand der ursprüngliche Zugang durch einen vorgesetzten bauzeitlichen

Türrahmen markiert wurde, und zwei weitere Räume im Obergeschoss werden seit der Übergabe des restaurierten Gebäudes an die künftigen Nutzer als Ausstellungsräume genutzt.

Die Funktion des ehemaligen Betraumes wird durch die Präsentation von insgesamt 50 Schautafeln zur Geschichte der jüdischen Gemeinde – von der Ansiedlung von Juden bis zu deren Vertreibung durch die antijüdische Gesetzgebung des nationalsozialistischen Regimes – in einen geschichtlichen Kontext gestellt. Hier findet der Besucher auch Informationen über Lebensläufe und das Wirken jüdischer Familien und Persönlichkeiten im Umfeld ihrer privaten und religiösen Lebensweise. Die Dokumentation belegt anhand detailliert geschilderter Beispiele die einstige allseitige Einbindung jüdischer Bürger in alle Bereiche des wirtschaftlichen, geistigen und gesellschaftlichen Lebens der Stadt.

Seit 1943 lebten keine Juden mehr in Bleicherode. In einem der Ausstellungsräume wird der ehemaligen jüdischen Mitbürger Bleicherodes gedacht, die Opfer der nationalsozialistischen Vertreibungs- und Vernichtungspolitik wurden.

Bereits wenige Wochen nach der Eröffnung der Ausstellung bewies das Interesse vieler Schulklassen und Einzelbesucher, dass es allen am Projekt Beteiligten beispielhaft gelungen war, mit der Rettung eines Baudenkmals auch ein tragfähiges Nutzungskonzept zu realisieren. Insbesondere Dank der Aktivitäten des Fördervereins ist es gelungen, bei der Erhaltung der Alten Kanzlei im Planungskonzept den konstruktiven und baukünstlerischen Wert des Baudenkmals mit der geschichtlichen Bedeutung des Gebäudes in Einklang zu bringen und eine adäquate Nutzung zu ermöglichen. Zugleich konnte damit auch die Bestandserfassung von überlieferten materiellen Sachzeugnissen jüdischer Kultur in Thüringen um ein weiteres Objekt ergänzt werden.[14]

Albrecht Lobenstein

Historische Pauken im mittleren Thüringer Becken
Ein Beitrag zur Erfassung des mobilen kirchenmusikalischen Instrumentariums

Einführung

In den Kirchen Thüringens warten historische Musikinstrumente in noch unermesslicher Anzahl auf ihre Entdeckung, Erfassung, Bewertung und mentale Vermittlung. Darunter fallen auch Pauken, gegenüber denen sogar eine gewisse Absenz der Wahrnehmung zu bestehen scheint. Die vergleichsweise geringen Bestände großer deutscher Museen mit Fachabteilungen sind vereinzelt schon, wie in Leipzig, München und Nürnberg, für die Öffentlichkeit zugänglich beschrieben worden.[1] Der riesige Fundus an historischen Pauken in den Kirchen Thüringens aber, der sich seines zum Teil hohen Alters, seiner Vielfalt und häufig auch seiner Platzierung am authentischen Ort wegen als beispiellos erweist, ist noch unbeachtet geblieben.

In einem imaginären Raum des Erfurter Stadt- und Landgebietes mit einem Umkreis von etwa dreißig Kilometern ist mir eine erstaunliche Dichte an erhaltenen Sachzeugnissen, seien es die Instrumente selbst, Halterungen an den Emporen oder Ausbuchtungen in den Brüstungen, wo die Pauken montiert waren, aufgefallen. Ich kann für diesen Bereich nachweisen, dass Pauken eine bestimmte Zeit lang als unentbehrliche Instrumente einer kirchenmusikalischen Praxis, in der Kunstmusik und zur Ordnung des Gemeindegesangs zur Ausstattung fast jeder Stadt- und Dorfkirche gehört haben.[2]

Der folgende Beitrag wird sich, nur um das Interesse an der Sache zu wecken, auf den Befund in den Kirchen der Stadt Erfurt und des Landkreises Sömmerda beispielhaft beschränken. Die Erhebung kann durchaus als repräsentativ für angrenzende Landkreise gelten.[3]

Einzelbeschreibungen

Nr. 1) Sömmerda-Schallenburg, Cyriakuskirche, Paukenpaar, Holz, 1686

1. Innen-Ø: 560, T: 305; 2. Innen-Ø: 530, T: 305[4]

Ihre jetzige Gestalt erhielt die Schallenburger Cyriakuskirche erst Anfang des 18. Jahrhunderts, als sie vergrößert und neu eingerichtet wurde. Das rotbraun gefasste Holzpaukenpaar aber ist älteren Ursprungs. In beiden Körpern befinden sich Instrumentenzettel, die den Erfurter Drechsler Esaias Kirchner als Meister dieser sauberen Arbeit und das Entstehungsjahr 1686 ausweisen.[5] Somit sind sie die ältesten sicher datierbaren Holzpauken, die bisher in der Literatur erwähnt worden sind.[6]

Abb. 1 Sömmerda-Schallenburg, Cyriakuskirche, Paukenpaar Nr. 1, 2005

Abb. 2 Sömmerda-Schallenburg, Cyriakuskirche, Paukenpaar Nr. 1, 2005

Abb. 3 Sömmerda-Schallenburg, Cyriakuskirche, kleine Pauke Nr. 1, Instrumentenzettel, 2005

Das Paar hängt in Halterungsringen, die an der Brüstung der zweiten Südempore verankert sind. Etwa 10 Zentimeter breite Brettstreifen, ähnlich Fassdauben, wurden zu konischen Ringen gefügt. Die Hölzer könnten mit Nut und Feder gespundet oder auf eine andere wirksame Art gegen ein Verschieben gesichert worden sein. An den Rändern der sonst etwa 15 bis 16 Millimeter starken Wandungen ist ein gleichmäßig umlaufender Wulst von 20 bis 23 Millimetern Stärke als Armierung ausgearbeitet. Die Ringe stehen auf flachen Böden. Die Stöße sind beledert. Zur Ausstattung gehören schlichte

Beschläge, Laschen mit Gewindeösen, die durch die Beschläge gesteckt und mit den Kesseln verschraubt sind, an jedem Kessel noch zwei einzelne gewundene Eisenfüße und Spannreifen mit Fellresten. Beide Körper wiegen mit ihrer Ausstattung jeweils etwa 6 Kilogramm.[7]

Nr. 2) Sömmerda, Bonifatiuskirche, Paukenpaar, Kupfer, 1688
1. Ø: 680, T: 387; 2. Ø: 640, T: 378

Der Westgiebel der Bonifatiuskirche, der ehemaligen Sömmerdaer Ratskirche, ist zu beiden Seiten der Orgel mit Instrumentalistenbalkons ausgestattet. Das Paukenpaar, welches nach unbeglaubigter Überlieferung 1688 angeschafft worden ist, befindet sich in Halterungsringen, die an der Brüstung des nördlich gelegenen Balkons fest installiert sind. Auf den Nordbalkon gelangt man nur über den verschließbaren Stimmgang des Orgel-Hauptwerkes. Die in die Brüstung und das Orgelgehäuse geschnitzten Jahreszahlen 1713, 1726, 1734, 1780, 1812 und 1813 sind, weil gewiss nur der Pauker Zugang zu seinen Instrumenten hatte, Zeugnisse seiner Gegenwart.

Die Halterungsringe sind mit Stützen und um die Emporenbrüstung gebogenen Bändern verschweißt. Auf einem sechskantigen Eisenstab ruht zwischen den Pauken das Notenpult (H: 395, B: 190), das von einem Kerzenhalter flankiert wird.

Die Kessel sind für ihre mutmaßliche Entstehungszeit bemerkenswert weit und schwer (13 und 12 Kilogramm, komplett ausgestattet) und mit neun bzw. acht Spannvorrichtungen außergewöhnlich reich, aber ihren Spannweiten gemäß, bestückt. Eisenbeschläge (115x95), aufwendig zu einem zierlichen Blütenornament ausgeschnitten, durchbrochen, ziseliert und mit Zinn überzogen, sind an die Kessel genietet. Ein Schlüssel für die vierkantigen Köpfe (10x10) der Spannschrauben (Ø: 10) ist vorhanden. Die Spannreifen drücken auf zusätzliche Wickelreifen. Die Bespannung ist intakt.

Im gemalten Orgelhimmel, der um 1723 entstanden ist, holt der Paukenengel mit dem Schwung einer über den Kopf ausladenden Armbewegung zum Schlag aus. Auf der realitätsnahen Abbildung befinden sich die Schlagflecken in der Mitte der Felle. Die Klangprobe ergab einen tonal indifferenten dumpfen Knall als Schlagton. Schlägt man eine Handbreit vom Rand entfernt auf das Fell, wie es jüngere Paukenschulen lehren, erhält man einen farbigeren Klang mit einem ausdauernden Summton.

Nr. 3) Erfurt, Predigerkirche, Paukenpaar, Kupfer, 17. Jh.
1. Ø: 605, T: 345; 2. Ø: 580, T: 345

In der Erfurter Predigerkirche, der ehemaligen evangelischen Ratskirche, ist im 17. Jahrhundert für festliche Kirchenmusiken auch ein Pauker vergütet worden.[8] Die Hauptteile der historischen Pauken, die auf der südlich gelegenen Instrumentalistenempore liegen, könnten durchaus noch aus dieser Zeit stammen. Die bauchige Gestalt des großen Kessels, die schlichte Form der Beschläge, die

Abb. 5 Sömmerda, Bonifatiuskirche, Paukenpaar Nr. 2, 2005

Abb. 4 Sömmerda, Bonifatiuskirche, Paukenpaar Nr. 2, 2005

Abb. 6 Erfurt, Predigerkirche, große Pauke Nr. 3, 2005

die Idee eines Blattornament-Schemas widerspiegeln, oder die konisch verjüngten vierkantigen Schraubenköpfe mit gerundeten Bünden sind Kennzeichen eines höheren Alters. Ein Teil der Ausstattung ist inzwischen jedoch angepasst worden. Spannreifen aus Aluminiumguss und künstliche Membranen mit zusätzlichen Wickelreifen zeigen, dass die Pauken bis in die jüngste Vergangenheit genutzt wurden. Noch vor wenigen Jahren hing das Paar in geschmiedeten Körben, die an der Brüstung der südlich gelegenen Instrumentalistenempore befestigt waren.

Nr. 4) Erfurt, Andreaskirche, Paukenpaar, Kupfer, 1703
1. Ø: 585, T: 390; 2. Ø: 540, T: 370

Abb. 7   Erfurt, Andreaskirche, Paukenpaar Nr. 4, 2006

Abb. 8   Erfurt, Andreaskirche, große Pauke Nr. 4, Wappen, 2006

Ein Wappen ziert die beiden Kupferpauken, die sich in der Erfurter Andreaskirche befinden. Die farbige, ehemals dekorative Bemalung ist verblichen und zerkratzt. Auf braunem Grund und von Palmenwedeln umgrenzt sind der golden und rot quadrierte Dreiecksschild mit zugespitztem Unter- und nach oben gewölbtem Oberrand, der goldfarbene Helm, die Helmdecke in den Farben des Wappenschildes und die lateinischen Initialen „T. H." sowie die Datierung „17 03" noch deutlich, Helmzier und Kleinod jedoch nicht mehr zu erkennen. Umlaufende Abriebe in Höhe der Beschläge zeigen, dass die Instrumente auch einmal in Ringen gehangen haben. Mit einem Durchmesser-Tiefe-Verhältnis von etwa 3:2 sind die Kessel zu den tieferen zu zählen. Je vier Nieten halten sieben und sechs Beschläge (110x77), deren Umrisse die Kontur des Wappens wiederholen. Als ich die Instrumente im August 2006 erstmals untersuchte, griffen noch Schrauben (Ø: 10, L: 140) mit Dreikantköpfen und gerundeten Bünden in die Gewinde-Ösen an den Beschlägen, um dicke Felle, die um die Reifen gewickelt waren, zu spannen. Die vollständig original erhaltenen Pauken befanden sich in einem guten Zustand. Für eine Wiederbelebung als Musikinstrumente hätten nur die alten Felle geflickt werden müssen. Im Juni 2007 besuchte ich die Kirche nochmals, um die Pauken zu wiegen. In der Zwischenzeit waren die Spannreifen, die Spannschrauben und die alten Naturfelle entfernt und entsorgt, Spannreifen und Schrauben erneuert, neue Gewinde in die Ösen geschnitten, künstliche, für eine authentische Aufführungspraxis ungeeignete Membranen aufgezogen und den Dreifüßen Verlängerungen angeschweißt worden. Mit dieser Aktion ist in völliger Unterschätzung des Wertes und ohne instrumentenkundliche und musikalische Sachkenntnis unter dem Deckmäntelchen des zeitgemäßen Nutzungswillens ein bedeutendes Zeugnis verstümmelt worden.

Nr. 5) Kölleda, Stadtmuseum, Paukenpaar, Kupfer, 1730
1. Ø: 468, T: 275; 2. Ø: 460, T: 250

Der Kölledaer Chronist berichtet 1835 schon mit einem historischen Interesse, dass seinerzeit noch ein altes Paukenpaar benutzt wurde, welches der Kirchengemeinde 1730 zur Jubelfeier des Augsburgischen Bekenntnisses von den Adjuvanten geschenkt worden war.[9] Wahrscheinlich sind die beschriebenen Pauken identisch mit denen, die im Zuge einer Kirchenrenovierung um 1900 in die städtische Sammlung überführt worden sind und sich nun im Fundus des Stadtmuseums befinden. In meiner Dokumentation stehen sie beispielhaft für nicht erfasste Museumsbestände.[10]

Zur Ausstattung der kleinen Körper gehören je sechs Beschläge aus Eisen (110x80), mit jeweils fünf Nieten am Kessel befestigt, je sechs Schrauben (L: 120) mit kleinen Vierkantköpfen (7x7) und Spannreifen mit Fellresten. Die große Pauke wiegt 4,5 und die kleine 4 Kilogramm.

Nr. 6) Sömmerda, Peter-und-Paul-Kirche, Paukenpaar, Holz, 18. Jh.
1. Innen-Ø: 542, T: 265; 2. Innen-Ø: 520, T: 265

Die Sömmerdaer Peter-und-Paul-Kirche ist im Orgelbereich, in der Höhe, wo ehemals eine umlaufende Empore oder Instrumentalistenbalkons eingebaut waren, mit zwei Wandschränken ausgestattet. Ein gemalter musizierender Engel auf der Tür des Schrankes in der Südwand hält ein Heft, auf dem geschrieben steht: „Auch Cherubim und Seraphim loben dich, Gott, mit großer Stimm." In dem Schrank auf der Nordseite lagert ein Holzpaukenpaar. Etwa 7 Millimeter starke und knapp 10 Zentimeter breite, senkrecht stehende Brettchen,

Abb. 9 Sömmerda, Peter-und-Paul-Kirche, Paukenpaar Nr. 6, 2006

Abb. 10 Großmonra, Peter-und-Paul-Kirche, Paukenpaar Nr. 7, 2006

ähnlich Fassdauben, wurden zu Ringen verleimt, diese mit den Böden, die sich in der Mitte leicht nach oben wölben, verbunden, die Stöße zwischen den Böden und Ringen sowie die Köpfe der Nieten im Inneren der Kessel mit einer Vlieslage überleimt und die Körper rotbraun gefasst. Die Hölzer werden, um ein Öffnen der Längsfugen zu verhindern, gespundet worden sein. Die Wände der kleinen Pauke verlaufen konisch, die der großen Pauke aber steiler, fast zylindrisch. An den inneren Rändern, in Höhe des Spannreifens, dienten aufgesetzte Armierungen als statische Bewehrung gegen die Zugkräfte der gespannten Felle. Schlichte herzförmige Beschläge (70x47) mit abgewinkelten Ösen sind an die Kessel genietet. Spannreifen und Schrauben aus Eisen haben sich nur noch an der kleineren Pauke erhalten. Diese wiegt 5,5, die große, aber ohne Ausstattung, 4 Kilogramm. Weil die Kessel durch starken Holzwurmbefall schon porös geworden sind, ist ein Gewichtsverlust zu berücksichtigen. Vielleicht war es der Urheber, der im Inneren der großen Pauke die lateinischen Initialen „J H M" hinterlassen hat. In der Zwischenzeit sind die Kessel grundlegend, an allen mutmaßlichen Schwachstellen, mit Papier, zum Teil mit Rechnungen aus dem Jahr 1769, wie noch zu erkennen ist, abgedichtet worden. Dies könnte um 1800 geschehen sein, als Papier zwar noch kostbar war, die Niederschrift aber keinen Wert mehr hatte.

Nr. 7) Großmonra, Peter-und-Paul-Kirche, Paukenpaar, Kupfer, 18. Jh.
1. Ø: 590, T: 360; 2. Ø: 550, T: 310

In der Großmonraer Peter-und-Paul-Kirche hat Johann Aegidius Bach d. J. (1709–1746), der in seiner Jugendzeit den Erfurter Stadtmusikanten schon als Pauker ausgeholfen hatte, von 1732 bis zu seinem Tod 1746 als Kantor und Organist gewirkt. Das Paukenpaar, welches gegenwärtig neben der Orgel liegt, ist mit großer Wahrscheinlichkeit schon während seiner Amtszeit geschlagen worden.

An der Brüstung der oberen Nordempore ist ein eisernes Gestell mit Ringen für die Halterung installiert. Über das gesamte Gestell zieht sich nach Art eines stilisierten Rankenornamentes eine geschlängelte Linie, deren Täler mit je einer Blüte punziert worden sind. Die Kessel sind auffallend flach (Durchmesser-Tiefe-Verhältnis von 5:3 und 11:6). Horizontal verlaufende, sich nach außen stufenweise verjüngende Eisenbeschläge mit gravierten Blattadern, wie sie als Zungenbänder auch an Türen, Schränken und Truhen üblich waren, überspannen die Gewindemuttern, die mit den Kesseln separat vernietet sind. In den Ösen und Muttern stecken Spannschrauben (L: 100) mit viereckigen Köpfen (9x9). Das Fell der kleinen Pauke ist um den Spannreifen gelegt. Die große Pauke verfügt über einen zusätzlichen Wickelreifen. Beide Felle sind gerissen. Auf der Schallöffnung der großen Pauke sitzt ein zylindrisches Röhrchen mit einem Durchmesser von 15 Millimetern, über dem sich ein Trichter bis zu einem Durchmesser von 175 Millimetern öffnet. Die beiden etwa gleichlangen Hälften bilden eine Gesamtlänge von 280 Millimetern.

Nr. 8) Eckstedt, Stephanuskirche, Paukenpaar, Kupfer, 1767
1. Ø: 545, T: 290; 2. Ø: 535, T: 290

Abb. 11 Eckstedt, Stephanuskirche, Paukenpaar Nr. 8, 2006

In unmittelbarer Nachbarschaft zu Udestedt, wo über die erhaltene Notenbibliothek der Adjuvanten eine reiche Musikkultur bezeugt ist, liegt das Dorf Eckstedt. Der Baukörper der Stephanuskirche wurde zwischen 1740 und 1744 im Grundriss einer Ellipse mit halbkugelförmiger Decke als mitklingender Raum angelegt. Von den Eckstedter

Adjuvanten erzählt das Notenpult, das an der Emporenbrüstung im Rücken des Organisten angebracht ist und mit einer Breite von etwa eineinhalb Metern mehreren Musikanten Einblick bot.

Das Paukenpaar hängt in einem Gestell an der Brüstung der zweiten Empore. Ein Lack schützt das Metall vor Korrosion. Wappenähnliche Stiftermonogramme geben, von Palmenwedeln gerahmt, die Initialen „J. C. R." und die Datierung „1767" an. Unter den Regenten des Großherzogtums Sachsen-Weimar-Eisenach, wozu Eckstedt seinerzeit gehörte, als auch in der gutsherrlichen Familie konnte ich bisher noch keinen passenden Wappenträger finden. An den kleinen flachen Kesseln befinden sich in Blattform ausgearbeitete Beschläge, abgewinkelte Zungen mit Gewindeösen und alte, in einem guten Zustand erhaltene Felle, die um die Spannreifen gewickelt sind. Das außergewöhnlich aufwendig gearbeitete Pult weist einen kunstfertigen Schmied aus.

Nr. 9) Erfurt-Kühnhausen, Porta-Coeli-Kirche, Paukenpaar, Holz, 1796

1. Innen-Ø: 530, T: 390; 2. Innen-Ø: 515, T: 390

Eine Pauke des Paares der Porta-Coeli-Kirche in Erfurt-Kühnhausen liegt im Erdgeschoss des Turmes, die andere im Gehäuse der Orgel. Tief ausgehobene Schalen und etwa 14 Millimeter starke nahezu zylindrische Ringe aus Hartholz, vermutlich Buche, sind miteinander verleimt, mit Leder beklebt und mit einer fetten rotbraunen Farbe überzogen. Beide Pauken sind datiert und mit dem Besitzvermerk

Abb. 13   Grüningen, Petruskirche, Paukenpaar Nr. 10, 2004

Die Grüninger Pauken glichen denen in der Schwerstedter Trinitatiskirche. Beide Paare sind Zeugnisse einer frühen Serienherstellung.

Abb. 12   Erfurt-Kühnhausen, Porta-Coeli-Kirche, kleine Pauke Nr. 9, 2006

Abb. 14   Schwerstedt, Trinitatiskirche, Paukenpaar Nr. 11, 2006

versehen: „1796 [/] Künhaußen". Schlichte Eisenbeschläge, Spannschrauben, alte Felle, die um die Spannreifen gewickelt sind, und je drei einzelne Füße gehören noch zur Ausstattung.

Nr. 10) Grüningen, Petruskirche, Paukenpaar, Kupfer, 18. Jh.

In der Grüninger Petruskirche lag noch im September 2004 neben der Orgel ein Paukenpaar. Als ich im Sommer 2007 die Kirche besuchte, um die Pauken zu vermessen, waren sie nicht mehr auffindbar.

Nr. 11) Schwerstedt, Trinitatiskirche, Paukenpaar, Kupfer, 18. Jh.

1. Ø: 580, T: 370; 2. Ø: 565, T: 370

Das Paukenpaar der Schwerstedter Trinitatiskirche hängt in einem Eisengestell, das an der Orgelempore montiert ist. Eine Pultfläche aus Holz (H: 315, B: 400) überragt die Instrumente. Die Kupferkessel sind erst in jüngster Vergangenheit schwarz lackiert und die Beschläge, Spannreifen und Füße aus Eisen aluminiert worden.

Im Inneren der kleinen Pauke hat sich noch der Rest eines Schalltrichters, ein zylindrisches Röhrchen von 62 Millimetern

Bereich, sind aber mit einem Durchmesser-Tiefe-Verhältnis von etwa 5:3 für den großen und 3:2 für den kleinen zu den tiefen Kesseln zu zählen. Je sieben zweiteilige Beschläge (150x65) sind mit je vier Nieten befestigt. Die Ösen, in denen Schrauben (Ø: 10) mit konischen Vierkantköpfen und gerundeten Bünden stecken, sind mit den Beschlägen verschweißt. Dicke, schon mehrmals geflickte Felle sind um die Spannreifen gewickelt. Beide Kessel haben Füße. Es hat sich aber auch noch ein Spanischer Reiter erhalten.

Abb. 15 Schwerstedt, Trinitatiskirche, Paukenpaar Nr. 11, 2006

Länge, erhalten. Jeweils sieben ausgeschnittene, durchbrochene und ziselierte Beschläge (115x115), in Gestalt eines symmetrisch geschweiften Blattornaments, sind mit jeweils vier Nieten an den Kesseln befestigt. Kessel, Beschläge mit abgewinkelten Zungen für die Ösen, Schrauben mit Vierkantköpfen (8x8) und Füße gleichen denen in Grüningen. Mit Ausrüstung, aber unbespannt, wiegt die große Pauke 8,5 und die kleine 8 Kilogramm.

Nr. 12) Walschleben, Pfarrhaus, Paukenpaar, Kupfer, 18. Jh.
1. Ø: 585, T: 370; 2. Ø: 560, T: 360

Die Walschlebener Pauken waren bei einer Entrümpelung der Kreuzkirche im Frühjahr 2007 geborgen und über die Tageszeitung vorerst vergeblich zur Versteigerung angeboten worden. Bis zu ihrer Veräußerung werden sie im Pfarrhaus zwischengelagert.

Die komplett ausgestatteten Pauken wiegen 9 und 8,5 Kilogramm. Die Corpora liegen mit ihren absoluten Maßen zwar im mittleren

Abb. 16 Walschleben, evangelisches Gemeindehaus, Paukenpaar Nr. 12, 2007

Abb. 17 Erfurt, Thomaskirche, Paukenpaar Nr. 13, 2005

Nr. 13) Erfurt, Thomaskirche, Paukenpaar, Kupfer, 18. Jh.
1. Ø: 545, T: 350; 2. Ø: 520, T: 350

Auf der Orgelempore der Erfurter Thomaskirche befinden sich zwei Paukenpaare. Das ältere ist klein und relativ tief (Durchmesser-Tiefe-Verhältnis von 11:7 und fast 10:7). Die Spannschrauben gehören nicht zur ursprünglichen Ausstattung. Jede Schraube verfügt über einen T-förmigen Griff. Die Schäfte stecken in den Ösen an den Spannreifen und Beschlägen. Die Schrauben aber greifen nicht in die Gewinde der Ösen, sondern in lose Muttern. Nach mündlicher Überlieferung sollen die Instrumente aus der Erfurter Kaufmannskirche stammen. Dort war 1801 ein Paukenpaar inventarisiert worden.[11]

Nr. 14) Günstedt, Peter-und-Paul-Kirche, Paukenpaar, Kupfer, um 1800
1. Ø: 620, T: 400; 2. Ø: 600, T: 390

Das Günstedter Paukenpaar hängt in Halterungsringen, die an der Orgelempore befestigt sind. Zum schmiedeeisernen Traggestell gehört auch ein Notenständer mit einer Pultfläche aus Holz. Profilierte Fächerrosetten dienen als Beschläge, an denen die Gewindeösen mit den Kesseln verbunden sind. Jeweils acht Spannschrauben ziehen die Spannreifen auf separate Wickelreifen. Die seriell gefertigten Beschläge sind ein Hinweis darauf, dass das Paukenpaar von einem spezialisierten Instrumentenbauer hergestellt worden ist. Die Kessel sind mit einer schwarzen Oxidschicht überzogen, die beim Erhitzen oder Glühen des Kupfers entstanden sein könnte. Vielleicht wollte man so, dem Stilempfinden der Zeit entsprechend, leuchtende Akzente vermeiden.

Abb. 18 Günstedt, Peter-und-Paul-Kirche, Paukenpaar Nr. 14, 2005

Abb. 19 Wundersleben, Bonifatiuskirche, Paukenpaar Nr. 15, 2006

Abb. 20 Wundersleben, Bonifatiuskirche, Paukenpaar Nr. 15, Schürze, 2006

Nr. 15) Wundersleben, Bonifatiuskirche, Paukenpaar, Kupfer, 1804
1. Ø: 680, T: 310; 2. Ø: 610, T: 310

Auch in der Wunderslebener Bonifatiuskirche, die nach einer Inschrift über dem Westportal 1706 fertig gestellt worden ist, bevölkern musizierende Engel, darunter auch ein Pauker, die Decke im Orgelbereich. An der Brüstung der zweiten umlaufenden Empore nördlich der Orgel hängt in Halterungsringen ein Paukenpaar, das von einer Schürze aus rotem Filz, auf der „Lobet den Herrn [/] mit Paucken und [/] Trompeten. [/] 1804" geschrieben steht, verhüllt ist. Ein schmiedeeisernes Pult überragt die Instrumente. Die Mitte der Pultfläche (H: 365, B: 315) bildet eine Harfe, die, wie es als Zeichen einer klassizistischen Haltung üblich war, nach Art der antiken Lyra gebildet ist. Das Gestaltungselement spricht dafür, die Jahreszahl auf dem Vorhang auch als Datierung der Installation anzunehmen.

Die kegelstumpfförmigen Kessel sind weit und flach (Durchmesser-Tiefe-Verhältnis: 11:5 und 2:1). Zur Ausstattung gehören acht und sieben aus einem bis zu 5 Millimeter dicken Eisenblech in Blattform geschnittene und verzinkte Beschläge (120x88), mit je drei Nieten an den Kesseln befestigt, abgewinkelte Laschen mit Ösen, Schrauben mit Vierkantköpfen (10x10), Spannreifen, um die noch Fellreste gewickelt sind, und Dreifüße für die alternative Aufstellung. Die Kessel werden, wie in Günstedt, aus ästhetischen Gründen geschwärzt worden sein.

Nr. 16) Erfurt, Thomaskirche, Paukenpaar, Eisen, 20. Jh.
1. Ø: 615, T: 365; 2. Ø: 560, T: 355

Die jüngeren Kessel in der Erfurter Thomaskirche sind Produkte des 20. Jahrhunderts. Zu ihrer seriell gefertigten Ausstattung zählen die in einem Stück gegossenen Beschläge mit Ösen und die galvanisierten Spannschrauben mit T-förmigen Griffen. Die Felle sind nach der älteren Praxis um die Schrauben ausgeschnitten und um die Spannreifen gewickelt worden. Im Inneren befinden sich konische Schalltrichter, die sich nach oben hin verjüngen. Das Paukenpaar wird vom Evangelischen Posaunendienst Erfurt benutzt.

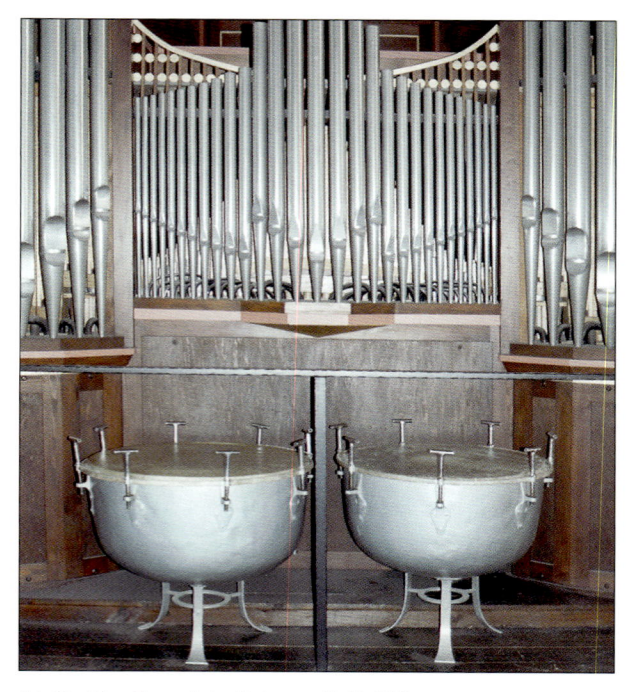

Abb. 21 Erfurt, Thomaskirche, Paukenpaar Nr. 16, 2005

Überblick

Ort	Kessel Material	Ø	Tiefe	Loch/Trichter	Schrauben	Datierung
Eckstedt, Stephanuskirche	Kupfer	545	290	12	7	1767
	Kupfer	535	290	12	6	
Erfurt, Andreaskirche	Kupfer	585	390	18	7	1703
	Kupfer	540	370	18	6	
Erfurt, Predigerkirche	Kupfer	605	345	17	7	17. Jh.
	Kupfer	580	345	16	6	
Erfurt, Thomaskirche	Eisen	615	365	10–57	8	20. Jh.
	Eisen	560	355	10–57	7	
Erfurt, Thomaskirche	Kupfer	545	350	27	8	18. Jh.
	Kupfer	520	350	24	7	
Erfurt-Kühnhausen, Porta-Coeli-Kirche	Holz	530	390	18	7	1796
	Holz	515	390	20	6	
Großmonra, Peter-und-Paul-Kirche	Kupfer	590	360	15–175	7	18. Jh.
	Kupfer	550	310	15	6	
Grüningen, Petruskirche	Kupfer	?	?	?	7	18. Jh.
	Kupfer	?	?	?	7	
Günstedt, Peter-und-Paul-Kirche	Kupfer	620	400	30	8	um 1800
	Kupfer	600	390	26	8	
Kölleda, Stadtmuseum	Kupfer	468	275	18	6	1730
	Kupfer	460	250	17	6	
Schwerstedt, Trinitatiskirche	Kupfer	580	370	16	7	18. Jh.
	Kupfer	565	370	16	7	
Sömmerda, Bonifatiuskirche	Kupfer	680	387	20	9	1688
	Kupfer	640	378	15	8	
Sömmerda, Peter-und-Paul-Kirche	Holz	542	265	21	6	18. Jh.
	Holz	520	265	21	6	
Sömmerda-Schallenburg, Cyriakuskirche	Holz	560	305	17	6	1686
	Holz	530	305	17	6	
Walschleben, Kreuzkirche	Kupfer	585	370	18	7	18. Jh.
	Kupfer	560	360	16	7	
Wundersleben, Bonifatiuskirche	Kupfer	680	310	15	8	1804
	Kupfer	610	310	15	7	

Vergleichende Beschreibung

Das Spektrum historischer Pauken reicht vom Unikum in Sömmerda-Schallenburg, dem ältesten in der Literatur beschriebenen Holzpaukenpaar von 1686, bis zu den Serienprodukten des 20. Jahrhunderts aus Eisen in der Erfurter Thomaskirche. Die meisten der beschriebenen Objekte sind während des 18. Jahrhunderts geschaffen worden.

Auf den Kupferkesseln hat der Kugelhammer, mit dem der Schmied die Bleche in Stärken von etwa einem Millimeter in die Formen gleichsam kelchförmiger Gefäße getrieben hat, deutliche Spuren hinterlassen. Die Kessel in der Sömmerdaer Bonifatiuskirche haben halbkreisförmige Böden und konisch verlaufende, leicht gebogene Wände. Die jüngeren Kessel in Günstedt, Grüningen oder Schwerstedt zeichnen das Profil eines Kegelstumpfes mit steilen, nur schwach nach außen gestellten, fast zylindrischen und geraden Seiten über tiefen Schalenböden. Das Paar in Wundersleben ist hingegen flach. Die hölzernen Körper in der Sömmerdaer Petrikirche haben flache Böden, die große Pauke mit zylindrischen Seitenwänden.

Mit Durchmessern von 680 und 640 Millimetern sind die Kessel in der Sömmerdaer Bonifatiuskirche die weitesten, die des Kölledaer Stadtmuseums mit Durchmessern von 468 und 460 Millimetern die schmalsten der Metallpauken. Die Größe der Schlagflächen ist bei gleicher Fellspannung das Hauptkriterium für die Stimmtonhöhe. Die hohe Anzahl der Spannvorrichtungen in der Bonifatiuskirche ist aber auch ein Indiz für eine höhere Fellspannung. Die Holzpauken haben zwar die kleinsten Schlagflächen, werden aber auch geringerer Fellspannung ausgesetzt worden sein.

Das Paar der Sömmerdaer Bonifatiuskirche verfügt über neun und acht Spannvorrichtungen. Sonst variiert die Anzahl zwischen sechs bis acht. Gleiche Anzahl an beiden Kesseln eines Paares findet man in Günstedt, Grüningen, Kölleda, Schwerstedt und Walschleben und an den Holzpauken in Schallenburg und Sömmerda. Die Spannschrauben haben Vierkant-, die verlorenen der Erfurter Andreaskirche Dreikantköpfe, einige ältere gerundete Bünde und zugespitzte Schraubenenden. Bis auf die Ausnahme in der Erfurter Thomaskirche (Nr. 13), wo die Spannvorrichtung geändert worden ist, werden die Schrauben durch die Ösen an den Spannreifen gesteckt und in die Gewinde der Ösen oder Muttern an den Beschlägen gedreht, wobei sie an den Spannreifen ziehen.

An den Pauken in der Erfurter Andreas-, der Prediger- und der Thomaskirche (Nr. 13), in Günstedt, Sömmerda-Schallenburg und der Sömmerdaer Bonifatiuskirche sind die Laschen mit den Gewindeösen durch die Beschlagbleche, die sie stabilisieren, geführt und mit den Kesseln separat vernietet oder verschraubt. An den Pauken in Eckstedt, Erfurt-Kühnhausen, Grüningen, Schwerstedt, der Sömmerdaer Peter-und-Paul-Kirche und Wundersleben sind sie von den Beschlagblechen abgewinkelt – eine Praxis, die wohl vor der Mitte des 18. Jahrhunderts noch nicht angewendet worden war. In Großmonra ist eine andere Lösung gefunden worden.

Die Felle sind entweder an den Ösen des Spannreifens ausgeschnitten und um den Spannreifen oder aber, nach einer jüngeren Praxis, um einen zusätzlichen Reifen aus Holz gewickelt. An den jungen Pauken des 20. Jahrhunderts in der Erfurter Thomaskirche ist wieder die ältere Praxis angewendet worden.

Die Schallöffnungen von 10 bis 30 Millimetern Durchmesser für den Druckausgleich befinden sich im Zentrum der Kessel. In Großmonra, in der Erfurter Thomaskirche (Nr. 16) und in Schwerstedt blieben auch Schalltrichter oder Bruchstücke resonanzformender Einrichtungen erhalten.

Auf die lückenlose Untersuchung der Borde musste ich verzichten. Die Spannschrauben waren oft nicht mehr zu bewegen, sodass ich die meist historischen Wickelungen um die Spannreifen respektwidrig hätte lösen müssen. In Günstedt, Grüningen, Kölleda, Schwerstedt und Wundersleben, wo Einblicke möglich waren, sind die Ränder erst scharf nach innen geknickt und dann über einer runden Form nach außen gebogen worden, ein Bord, wie er im 18. Jahrhundert üblich war.

Abb. 22   Ostramondra, Marienkirche, Spannschrauben und Schlüssel, 2007

Reste

An den Emporen der Trinitatiskirche in Gutmannshausen, der Peter-und-Paul-Kirche in Sömmerda-Tunzenhausen und der Stadtkirche Peter-und-Paul in Weißensee sind nur noch die Halterungsgestelle und in der Marienkirche von Ostramondra außerdem noch elf Spannschrauben und ein passender Schlüssel erhalten. In der Kindelbrücker Ulrichkirche, der Bonifatiuskirche in Ostramondra-Rettgenstedt und der Michaeliskirche in Sömmerda-Rohrborn, um nur Beispiele genannt zu haben, zeigen noch die Ausbuchtungen an den Emporenbrüstungen, dass hier einmal Pauken installiert waren. Wo Baukörper und Einrichtung erneuert wurden oder gänzlich eingebüßt worden sind, können Sachnachweise nicht mehr geführt werden. Das Bachhaus Eisenach bewahrt zwei Pauken auf, die ehemals der Cyriakuskirche in Erfurt-Azmannsdorf gehört haben.[12] Nur selten ist der Verbleib so günstig nachzuvollziehen.

Schluss

Meine Dokumentation ist nur ein Anfang, begrenzt auf ein enges Sachgebiet und einen kleinen Landstrich. Am Beispiel der Pauken zeigt sich, dass die Sachzeugen unserer Musikgeschichte sowohl passiv als auch aktiv gefährdet sind. Die Bestände verderben entweder, oder sie werden unter dem Denkmäntelchen eines zeitgemäßen Nutzungswillens verstümmelt oder, wo sich Kirchengemeinden für die Veräußerung entscheiden, zerstreut. Übergaben an Privathand enden, wie es die Erfahrung lehrt, spätestens im Zuge des Generationenwechsels mit dem ungewissen Verbleib.[13] Ich werbe für die Einrichtung oder Anbindung einer zentralen, der Auswertung zugänglichen Musikinstrumentensammlung mit dem Ziel der Zeugnisbewahrung einer kirchenmusikalischen Spiel- und Hochkultur in der Breite und der langfristigen Option der öffentlichkeitswirksamen Präsentation.[14]

Bertram Lucke, Anne Kaiser

Die Glasmalereien im Chor der evangelisch-lutherischen Kirche St. Maria Magdalena in Milz (Landkreis Hildburghausen)

Bertram Lucke

Zur Entstehung der Glasmalereien im Chor der evangelisch-lutherischen Kirche St. Maria Magdalena in Milz (Landkreis Hildburghausen)

„Milz […], größtes und reichstes, überdies sehr altes Pfarrkirchdorf des Amtes [Römhild], in dem fruchtbaren Milzer Wiesengrund, am Einfluß der Spreng in die Milz, 1/2 St. S. von Römhild, an der Chaussee, die von Römhild nach Bamberg und Würzburg führt, eben und freundlich gelegen, von großem Umfang, im Halbrund, stattlich gebaut, daher von schönem, wohlhäbigem Anblick, […]. Schon um 800 hier eine Kirche, über die das Stift Fulda durch die edle Emhild das Patronatrecht erhielt; von da kam dieses an das Kloster Rohr und nach der Reformation an die Landesherrschaft. Die Kirche, massiv, mitten im Dorf gelegen, früher ganz, jetzt noch zur Hälfte mit einem Wassergraben, einer Mauer und mit Gaden umgeben, ist alt und zu klein, 1520 erbaut, 1748–56 reparirt, 1845 und 46 (Altarhalle) und 1852 in ihrem Innern nach gothischem Styl erneuert."[1]

Wie Georg Brückner im 1853 erschienenen zweiten Teil seiner hier zitierten „Landeskunde des Herzogthums Meiningen" das im östlichen Teil des Grabfeldes und südwestlich der Gleichberge gelegene Milz beschreibt, ist es auch heute noch zu erleben: die beeindruckende, als Ensemble unter Denkmalschutz stehende Dorfanlage und der aus ihrer Mitte herausragende stattliche Kirchenbau mit befestigtem Kirchhof – zugegeben, dass kein Wasser mehr im Graben ist (Abb. 1).

Die Glasmalereien, von denen im Folgenden die Rede ist[2], befinden sich im polygonalen neugotischen Chor („Altarhalle"), der nach Entwurf des herzoglichen Oberbaurates August Wilhelm Doebner (1805–1871)[3] als Werksteinbau mit fünf großen dreibahnigen Maßwerkfenstern entstand und bei Lehfeldt/Voss seine verdiente Bewertung erfuhr: „Der mit Ausnahme der Nordmauer 1845 neu aufgebaute Chor schliesst sich den bestehenden spätgotischen Formen an und bringt die Kirche erst zu ihrer schönen Gesammtwirkung."[4] Die auf einer um 1900 zu datierenden Fotografie[5] erkennbare, sehr wahrscheinlich bauzeitliche Verglasung der

Abb. 1 Milz, evangelisch-lutherische Kirche St. Maria Magdalena (im Vordergrund Gaden, Wehrmauer und Graben), Blick von Südosten, 2007

Chorfenster bestand – reihenweise abwechselnd – aus weißen gestreckten Schweizer Rauten und weißen quadratischen Rauten. Dergestalt ist auch der heutige Bestand der Langhaus- und Sakristeiverglasung dieser Kirche.

Dank der im Pfarrarchiv Milz erhaltenen, nachstehend auszugsweise zitierten Schriftstücke[6] lässt sich der Werdegang der fünf mit Glasmalereien ausgestatteten, 1908 und 1919 entstandenen und ausschließlich durch Stiftungen finanzierten Chorfenster nachvollziehen (Abb. 2). Es sind dies überwiegend Schreiben der Thüringer Glas-Malerei, Mosaik- und Kunstverglasungs-Anstalt Knoch & Lysek in Coburg an den Pfarrer Eugen Hönn in Milz, ergänzt um die kleine Korrespondenz zwischen letzterem und dem Herzoglichen Hofmarschallamt in Meiningen. Aufgrund der durch mehrere Inhaberwechsel und damit verbundene Wechsel beteiligter Künstler komplizierten Firmengeschichte der Coburger Glasmalerei-Anstalt Knoch & Lysek steht für diese Werkstatt nachfolgend der Glasmaler und Kunstglaser Ernst Knoch (1874–1962)[7], der die Firma 1902 gegründet hatte und über den gesamten Zeitraum der Existenz des Unternehmens[8] ihr führender Kopf war.

„Coburg, den 16. Aug. 07.

Hochwohlgeboren
Herrn Pfarrer H ö n n
M i l z .

Hochgeehrter Herr Pfarrer!

Höflichst bezugnehmend auf den Besuch unseres Hrn. Knoch im Frühjahr, gestatten wir uns, Herrn Pfarrer vorab für die Teppichfenster einen Entwurf zu überreichen, u. sollte es uns freuen, wenn derselbe Ihren geschätzten Beifall finden würde.

Ein solches Fenster berechnen wir komplett, fertig in der Kirche eingesetzt mit Mark 350.– bei garantiert Künstlerischer sowie Technisch guter Ausführung.

Für das mittlere Altarfenster gestatten wir uns Herrn Pfarrer eine Kreuzigungsdarstellung vorschlagen zu dürfen, rechts u. links Luther u. Melanchton, wir bitten Herrn Pfarrer ergebenst um gefl. [gefälligen] Bescheid, ob wir Ihnen in vorstehender Weise mit Entwürfen näher kommen dürfen, u. Danken Ihnen für einen diesbezügl. gütige Nachricht im vorraus bestens.

Mit vorzüglicher Hochachtung
Ihre sehr ergebenen

Knoch & Lysek."[9]

Pfarrer Hönn hatte am 19. August 1907 geantwortet und sich über die Kosten für figürliche Darstellungen erkundigt, was pauschal schwer anzugeben sei, da „es allerdings mit Kostenanschlägen ohne Skizzen seine eigene Bewandniss hatt, denn man kann die Fenster in fragl. Motiven in reicherer u. einfacherer Weise ausstatten, immerhinn würden wir Herrn Pfarrer für folgende Preise eine würdige u. vornehme Ausstattung der drei Altarfenster anfertigen, u. zwar

1.) Für das Kreuzigungsfenster Mark 685.–
2.) Für das Lutherfenster Mark 560.–
3.) Für das Melanchtonfenster Mark 560.–
Die Preise verstehen sich fertig an Ort u. Stelle eingesetzt".[10]

Das nächste Knoch-Schreiben datiert den 4. November 1907, der Glasmaler bestätigte den Erhalt eines Schreibens aus Milz vom Vortag, „demzufolge werden wir nunmehr auch eine Lutherskizze anfertigen, einen kompletten Entwurf auch für das Melanchtonfenster herzustellen, halten wir eigentlich nicht für nötig, da dasselbe in der Architektur gleich dem Lutherfenster werden würde, falls Herr Pfarrer jedoch unbedingt auf deren Anfertigung bestehen, werden wir natürlich Ihren geschätzten Wunsche gerne entsprechen.

Falls Herr Pfarrer bei der Kreuzigungsskizze villeicht den Architektonischen Teil abgeändert haben möchte, so bitten wir um Ihren gefl. diesbezüglichen Bescheid, da wir uns bei der Luther-Skizze der anderen Architektur anpassen müssen."[11]

Inzwischen lag Pfarrer Hönn also bereits eine Skizze für die Darstellung der Kreuzigung vor, außerdem wurden von ihm am 3. November 1907 Entwürfe für ein Luther- und ein Melanchthon-Fenster in Auftrag gegeben.

Am 16. November 1907 hatte der Pfarrer wieder ein Schreiben an Knoch verfasst, „wir haben demzufolge sofort mit dem Kreuzigungs-Entwurf begonnen, u. hoffen denselben bestimmt am kommenden Freitag, spät. aber Sonnabend fertig zu bekommen".[12] Die demgemäß für den 22. bzw. 23. November 1907 geplante Fertigstellung und Zusendung des Entwurfs verzögerte sich geringfügig, wie Knoch am 25. November 1907 mitteilte: „Entschuldigen Herr Pfarrer vielmals, das es uns leider nicht möglich wurde die Kreuzigungsskizze am Sonnabend wie versprochen auf den Weg zu bringen, denn wir wurden erst spät Abends mit derselben fertig.

Wir haben den Entwurf in allen Teilen gut durchgearbeitet, u. sind der festen Ueberzeugung, das derselbe auch ansprechen wird, umsomehr, als wir trotz des am 21. Aug. gestellten billigen Preisses, die Skizze reicher gestalteten als eigentlich beabsigtigt war.

Indem wir noch der Versicherung Ausdruck geben, das dieses, sowie die anderen projektierten Fenster einen in jeder Beziehung Künstlerischen u. würdigen Schmuck der dortigen Kirche bilden werden, sollte es uns sehr freuen, wenn Herr Pfarrer sich baldigst zur Ausführung der Fenster entschliesen würde [...]."[13]

Pfarrer Hönn wird den Entwurf sicher gleichzeitig mit dem vorstehend zitierten Brief am 26. November 1907 erhalten haben.

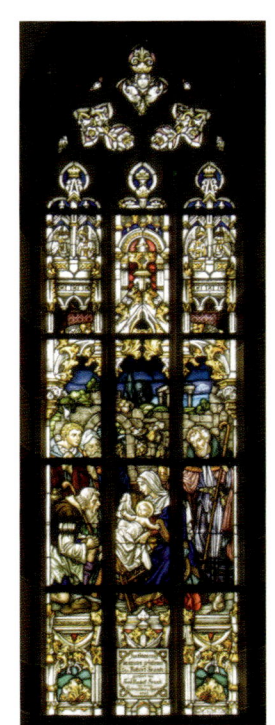

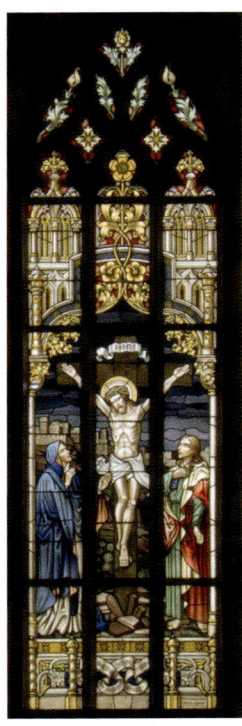

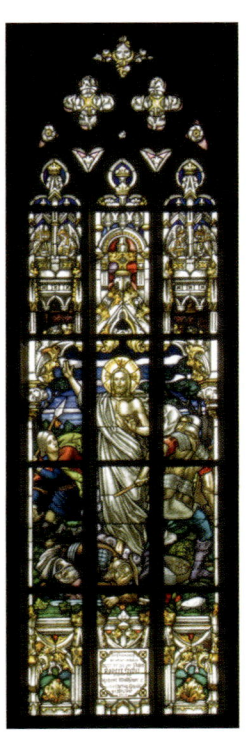

Abb. 2 Milz, evangelisch-lutherische Kirche St. Maria Magdalena, Chor, Anordnung der Glasmalereien und Fensterbezeichnungen (von links nach rechts): Geburt Christi mit der Anbetung der Hirten (nII), Kreuzigung Christi (I), Auferstehung Christi (sII), Christus als Kinderfreund (sIII), Errettung Petri (sIV), 2007

Bereits am Tag darauf verfasste er sein Schreiben an den Vorstand des Herzoglichen Hofmarschallamtes in Meiningen, Oberhofmarschall von Schleinitz:

„Milz bei Römhild, den 27. Nov. 1907.

Excellenz!

Es wird beabsichtigt, die Altarhalle der hiesigen geschichtlich merkwürdigen Kirche mit 5 gemalten Glasfenstern auszustatten. Für das 1. Fenster – das mittlere – ist die Kreuzigung, für das 2. Luther, für das 3. Melanchthon in Aussicht genommen, während die 2 letzten mit einfachen Teppichmustern versehen werden sollen. Die Kosten belaufen sich für die Kreuzigung auf 685 Mk, für Luther u. Melanchthon auf je 560 Mk, für die Teppichfenster auf je 350 Mk. Durch diese künstlerische Ausstattung würde die hiesige Kirche ohne Zweifel in hohem Grade gewinnen; da die sehr schmucklose Altarhalle viel zu hell ist, würde sie durch die Glasmalerei gleichzeitig einen künstlerischen Schmuck erhalten und das zu grelle Licht gedämpft werden (die Altarhalle ist in gotischem Stil gehalten). Bis jetzt stehen für ein Fenster etwa 450 Mk zur Verfügung, während doch sämtliche Fenster etwa 2500 Mk kosten werden. Sicherlich werden die hiesigen Einwohner, bei denen sich noch ein reger kirchlicher Sinn erhalten hat, noch größere Stiftungen machen, wenn ein oder zwei bunte Fenster fertig gestellt wären. Es wendet sich deshalb der gehorsamst Unterzeichnete an das Herzogl. Hofmarschallamt mit der Bitte, S. Hoheit, den gnädigsten Landesherrn, von der Absicht der hiesigen Gemeinde in Kenntnis zu setzen und der Bitte Ausdruck zu geben, daß von Höchstdemselben vielleicht die beiden Reformatoren oder die Kreuzigung gestiftet werden.

Ew. Excellenz
gehorsamster
Pfarrer Hönn.

Beifolgend eine Scizze
u. ein Buch."[14]

Der Beschreibung entsprechend ergibt sich folgende geplante Anordnung: Nordostfenster (im Folgenden nII): Luther (oder Melanchthon); Ostfenster/Chorscheitelfenster (I): Kreuzigung; Südostfenster (sII): Melanchthon (oder Luther); beide anschließenden Südfenster (sIII und sIV): Teppichmalerei. Damit sollten die drei zentralen, aus dem Kirchenschiff gut sichtbaren Chorfenster figürliche Glasmalereien erhalten, die beiden Südfenster, wegen ihrer zur Ausrichtung des Kirchenschiffs parallelen Lage aus diesem nicht einsehbar, hingegen nur Teppichmalerei. Das neben dem Entwurf für die Kreuzigung mitgesandte Buch beinhaltete vermutlich Darstellungen der „beiden Reformatoren", nach denen die Glasmalereien für Milz ausgeführt werden sollten.

Die direkte Anfrage von Pfarrer Hönn an den Oberhofmarschall war nicht der gängige Weg für derlei Bittgesuche, als diesbezüglicher Adressat fungierte eigentlich das Staatsministerium, Abteilung für Kirchen- und Schulensachen. Vermutlich stand der von Pfarrer Hönn gewählte Weg damit im Zusammenhang, dass – wie bei Brückner eingangs zitiert – die Landesherrschaft das Patronatsrecht innehatte.

Dem seit 1866 regierenden Herzog Georg II. von Sachsen-Meiningen (1826 – 1914), auf vielen Gebieten als großzügiger Förderer bekannt, war der Kirchenbau in seinem Land ein ganz besonderes Anliegen. Als Landesherr kam ihm zugleich das Amt des obersten Kirchenherrn zu, das er in gebührender Form wahrnahm und hier namentlich auch zur Durchsetzung der eigenen künstlerischen Auffassungen nutzte. Die bisher nachweisbar von Georg II. getätigten Glasmalerei-Stiftungen erfolgten für die evangelischen Stadtkirchen in Meiningen (1885, kriegszerstört)[15] und Sonneberg (1891)[16]. Die ihm zugedachte Stiftung des Chorscheitelfensters der 1891 bis 1894 grundlegend umgebauten evangelischen Johanneskirche in Saalfeld/Saale[17] versagte der Herzog aufgrund gravierender Vorbehalte gegenüber den vorgelegten Entwürfen der Glasmalerei-Werkstatt Christian Heinrich Burckhardt & Sohn in München, die bereits für die beiden vorgenannten Kirchen tätig gewesen war.

Bis zur Anfrage aus Milz sind keine weiteren im Zusammenhang mit Glasmalerei stehenden Stiftungen dieses Meininger Herzogs bekannt. Vor dem Hintergrund der hohen künstlerischen Anforderungen, die Georg II. generell und damit auch an Glasmalerei stellte, überrascht das am 2. Dezember 1907 in Meiningen verfasste Antwortschreiben seines Oberhofmarschalls nicht:

„Geehrter Herr Pfarrer!

Seine Hoheit der Herzog wollen die Gnade haben das Mittelfenster (die Kreuzigung) für die Kirche in Milz zu stiften.

Höchstderselbe tut dies aber nur unter der Bedingung daß die auf dem Entwurf befindlichen zwei Sonnen fortbleiben (hinter denen die Wolken teilweise vorbeiziehen[)]. Ebenso müsste die nicht ganz geglückte Manteldrapirung unter dem rechten Arm des Johannes (der übrigens etwas schablonenhaft behandelt sei gegenüber der gut empfundenen Maria) geändert werden.
Seiner Zeit bitte ich um Einsendung der Rechnung.

Hochachtungsvoll

Schleinitz

Anbei 1 Bild u 1 Buch"[18]

Vierzehn Tage später sandte Ernst Knoch die „gewünschte Lutherskizze" nach Milz. „In den beiden unten befindlichen Wappen kann evtl. in eines das Lutherwappen, u. in das andere eine entsprechende Innschrift kommen; die noch freundl. gewünschte Melanchton-Skizze haben wir in Arbeit, dieselbe werden wir im Laufe dieser Woche Herrn Pfarrer noch mit übersenden."[19]

Dem abermals zwei Wochen später geschriebenen Brief von Knoch ist zu entnehmen, dass es eine Konzeptänderung gab: „Auf Ihr sehr geschätztes Schreiben vom 27. d. M. beehren wir uns Ihnen mitzuteilen, das allerdings nach den neueren getroffenen Arangement eine viel grössere Wirkung erzielt werden würde, es tut uns daher sehr leid, Herrn Pfarrer mit passenden gewünschten Entwürfen sofort nicht dienen zu können, da wir vor den Festtagen ziemlich viel Probesendungen machen mussten, u. wir daher gegenwärtig eine nur sehr beschränkte Anzahl von Skizzen noch hier haben.

In diesen Fall müssen wir uns ja auch unseren bereits gelieferten Entwürfen anpassen, u. für die nunmehr noch hinzukommende Geburt u. Auferstehung entsprechende Skizzen ausarbeiten.

Auf beiliegenden Prospekt ersehen Herr Pfarrer auch eine Geburt, dieses Fenster kam nach Mexiko, auch diese Skizze haben wir mit einsenden müssen u. leider noch nicht zurückerhalten.

Herrn Pfarrer wären wir indessen sehr Dankbar wenn Sie uns Ihre gefl. Wünsche betr. des Arangements gefl. mitteilen würden, damit wir die beiden Entwürfe noch anfertigen könnten, die Melanchton-Skizze hatten wir gerade in Arbeit u. senden einliegend den Figürlichen Teil mit, die Umrahmung würde entsprechend dem des Lutherfensters werden."[20]

Daraus lässt sich folgende neue Anordnung vermuten: nII: Geburt[21]; I: Kreuzigung; sII: Auferstehung; beide anschließenden Südfenster (sIII und sIV): Luther und Melanchthon (oder umgekehrt).

Angesichts dessen, dass Eigenmittel in Höhe von etwa 450 Mark verfügbar waren und der Herzog inzwischen die Kosten des mit 685 Mark teuersten Fensters übernommen hatte, blieb nach bisherigem Konzept noch die ungedeckte Summe von etwa 1 370 Mark. Wenn das Geburts- und das Auferstehungsfenster preislich dem Kreuzigungsfenster entsprachen, entstanden durch das neue Bildprogramm Mehrkosten in Höhe von 670 Mark, die Summe der ungedeckten Kosten stieg damit auf etwa 2 040 Mark.

Pfarrer Hönn schien das nicht zu beeindrucken, im Gegenteil: Auf einem vom 3. Januar 1908 datierten und von Oberhofmarschall von Schleinitz unterzeichneten Kartenvordruck erhielt er die Mitteilung: „Seine Hoheit der Herzog wird Herrn Pfarrer Hönn in Milz an einem beliebigen Mittwoch vormittags zwischen 10 und 12 Uhr empfangen."[22] Es war demzufolge seine Absicht, Georg II. im Rahmen einer Audienz erneut um finanzielle Unterstützung für die geplante Glasmalerei-Ausstattung der Milzer Altarhalle zu bitten.

Zu diesem Zweck mussten die Entwürfe komplett vorliegen und jener vom Herzog bereits beanstandete Entwurf für die Darstellung der Kreuzigung überarbeitet sein. Ernst Knoch schrieb am 15. Januar 1908 aus Coburg: „Herrn Pfarrer die ergebene Mitteilung, das ich voraussichtlich am kommenden Dienstag den 21. d. M. nach dort kommen werde um die genauen Maase an den Fenstern zu nehmen, die Skizzen für Geburt u. Auferstehung werde ich mitbringen."[23] Pfarrer Hönn agierte wiederum unverzüglich und begab sich am 22. Januar 1908 – dem nächstmöglichen Audienztag – nach Meiningen, denn bereits am 24. Januar 1908 erhielt er vom „Cabinet Seiner Hoheit des Herzogs von Sachsen-Meiningen" die folgende Mitteilung:

„Herrn Pfarrer Höne
Milz.

Heute gingen die Entwürfe wieder ab.
Seine Hoheit der Herzog bemerken dazu folgendes:
der Johannes der Kreuzigung hat noch immer einen Ärmel statt Mantel am rechten Arm
Luther: Fortlassen des Goldes auf dem roten Gewande.
Geburt: der Hirte links zu dünnen Hals.
    Jungfrau Maria zu spitzes Gesicht.
Auferstehung: Christus unbedeutendes Gesicht. Tänzelnde Bewegung. Vielleicht das zu mildern durch andere Haltung rechten Arms.

Seine Hoheit ließe auf alle Fälle nur ein Bild malen.
‚Die Firma, welche die Skizzen geliefert hat ist eine solche, welche sich durch einen geschickten Entwerfer von Heiligenbildern auszeichnet.' (Worte Seiner Hoheit).

Hochachtungsvollst
Heyl

Rittmeister u. Flügeladjutant."[24]

Eingedenk der nicht wenigen Beanstandungen, die Georg II. hatte, war es ihm offensichtlich aber auch wichtig, seine grundsätzliche Akzeptanz gegenüber den vorgelegten Entwürfen mitgeteilt zu wissen. Dem noch recht neu im Geschäft stehenden Ernst Knoch, der dieses Urteil sicher aus Milz erfuhr, werden die „Worte Seiner Hoheit" wohl geklungen haben, wie überhaupt die Tatsache, für Herzog Georg II. von Sachsen-Meiningen eine Stiftung ausgeführt zu haben, als eine besondere Referenz anzusehen war.

Für Pfarrer Hönn indessen blieb die Audienz erfolglos. Dennoch schien er die Absicht der Ausführung mehrerer figürlicher Fenster nicht aufzugeben und alle erdenklichen Finanzierungsquellen in Betracht zu ziehen, wie aus dem Schreiben von Knoch vom 7. Februar 1908 hervorgeht:

„Hochgeehrter Herr Pfarrer!

Bestätigen mit besten Dank den Empfang der uns freundlichst übersandten Kreuzigungs-Skizze, die gewünschten Aenderungen werden wir bei Ausführung vornehmen.

Bezüglich der alten Fenster lässt sich von uns ein bestimmtes Gebot leider jetzt noch nicht abgeben, da wir dieselben nicht als Fenster, sondern nur im Wert für das alte Blei abkaufen könnten, u. dieses geht nach Gewicht, natürlich wäre es daher am besten, wenn die Fenster als solche, an eine andere Gemeinde verkauft werden könnten, etwa sich hierbei nötig machende Aenderungen würden wir gerne billigst vornehmen.

Es sollte uns freuen, wenn Herr Pfarrer die beiden Fenster Geburt u. Auferstehung auch bald mit in Auftrag geben könnte, in dieser angenehmen Erwartung empfehlen wir uns bestens u. verbleiben mit ganz vorzüglichster Hochachtung
Ihre sehr ergebenen

Knoch & Lysek."[25]

Es blieb bei der einen Fensterbestellung, die nach dem gegenwärtigen Forschungsstand zugleich die letzte einer Kirche zugedachte Glasmalerei-Stiftung Georgs II. war (Abb. 3). Innerhalb des Zeitraums Mitte Februar bis Mitte Mai 1908 erfolgte ihre Ausführung, die Sockelinschrift lautet: „Gestiftet von Sr. Hoheit Herzog Georg. 1908." (1b), die Werkstatt signierte mit: „Thür. Glasmalerei. Coburg / Inh: Knoch u. Buchmüller." (1c). Der Kirchenchor Milz verteilte eine vierseitige gedruckte „Einladung zu dem Kirchenkonzerte, welches anläßlich der Weihe des von Sr. Hoheit, dem Herzog Georg von Sachsen-Meiningen der Kirche in Milz gestifteten buntgemalten Altarfensters, am Sonntag E x a u d i (31. Mai) ds. Js. […] abgehalten werden soll".[26] Und Pfarrer Hönn schrieb wenige Jahre später: „Die Kirche ist ein stattlicher Bau, der besonders durch die große Altarhalle und ihre 5 hohen Fenster ausgezeichnet wird. Einen herrlichen Schmuck bildet ein prachtvoll gemaltes, die Kreuzigung darstellendes Kirchenfenster. Es ist ein huldvolles Geschenk unseres kunstsinnigen, hochherzigen Landesherrn."[27]

Ernst Knoch bekam bezüglich seiner weiteren für Milz entstandenen Entwürfe – Geburt, Auferstehung, Luther und Melanchthon – von dort zunächst keinen Auftrag mehr. Dennoch gelang es ihm im selben Jahr, das Bildprogramm in abgewandelter Form für die evangelische Kirchgemeinde in Crock[28] umzusetzen, einem ebenfalls im Herzogtum Sachsen-Meiningen gelegenen, heute zum Landkreis Hildburghausen zählenden Ort. Die weithin sichtbare, auf dem sich nördlich der Ortslage erhebenden Irmelsberg errichtete Kirche St. Veit[29] – ein Bau der Spätgotik – erhielt im Zuge der 1908 durchgeführten Kirchenrestaurierung[30] u. a. vier Fenster mit figürlicher Glasmalerei. Erst durch die damit im Zusammenhang stehende Umsetzung der Orgel aus dem Chor auf die Westempore waren die vier zwei- bzw. dreibahnigen maßwerkverzierten Chorfenster wieder frei sichtbar geworden. Die Glasmalereien sind dort wie folgt angeordnet: nII: Geburt (Abb. 4); I: Kreuzigung (Abb. 5); sII: Auferstehung (Abb. 6); sIII: Christus als Kinderfreund (Abb. 7).

Ohne hier näher auf die Kompositionen und Detailausführungen beider Fenster einzugehen, ist klar, dass die für Milz ausgeführte Kreuzigung (Abb. 3) für Crock wiederholt wurde (Abb. 5). Die feststellbaren Abweichungen betreffen vorrangig den Bildhintergrund und die architektonische Rahmung, in geringem Umfang auch die Farbigkeit; sie resultieren zudem aus den unterschiedlichen Fensterformen. Einen Vorzug hat das Herzogsfenster dadurch, dass hier die Quereisen die Darstellung unwesentlich beeinträchtigen. In Crock hingegen durchschneidet ein Quereisen in der mittleren Bahn (Felder 2b und 3b) den Oberkörper des Gekreuzigten. Beim Milzer Fenster waren als Ersatz für die weggelassenen Quereisen zusätzliche Windeisen eingebaut worden.[31]

Bezüglich der Glasmalereien in den beiden das Chorscheitelfenster flankierenden Fenstern nII und sII in Crock (Abb. 4 und 6) darf davon ausgegangen werden, dass die ursprünglich für Milz angefertigten Entwürfe für die Darstellungen der Geburt und der Auferstehung als Vorlagen dienten und für das jeweils nur zweibahnige Fensterformat passend gemacht wurden. Dies belegen die Übereinstimmungen mit den 1919 für Milz gearbeiteten Fenstern nII und sII (siehe unten, Abb. 13 und 14).

Neu anzufertigen war hingegen der Entwurf für das Fenster sIII (Abb. 7), wie eine Passage aus dem ersten der drei im Pfarrarchiv Crock erhaltenen Briefe von Ernst Knoch an den Pfarrer Immanuel Ferdinand Goepfert in Crock, datiert vom 22. Juni 1908, belegt: „Auf das sehr geschätzte Schreiben teilen wir Herrn Pfarrer ergebenst mit, das wir nunmehr für das vierte dreiteilige Altarfenster einen Entwurf ‚Jesus als Kinderfreund' anfertigen, u. nach Fertigstellung Herrn Pfarrer, nebst Bekanntgabe des Mehrpreises, übersenden werden."[32] In nunmehr umgekehrter Folge sollte dieses Fenster elf Jahre später in Milz wiederholt werden (siehe unten, Abb. 15); was es mit dem Mehrpreis auf sich hatte, wird noch zu erfahren sein. Die figürlichen Glasmalereien kosteten: Kreuzigung 840 Mark, Geburt und Auferstehung je 600 Mark, Christus als Kinderfreund 900 Mark.[33] Knoch fertigte zudem die Verglasung des Langhauses[34], insgesamt lieferte er für Crock Arbeiten zum Preis von 3 468 Mark[35].

Auch wenn die Wiederverwendung eigener Glasmalerei-Entwürfe innerhalb der Glasmalerei-Werkstätten jener Zeit gängige Praxis gewesen ist und sich dies bereits unter den wenigen von Ernst Knoch bis 1914 für andere Kirchen in Thüringen geschaffenen Arbeiten mehrfach belegen lässt[36], verdienen die zwischen den Glasmalereien der Chorfenster in Milz und Crock bestehenden Parallelen aufgrund ihrer direkten Bezüge und des erheblichen Umfangs unmittelbar voneinander übernommener Kompositions- und Einzelformen ausdrückliche Erwähnung. Hinzu kommt hier die Besonderheit, dass die drei 1908 für Crock ausgeführten, Geburt, Auferstehung und Christus als Kinderfreund darstellenden Fenster 1919 für Milz zwar nach denselben Entwürfen gemalt wurden, nun aber eine andere, ihrer Entstehungszeit gemäße Stilistik tragen, sich auch maltechnisch von ihren Vorgängern unterscheiden[37] und

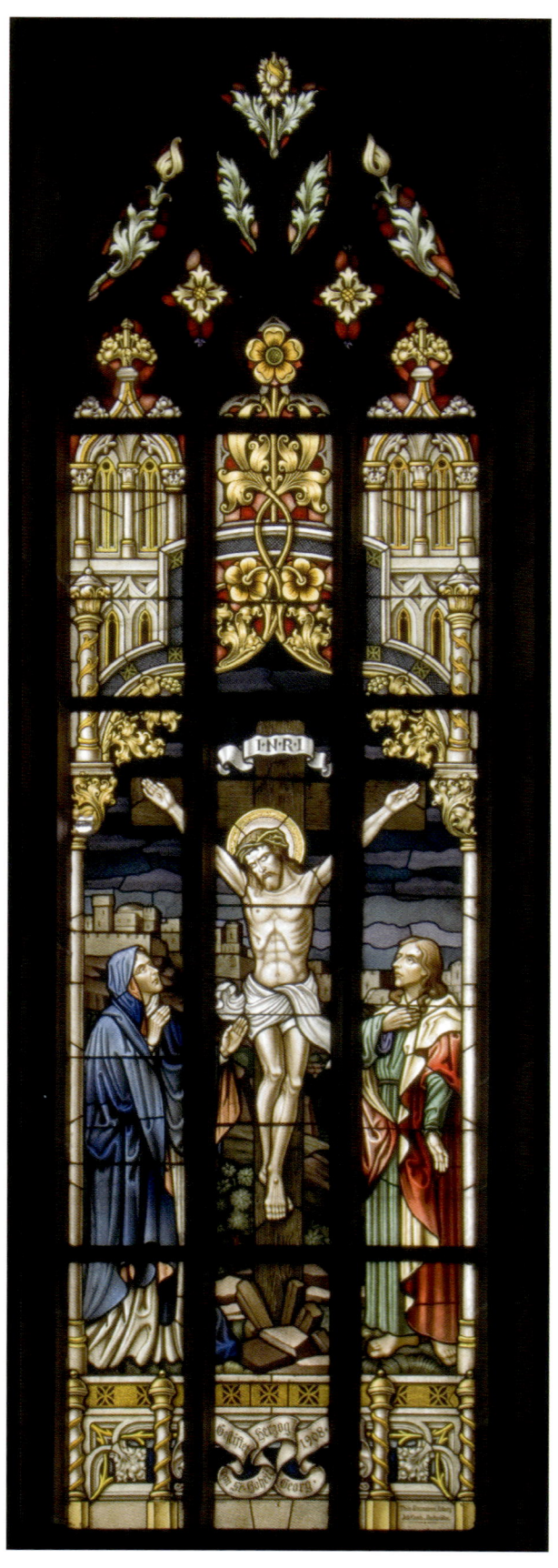

Abb. 3 Milz, evangelisch-lutherische Kirche St. Maria Magdalena, Kreuzigung Christi (Fenster I), 2007

zudem in zwei Fällen – Geburt und Auferstehung – Kriegergedächtnisfenster wurden.

Elf Jahre nach der Weihe des von Herzog Georg II. von Sachsen-Meiningen für Milz gestifteten Chorscheitelfensters und elf Wochen nach dem Kriegsende lebte die Korrespondenz zwischen Eugen Hönn und Ernst Knoch wieder auf:

„Coburg, den 25. Jan. 1919.

Herrn
Pfarrer H ö n n Hochehrwürden
M i l z b. Römhild.

Hochgeehrter Herr Pfarrer!

Besten Dank für Ihre freundliche Anfrage vom 23. d. M. Ein Fenster wie seinerzeit geliefert und zwar Geburt oder Auferstehung würde sich alleräusserst berechnet auf Mark 1200.- stellen und zwar bei nur durchaus Künstlerischer Ausführung.

Wie Herr Pfarrer sich erinnern werden habe ich seinerzeit das Kreuzigungsfenster so ausserordentlich billig geliefert, so dass ich damals kaum auf meine Barauslagen gekommen bin.

Herrn Pfarrer wird wohl ferner auch noch bekannt sein, das ich die Skizzen für die fragl. 4 Fenster schon seinerzeit mit angefertigt habe. Es handelt sich ausser den beiden vorerwähnten noch um ein Luther und Melanchtonfenster. Wunschgemäss würde ich die Skizzen nochmals mit einsenden.

Herrn Pfarrer dürfte es jedenfalls interressieren zu erfahren, dass ich speziell in Kirchlichen Arbeiten gut beschäftigt bin. Für mich ist das eine ganz besondere Genugtu[ung] denn nachdem man sich fast 3 Jahre draussen im Dreck herumgeschlagen hatt und nach Hause in den Wirrwarr kommt so muss man sich doch trotz alledem sagen das in unseren Volke doch noch ein guter Christlicher Kern steckt.

Also Herr Pfarrer ich bitte um Ihren freundlichen Bescheid und zeichne mit bester hochachtung
Ihr sehr ergebener

E Knoch."[38]

Pfarrer Hönn hatte sich also nach den Preisen „für die fragl. 4 Fenster" erkundigt – das Geburts- und das Auferstehungsfenster, die analog zur Kreuzigung ursprünglich je ca. 685 Mark gekostet hätten, waren nun „alleräusserst" mit 1 200 Mark pro Fenster zu veranschlagen. Aus dem nächsten, vom 12. Februar 1919 datierten Schreiben aus Coburg wird deutlich, dass in Milz an den Darstellungen von Luther und Melanchthon kein weiteres Interesse bestand, stattdessen erwogen wurde, die Bergpredigt und die „Stillung des Sturmes" (Errettung Petri) ausführen zu lassen: „Ihr geehrtes [Schreiben] gelangte in meinen Besitz. Es [ist] ein ganz schöner Gedanke die Gefallenen in der gedachten Weise zu ehren. Die Sache ist natürlich ausführbar. In der Croker Kirche habe ich seinerzeit bei der Darstellung ‚Kinderfreund' auch die beiden Kinder vom Herrn Pfarrer Göpfert mit angebracht, was sich sehr gut machte. Um nun einigermassen einen Ueberblick zu gewinnen, wie viel Porträts bei den einzelnen Motiven in Frage kommen, habe ich die Gruppen ganz flüchtig in Blei skizziert. Es könnten demnach bei

    1.) der Geburt 2 oder 3
    2.) der Auferstehung 1
    3.) der Bergpredigt 5
    3.) Stillung des Sturmes 4 oder auch 5 Porträs in

Frage kommen. Allerdings verlangen solche Arbeiten eine gute Ausführung, denn ich weiss aus Erfahrung, das die in Frage kommenden Anverwandten grossen Wert auf gute Aehnlichkeit legen. Um jedoch diesen schönen Gedanken ausführbar zu machen will ich ein Porträt für den geringen Preis von * Mk. 48.- ausführen. Es wird dabei für gute künstlerische Ausführung garantiert. Es würde wohl am besten sein, wenn ich bei Gelegenheit mal mit Herrn Pfarrer persönlich Rücksprache nehmen könnte, ich würde dann bei besserer Witterung mal mit dem Rad nach dort kommen, denn die schlechte Zugverbindung wird wohl noch eine Weile anhalten. […] * Die Mark 48.- verstehen sich als Zuschlag zu den offerirten Fenstern!"[39]

Pfarrer Hönn lagen demnach mehrere Angebote zur Stiftung von Kriegergedächtnisfenstern vor, wodurch nun für die verbliebenen vier Fenster der bislang noch immer zu hellen Altarhalle eine mindestens teilweise Ausstattung mit Glasmalerei ermöglicht werden konnte, wie sie bereits 1907/08 geplant gewesen war. So erklärt es sich wohl, dass „die beiden Reformatoren" aus dem Bildprogramm genommen und durch zwei mehrfigurige Szenen ersetzt wurden, in die Porträts eingefügt werden konnten.

Dem vorstehend zitierten Schreiben waren drei, Geburt, Auferstehung und Bergpredigt darstellende Bleistiftskizzen angefügt, die erhalten sind. Bei der Geburt (Abb. 8) kamen zwei oder alle drei anbetenden Hirten für Porträts in Betracht, dabei ist der Kopf des am linken Bildrand stehenden jungen Hirten exemplarisch gezeichnet worden. Bei der Auferstehung (Abb. 10) war die rechte der drei Stahlhelme tragenden Wächterfiguren für ein Porträt vorgesehen. Die Bleistiftskizze zur Bergpredigt (Abb. 9), zu der Knoch offensichtlich bereits einen (schon andernorts verwendeten?) Entwurf besaß, eröffnete sogar die Möglichkeit, sechs Porträtköpfe einzuarbeiten.

Aus erster Hand belegt dieses Schreiben zudem die in der Zeit allgemein verbreiteten Porträtdarstellungen in Glasmalereien, hier speziell am Christus-als-Kinderfreund-Fenster in Crock (sIII, 1908, Abb. 7): zwei verträumt aus dem Bild schauende Knaben mit Pagenfrisuren, für deren Porträts Pfarrer Goepfert besagten Mehrpreis zu zahlen hatte.

Die Glasmalereien in der evangelisch-lutherischen Kirche St. Maria Magdalena in Milz

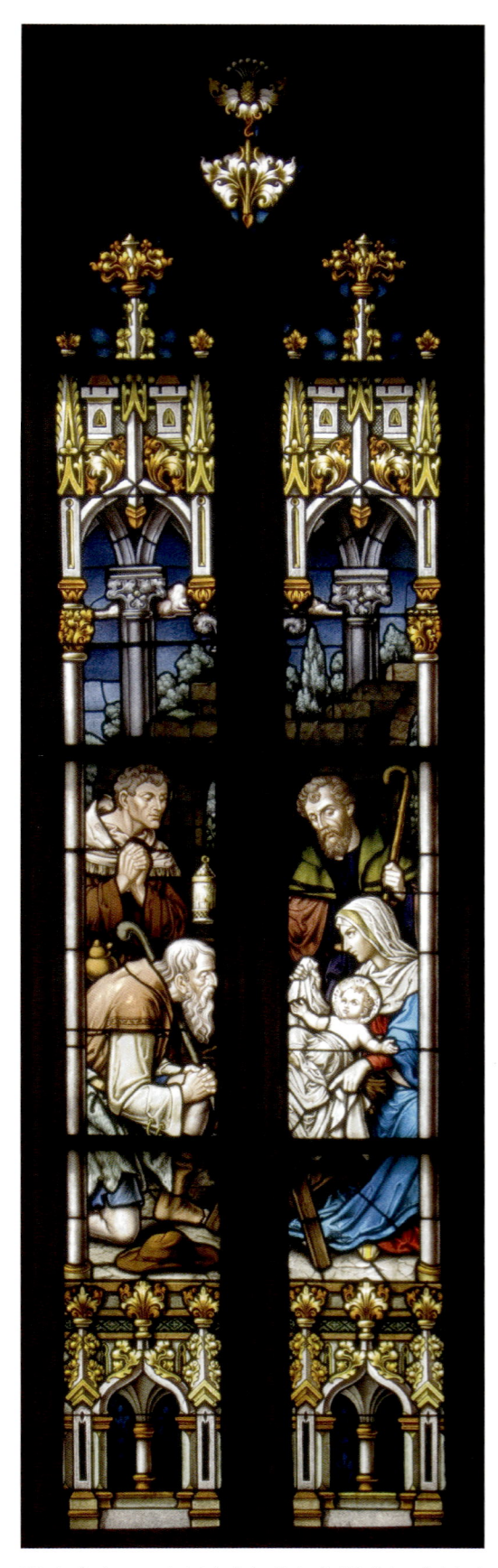

Abb. 4 Crock, evangelisch-lutherische Kirche St. Veit, Geburt Christi mit der Anbetung der Hirten (Fenster nII), 2007

Abb. 5 Crock, evangelisch-lutherische Kirche St. Veit, Kreuzigung Christi (Fenster I), 2007

Die Glasmalereien in der evangelisch-lutherischen Kirche St. Maria Magdalena in Milz

Abb. 6   Crock, evangelisch-lutherische Kirche St. Veit, Auferstehung Christi (Fenster sII), 2007

Abb. 7   Crock, evangelisch-lutherische Kirche St. Veit, Christus als Kinderfreund (sIII), 2007

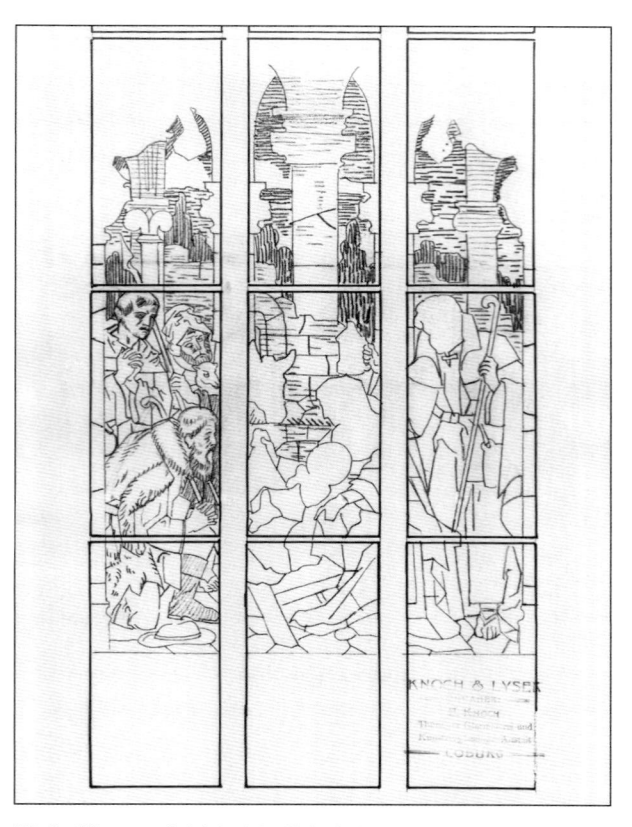

Abb. 8   Milz, evangelisch-lutherische Kirche St. Maria Magdalena, Bleistiftskizze zur Geburt Christi mit der Anbetung der Hirten (Fenster nII), 1919

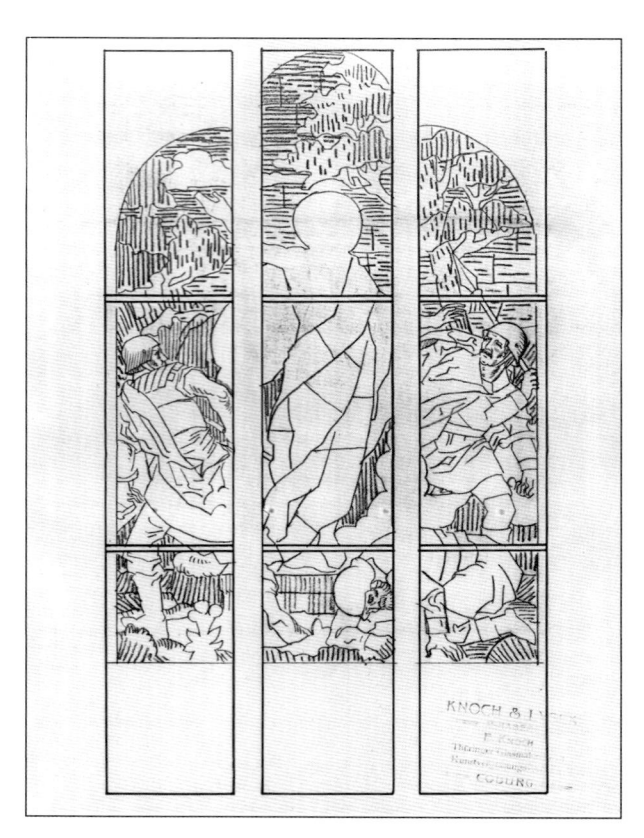

Abb. 10   Milz, evangelisch-lutherische Kirche St. Maria Magdalena, Bleistiftskizze zur Auferstehung Christi (Fenster sII), 1919

Abb. 9   Milz, evangelisch-lutherische Kirche St. Maria Magdalena, Bleistiftskizze zur Bergpredigt, 1919

Abb. 11   Hindfeld, evangelisch-lutherische Kirche, Farbskizze zu Christi Gebet am Ölberg (Fenster sIII, im Original farbig), 1919

Abb. 12 „Kriegerehrungen für Stadt- u. Landkirchen", Werbeblatt der Werkstätten von Ferdinand Busch („Atelier für Kirchenmalerei") und Carl Busch („Atelier für Glasmalerei"), Berlin, Rückseite, 1919

Dass für die „Stillung des Sturmes" (Errettung Petri) keine Bleistiftskizze existiert, liegt daran, dass für dieses Fenster am 12. Februar 1919 noch kein Entwurf vorlag. Am 31. März 1919 schrieb Knoch an Pfarrer Hönn: „Anbei die gewünschte Petrusskizze. Die Architektur habe ich nicht mit zeichnen lassen, da ich mir unnütze Arbeit ersparen will. Dieselbe würde wie beim Kinderfreundfenster. Das Wappen wird im Sockel mit angebracht. Beiliegend auch die Skizze für Ummerstadt, im Sockel kommen noch die Namen der Gefallenen. An die Stifter der drei Fenster für die dortige Kirche habe ich ein Bestätigungsschreiben richten lassen. [...] Die Wünsche des Herrn Wildfeuer betr. der Widmungsschrift, werde ich berücksichtigen. Bei meinen Dortsein habe ich leider ganz vergessen, die mir aufgetragenen Grüsse des Herrn und Frau Pfarrer Wuth zu bestellen, was ich hiermit mit Entschuldigung nachhole."[40]

Ernst Knoch schrieb, dass er die Architektur „nicht mit zeichnen lassen" habe, was zumindest ein Hinweis darauf ist, dass es innerhalb der Werkstatt eine Arbeitsteilung gab, vielleicht sogar, dass Knoch selbst für die Entwürfe nicht – oder nicht mehr – zuständig war. Möglich ist auch, dass nicht der Werkstatt angehörende Künstler das Entwerfen übernahmen.[41]

Für die Stadtkirche Ummerstadt (ehemals Herzogtum Sachsen-Meiningen, heute Landkreis Hildburghausen) hatte Knoch 1919 ein Kriegergedächtnisfenster mit einer der Figur auf dem Milzer Fenster „des Herrn Wildfeuer" (sII) verwandten Darstellung des Auferstehenden geschaffen.[42] Die „aufgetragenen Grüsse des Herrn und Frau Pfarrer Wuth" kamen aus dem unweit nördlich von Milz gelegenen Haina (ehemals Herzogtum Sachsen-Meiningen, heute Landkreis Hildburghausen). Die Glasmalerei-Ausstattung in der dortigen Kirche stammt zu einem erheblichen Teil von Knoch aus Coburg. Hierzu zählen die ganzfigurigen Darstellungen der „beiden Reformatoren", die inschriftlich 1906 (Luther) und 1919 (Melanchthon) datiert sind und erahnen lassen, wie die betreffenden Fenster für Milz ausgesehen hätten, sowie drei Fenster mit figürlichen Glasmalereien, von denen zumindest eines auf den Ersten Weltkrieg Bezug nimmt.[43]

Über die Beweggründe für das Bildprogramm der Glasmalereien, das an den vier bisher blank verglasten Chorfenstern der Kirche in Milz schließlich zur Ausführung kam, lassen sich nur Vermutungen anstellen. Die Fenster nII und sII – Geburt (Abb. 13) und Auferstehung (Abb. 14) – wurden tatsächlich als Kriegergedächtnisfenster gestiftet, wie aus den Sockelinschriften hervorgeht: „Zur Erinnerung / an unseren gefallenen / Sohn Robert Frank, / gestiftet von / Ferd. Rudolf Frank / und seiner / Ehefrau Elise geb Eppler / 1919" (nII, 1b; in 1c Werkstattsignatur) und „Zur Erinnerung / an unseren lieben / am 20.12.1917. gefallenen Paten / Robert Frebel / gestiftet von / Robert Wildfeuer & / seiner Ehefrau Regilde / geb. Wildfeur / 1919" (sII, 1b)[44]. Auch in Unkenntnis des Aussehens der Personen, derer hier gedacht wird, ist sicher davon auszugehen, dass Porträts – in Frage kämen der junge Hirte (nII, Abb. 13) und der Wächter zur Rechten

des Auferstehenden (sII, Abb. 14) – nicht eingearbeitet wurden. Die feststellbaren Abweichungen von den entsprechenden Gesichtern auf den 1908 für Crock entstandenen Glasmalereien (Abb. 4 und 6) sind stilistisch begründet, die jeweiligen Gesichtstypen hingegen einander gleich. In der evangelisch-lutherischen Kirche St. Jakobus im wenige Kilometer westlich von Milz gelegenen Irmelshausen (Landkreis Rhön-Grabfeld, Bayern) befindet sich ein die Geburt Christi mit der Anbetung der Hirten darstellendes Fenster, das laut Sockelinschrift von der Gemeinde Irmelshausen zum Kirchweihfest 1920 gestiftet wurde[45] und aufgrund der Übereinstimmungen mit den betreffenden Darstellungen in Crock und Milz nur von Knoch sein kann. Die große Ähnlichkeit des Gesichtes des jungen Hirten auf dem Irmelshäuser Weihnachtsfenster mit jenen Gesichtern der gleichen Figur auf den Fenstern in Crock und Milz belegt zusätzlich, dass in Milz keine Porträtdarstellungen erfolgten. Dass seitens der Stifter, entgegen der ursprünglichen Absicht, darauf dann doch verzichtet wurde, kann daran gelegen haben, dass man es wohl als zu anmaßend empfand, eigene Angehörige – wenn auch nur bildlich – in unmittelbare Verbindung mit zentralen Ereignissen der christlichen Heilsgeschichte zu bringen.

Die beiden Kriegergedächtnisfenster bilden mit dem von ihnen flankierten Herzogsfenster eine Einheit, sowohl inhaltlich als auch hinsichtlich ihrer die figürlichen Darstellungen rahmenden Architekturformen, was insbesondere durch die Übernahme des kielbogenförmigen oberen Abschlusses der Kreuzigungsszene gelang. Ungeachtet der Dominanz, die die beiden 1919 hinzugekommenen Fenster mit ihrer intensiven Farbigkeit und Art-déco-Stilistik erreichen, behauptet das Chorscheitelfenster nicht nur aufgrund seiner Anordnung, sondern maßgeblich durch die Klarheit und Ruhe ausstrahlende Komposition sowie durch die auf wenige gedeckte und fein abgestufte Töne reduzierte Farbpalette seine zentrale Wirkung und die ihm zukommende Bedeutung.

„Versucht man nun den Bestand [der Kriegergedächtnisfenster] zu strukturieren, so lassen sich – vorläufig – vier Gruppen bilden:
– Soldaten in Anbetung,
– Soldaten im Moment der Erlösung oder des Todes,
– monumentale, vielfigurige Darstellungen mit Einzelszenen,
– Kriegergedächtnisfenster ohne Darstellungen von Soldaten (Kriegergedächtnis allein durch Bildunterschrift)."[46]

Gemäß dieser von Oliver Karnau getroffenen Aufstellung sind die beiden Kriegergedächtnisfenster in Milz der letzten Gruppe zuzuordnen. Andere Beispiele für Kriegergedächtnisfenster, von denen es allein im Landkreis Hildburghausen mindestens zehn gibt[47], sind auf der Rückseite des Werbeblattes[48] der in „Berlin-Südende, Parkstraße Nr. 17" ansässigen Werkstätten von Ferdinand Busch („Atelier für Kirchenmalerei") und Carl Busch („Atelier für Glasmalerei") zu finden (Abb. 12), die ebenfalls in Milz ihre Arbeiten anboten. Der einleitende Text dieser mit „Mai 1919" datierten Werbeschrift lautet: „Nunmehr nach Beendigung des furchtbaren Weltringens wird überall der Wunsch rege, die Namen der gefallenen Helden der Gemeinden dauernd der Nachwelt zu verkünden. Viele Kirchengemeinden werden aber nicht in der Lage sein, ein stattliches Denkmal errichten zu können. Der passendste und stimmungsvollste Raum für Kriegerehrungen ist wohl das Gotteshaus. An einem geeigneten Platz im Innern, an den Wänden der Kirche, kann eine in passender Form gehaltene Gedenktafel mit den Namen der Gefallenen angebracht werden, ähnlich der aus alter Zeit übernommenen herrlichen Epitaphien. [...] Statt der Wandtafeln lassen sich auch geeignete Fenster in künstlerischer Glasmalerei für dieselbe Ehrung ausführen." Der Text auf der Rückseite fügt dem pathetische Ergänzungen hinzu (Abb. 12).

Die zwei in derselben Wandebene liegenden Südfenster erhielten Glasmalereien mit von den Kriegergedächtnisfenstern leicht abweichender, aber gleichfalls architektonischer Rahmung und den Darstellungen Christus als Kinderfreund (sIII, Abb. 15) und „Stillung des Sturmes" (Errettung Petri, sIV, Abb. 16). Die als Bleistiftskizze von Knoch vorgelegte Bergpredigt kam nicht zur Ausführung. Auch diese beiden Fenster sind Stiftungen, die Sockelinschriften lauten: „Gestiftet / von Schultheissen / Robert Ambach / und seiner Familie / 1919" (sIII, 1b; in 1c Werkstattsignatur) und „Zur Erinnerung / an / Pfarrer August Hönn / und Frau geb. Oberländer / von den dankbaren Kindern / Pfarrer Eugen Hönn / Doctor Ernst Hönn / Mathilde Ehrhardt geb Hönn" (sIV, 1b)[49]. Die Christus-als-Kinderfreund-Darstellung ist eine Wiederholung des 1908 für Crock geschaffenen Fensters (Abb. 7), lediglich die Figurenbesetzung am rechten Rand und die Architekturstaffage im Landschaftshintergrund wurden modifiziert. Die Komposition zur „Stillung des Sturmes" (Errettung Petri) muss Ernst Knoch ursprünglich anders vor Augen gestanden haben, da sie in der ausgeführten Form keine „4 oder auch 5 Porträs" ermöglichte.

Die Frage, warum die beiden Südfenster nicht auch als Kriegergedächtnisfenster ausgeführt worden sind, ist womöglich ganz schlicht mit den beachtlichen Kosten zu beantworten. Damit bestand abermals die Gefahr, die Altarhallenfenster nicht vollständig mit Glasmalerei ausstatten zu können. Sprangen deshalb exponierte Personen mit Stiftungen ein? Belege dafür wären, dass das von Robert Ambach und dessen Familie gestiftete Fenster keine Widmung trägt und auch die an Pfarrer August Hönn und dessen Frau erinnernde Stiftung ihrer Kinder ohne Ereignis- oder Zeitbezug – etwa ein Jubiläum – erfolgte.

Dank der vier Familien, die 1919 aufgrund unterschiedlicher Veranlassungen je ein Fenster mit Glasmalerei für die Altarhalle der Kirche in Milz stifteten, trat ein, was Pfarrer Hönn im oben bereits zitierten Brief vom 27. November 1907 an das Herzogliche Hofmarschallamt in Meiningen vorausblickend beschrieben hatte: „Durch diese künstlerische Ausstattung würde die hiesige Kirche ohne Zweifel in hohem Grade gewinnen; da die sehr schmucklose Altarhalle viel zu hell ist, würde sie durch die Glasmalerei gleichzeitig einen künstlerischen Schmuck erhalten und das zu grelle Licht gedämpft werden." Was zwei Sätze weiter steht, sollte sich schließlich auch erfüllen: „Sicherlich werden die hiesigen Einwohner, bei denen sich noch ein reger kirchlicher Sinn erhalten hat, noch größere Stiftungen machen, wenn ein oder zwei bunte Fenster fertig gestellt wären."

Um sich durch Billigpreise nicht erneut wieder fast selbst zu ruinieren, berechnete Ernst Knoch diesmal „alleräusserst". Das Fenster mit dem Christus als Kinderfreund kostete komplett 1 298 Mark, der Betrag setzte sich aus 1 200 Mark für die Glasmalerei, 62 Mark für das Schutzgitter und 36 Mark Auslagen für Maurer und Schmied zusammen.[50] Bezüglich des „Gruppenfenster[s] in Kunstglasmalerei, für die Kirche in Milz mit der Darstellung ‚Der Sturm auf dem Meere' [Errettung Petri]" quittierte Knoch am 15. September 1919 dankend den Erhalt von 1 262 Mark von Pfarrer Hönn, der ergänzend vermerkte: „36 M. wurden lt Quittung an den Schmied u. Maurer anteilig bezahlt."[51] Man darf davon ausgehen, dass die Glasmalereien mit den Darstellungen der Geburt und der Auferstehung denselben, von Knoch im Schreiben vom 25. Januar 1919 bereits so veranschlagten Preis von 1 200 Mark hatten.

Anzufügen ist, dass für die evangelische Kirche in dem Milz südöstlich benachbarten Ort Hindfeld (ehemals Herzogtum Sachsen-Meiningen, heute Landkreis Hildburghausen) ein Fenster mit der Darstellung des betenden Christus am Ölberg geplant war, das wohl nicht ausgeführt wurde, zumindest dort heute nicht mehr vorhanden ist. Dies geht aus dem Brief von Knoch an Pfarrer Hönn vom 3. September 1919 hervor: „Anbei übersende ich Ihnen die freundl. besprochene Skizze, für das Fenster neben der Kanzel. Dieses Fenster würde sich fertig eingesetzt auf Mk. 1550.-- stellen. Das Drahtgeflecht kostet genau so viel, als bei den letzten Fenstern. Mauerer & evtl. Schmiedearbeiten sind nicht mit eingerechnet. Habe beide Fenster (für Milz & Hindfeld) noch äusserst billig berechnet, und werden beide sehr schön wirken. Anbei auch die Rechnung über die [für Milz] gelieferten Fenster."[52] Die Ölbergszene war für das große einbahnige Fenster der Südseite des Langhauses (sIII) vorgesehen gewesen, dem Schreiben liegt wie ehedem die Farbskizze bei (Abb. 11).

Abschließend ein Wunsch und eine Empfehlung: Aus Gründen der Vereinfachung wurde der Glasmaler und Kunstglaser Ernst Knoch als Synonym für die unter verschiedenen Bezeichnungen – vorrangig „Knoch & Lysek" – tätige Coburger Glasmalerei-Werkstatt verwendet. Die Qualität und schon das nur ansatzweise zu überblickende Œuvre dieser Werkstatt rechtfertigen den Wunsch nach einer Firmenmonographie, die hoffentlich nicht mehr allzu lange auf sich warten lässt.

Dabei ist die Recherche der Firmengeschichte ganz wesentlich, um Zuschreibungen an die einzelnen in der Werkstatt tätigen Glas-

Die Glasmalereien in der evangelisch-lutherischen Kirche St. Maria Magdalena in Milz

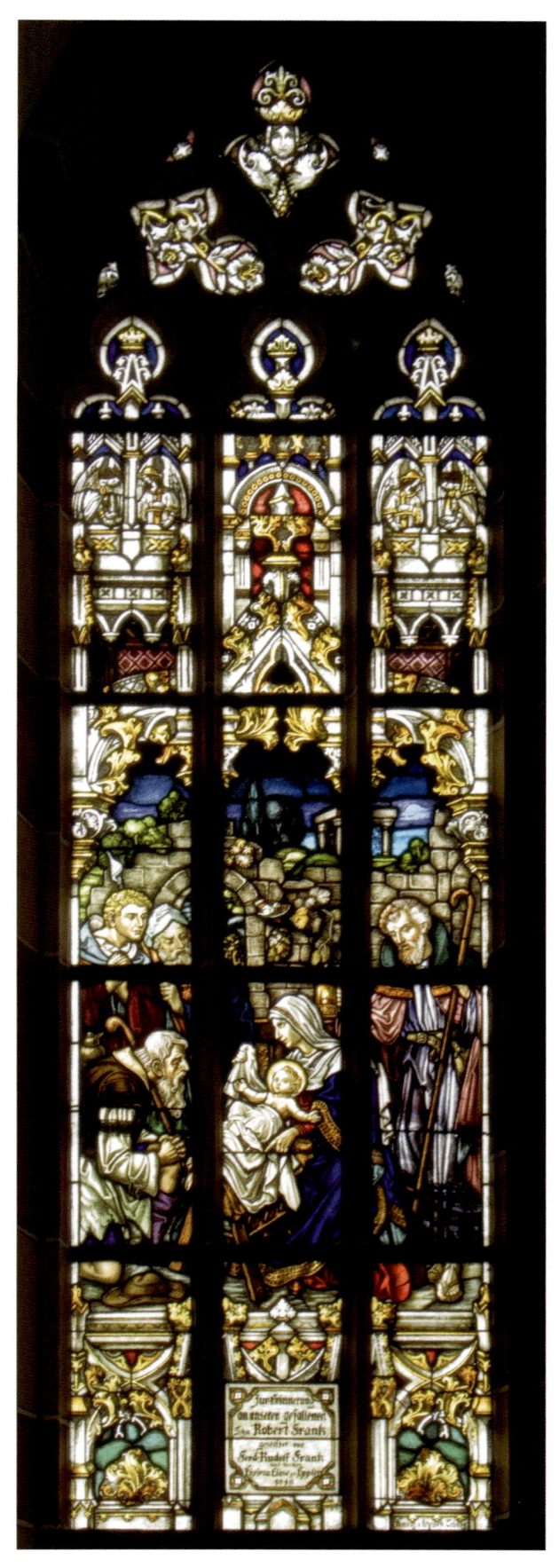

Abb. 13 Milz, evangelisch-lutherische Kirche St. Maria Magdalena, Geburt Christi mit der Anbetung der Hirten (Fenster nII), 2007

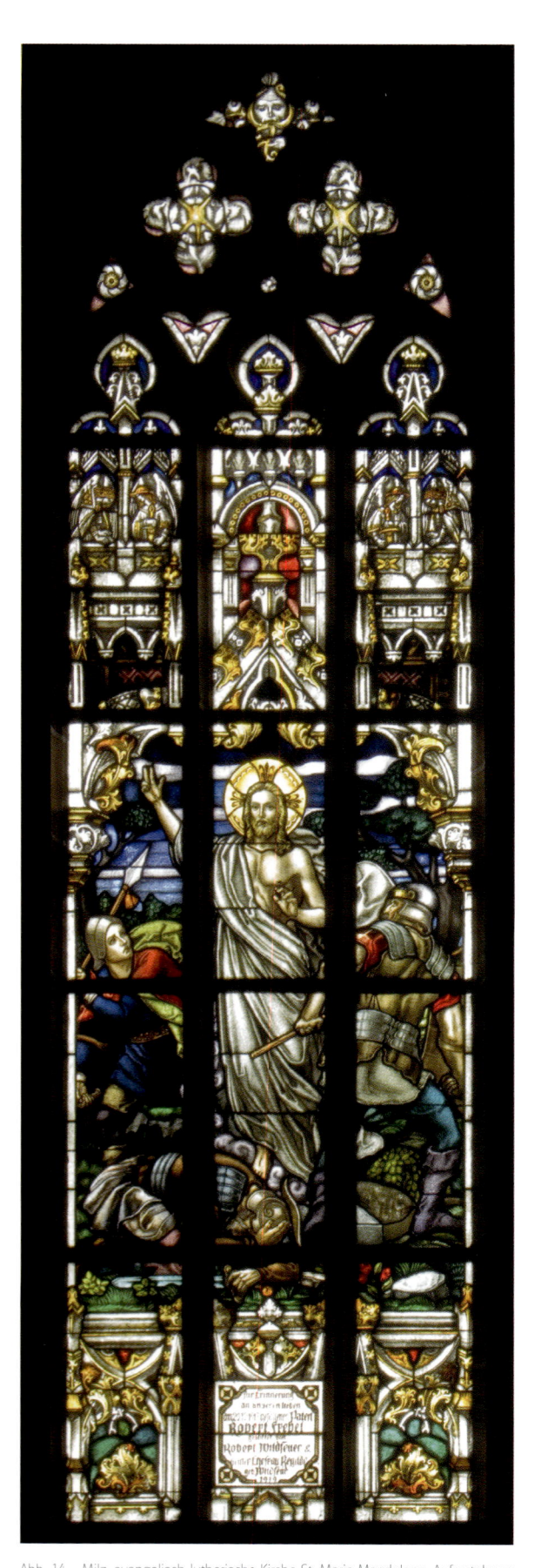

Abb. 14 Milz, evangelisch-lutherische Kirche St. Maria Magdalena, Auferstehung Christi (Fenster sII), 2007

Abb. 15   Milz, evangelisch-lutherische Kirche St. Maria Magdalena, Christus als Kinderfreund (Fenster sIII), 2007

Abb. 16   Milz, evangelisch-lutherische Kirche St. Maria Magdalena, Errettung Petri (Fenster sIV), 2007

maler vornehmen zu können. Dies würde auch helfen, die Fenster in Milz genauer einzuordnen. Offen ist beispielsweise die Frage, ob Ernst Knoch oder Josef Buchmüller das Herzogsfenster gemalt hat – oder beide zusammen?

Auf den im Pfarrarchiv Milz erhaltenen Schreiben von Ernst Knoch aus dem Jahr 1919 ist dieser im Briefkopf zunächst auch als Inhaber der „Thüringer Glasmalerei-Anstalt Knoch & Lysek, Coburg" genannt. Ab September 1919 erscheint hier ein anderer Name: Franz Weitzel. Damit nicht genug: In seinem oben zitierten Brief vom 3. September 1919 überschrieb Knoch den neuen Inhabernamen mit seinem eigenen Namen. Der Glasmaler Franz Weitzel (1876–1967), der 1918 aus Zittau nach Coburg kam, ist gemäß Eintrag in einer alten Gewerbekartei ab dem 17. Januar 1924 Alleininhaber der Firma.[53] Ernst Knoch seinerseits begann 1918 den Großhandel mit Flachglas, 1920 gründete er die Ernst Knoch Glas- und Spiegelmanufaktur, aus der das heutige Glaszentrum Ernst Knoch KG in Coburg hervorgegangen ist.[54]

Diese Konstellation lässt die Vermutung zu, dass Knoch seinen zweiten Auftrag für die Kirche in Milz allein begann, wofür seine Formulierung „Um nun einigermassen einen Ueberblick zu gewinnen, wie viel Porträts bei den einzelnen Motiven in Frage kommen, habe ich die Gruppen ganz flüchtig in Blei skizziert." im oben zitierten Schreiben vom 12. Februar 1919 spricht. Spätestens im Folgemonat trat Weitzel in die Werkstatt ein, weshalb Knoch am 31. März 1919 wie bereits zitiert schreiben konnte: „Anbei die gewünschte Petrusskizze. Die Architektur habe ich nicht mit zeichnen lassen, da ich mir unnütze Arbeit ersparen will.". Damit wäre es denkbar, dass Franz Weitzel die betreffenden vier Glasmalereien für Milz geschaffen hat oder zumindest an ihrer Ausführung beteiligt gewesen ist. Mehr Aufschluss darüber wird ein maltechnischer Vergleich zu gesicherten Weitzel-Arbeiten erbringen – und die Firmenmonographie zu Knoch & Lysek.

Die Empfehlung bezieht sich auf den Beginn der erforderlichen Anstrengungen zum Erhalt der fünf Chorfenster in Milz. Im Rahmen der Stiftungsjubiläen 2008 und 2019 erscheint es realistisch, die in diesem Jahr im Auftrag des Thüringischen Landesamtes für Denkmalpflege und Archäologie von der Glaswerkstätte Rothkegel e.K. in Würzburg erarbeitete Konzeption[55] zur Konservierung und Restaurierung dieses bedeutenden Glasmalereibestandes schrittweise umzusetzen. Der augenscheinlich weitgehend intakte Eindruck täuscht, das ist eines der Ergebnisse der der vorgenannten Konzeption vorausgegangenen Zustandserfassung (siehe auch den folgenden Aufsatz in diesem Arbeitsheft). Es besteht Handlungsbedarf. Eine neue und schöne Form von Tradition wäre es daher, wenn sich im übertragenen Sinne der in Gestalt der Glasmalereien in Milz versammelte Stifterkreis – Privatpersonen, Kirche, Kommune und Land – wieder zusammenfinden würde, um diese wichtige Aufgabe zu meistern.

Anne Kaiser

Zur Technik der Glasmalereien im Chor der evangelisch-lutherischen Kirche St. Maria Magdalena in Milz (Landkreis Hildburghausen)

Im Jahr 2007 beauftragte das Thüringische Landesamt für Denkmalpflege und Archäologie die Glaswerkstätte Rothkegel e.K. aus Würzburg mit der Untersuchung der Glasmalereien in der evangelisch-lutherischen Kirche St. Maria Magdalena in Milz. Dabei wurden die Glasgemälde des Chorraums hinsichtlich ihrer Maltechniken und Zustände untersucht.

Das Ergebnis dieser sowohl in situ als auch an einem ausgebauten Feld des Fensters mit der Darstellung der Geburt Christi und der Anbetung der Hirten (nII 1c) in der Werkstatt vorgenommenen Untersuchung mündete in eine Bestands- und Zustandserfassung einschließlich Ursachenanalyse sowie in eine darauf aufbauende Konzeption zur Konservierung und Restaurierung dieser Glasmalereien.

Betritt man die Milzer Kirche und steht im Chorraum den fünf neogotischen Glasmalereifenstern gegenüber, umfängt einen ein großartiger, in sich geschlossener und ausdrucksstarker Glasmalerei-Bestand. Die dreibahnigen Spitzbogenfenster wirken aufgrund der schmalen Bahnenbreite, der zierlichen Fensterrippen und des detaillierten Maßwerks sehr elegant und filigran.

Die Glasfenster wurden in zwei Etappen 1908 und 1919 von der Thüringischen Glasmalerei Coburg Knoch & Lysek beziehungsweise der Vorgängerwerkstatt Knoch & Buchmüller ausgeführt. Das Chorscheitelfenster wurde als Stiftung des Meininger Theaterherzogs Georg II. 1908 eingebaut, die übrigen folgten 1919 unter anderem als Kriegergedächtnisfenster.

Obwohl die Gestaltung bei allen fünf Fenstern demselben Schema – eine großformatige Bildszene eingerahmt von einer detailreichen gotisierenden Fialarchitektur – folgt, sind die Unterschiede zwischen dem Chorscheitelfenster und den anderen vier Glasfenstern erkennbar.

Das Chorscheitelfenster wirkt sehr weich und pastellig. Grund dafür sind die sehr zurückhaltenden tonwertgleichen Farbgläser. Der Farbakkord wird bestimmt von Weiß, hellem Blau, hellem Rot und verschiedenen Grün-Grau-Braun-Farbtönen.

Auf diese relativ groß bemessenen und wenig farbintensiven Glasstücke ist eine vorder- und rückseitige Malerei aufgebracht. Vorderseitig ist in zwei verschiedenen Brauntönen ein flächiger Überzug mit hohem Bindemittelanteil (vermutlich Gummi Arabicum) auf die Gläser vertrieben aufgezogen. Offenbar wurde dieser Überzug in nassem Zustand sehr stark mit einem Vertreiberpinsel gestippt und anschließend nach dem Trocknen mit einem feinen weichen Pinsel ausgefegt. Dadurch entstand die typische grisselige, fein strukturierte Überzugsmalerei.

Die Glasmalereien in der evangelisch-lutherischen Kirche St. Maria Magdalena in Milz

Abb. 17 Milz, ev.-luth Kirche St. Maria, Untersuchungsfeld nII 1c, Vorderseite im Durchlicht, 2007

Abb. 18 Milz, ev.-luth Kirche St. Maria, Untersuchungsfeld nII 1c, Rückseite im Auflicht, 2007

Auf modellierende Lavuren und Schraffuren verzichtete der Glasmaler beinahe vollends. Lediglich die Hauptkonturlinien (Gesichter, Details, Architekturlinien) wurden mit über dem Überzug aufgetragenen, sehr feinen Konturlinien in Schwarzlot gezeichnet.

Durch radierende Wegnahmetechniken und Auskratzungen erhält die Überzugsmalerei Räumlichkeit und Plastizität. Lichter und Volumen werden durch punktuell ausgefegte und wegradierte Übergänge geschaffen. Farbschattierungen und räumlichkeit- und schattengebende Dunkelheiten sind als rückseitige Lasuren auf die Gläser aufgebracht und ebenfalls sorgfältig ausgearbeitet. Dabei sind vorwiegend braune und rötliche Lasuren (rouge) verwendet worden, Silbergelb findet in den Architekturelementen Einsatz.

Offenbar wurde die Glasmalerei in einem Brand realisiert, lediglich die detailreichen Stücke (Christuskopf) können auch zwei oder mehr Bränden unterzogen worden sein.

Bei den 1919 entstandenen Fenstern wirkt die Glasmalerei wesentlich härter und markanter. Schon durch die Auswahl von sehr intensiven komplementären Farbgläsern wird eine vollkommen andere Wirkung erzielt. Der überwiegende Teil der verwendeten Gläser ist auch hier Tischkathedralglas in den Farben weiß und gelb. Die grünen und blauen Farbtöne bestehen aus sehr stark strukturierten Antikgläsern, rote Glasstücke sind rote Überfänge.

Auch hier fand die Überzugstechnik Anwendung, jedoch wurden neben den braunen auch schwarz-graue und grüne

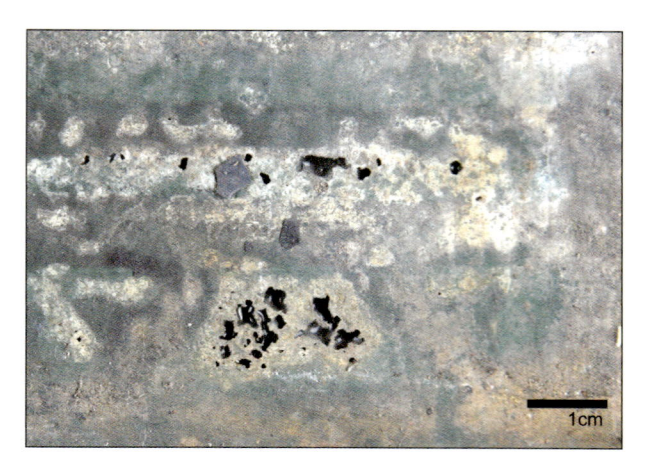

Abb. 19 Milz, ev.-luth Kirche St. Maria, Detail der Glasoberfläche (Vorderseite/Auflicht), mehrere Millimeter tiefe Krater in der Glasoberfläche, ähnlich einem Lochfraß-Korrosionsprozess., 2007

Abb. 20 Milz, ev.-luth Kirche St. Maria, Detail der Glasoberfläche (Vorderseite/Streiflicht), fortschreitende Kraterbildung in Schwarzlotmalereibereichen, 2007

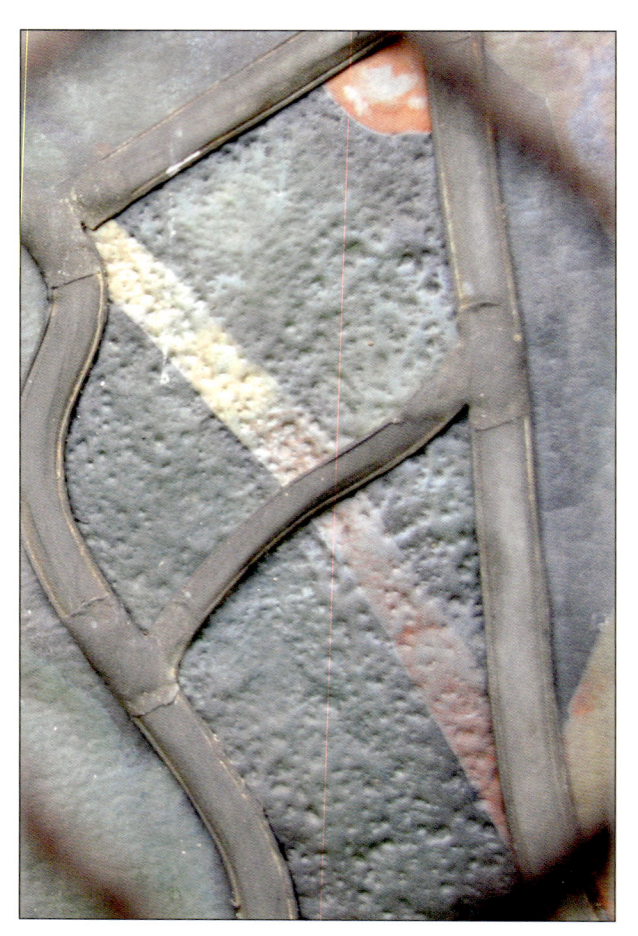

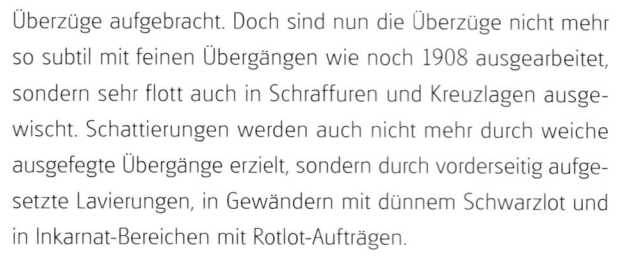

Abb. 21 Milz, ev.-luth Kirche St. Maria, Detail der Glasoberfläche (Rückseite/Auflicht), narbige Glasoberfläche, möglicherweise auf brenntechnische Probleme zurückzuführen, 2007

Überzüge aufgebracht. Doch sind nun die Überzüge nicht mehr so subtil mit feinen Übergängen wie noch 1908 ausgearbeitet, sondern sehr flott auch in Schraffuren und Kreuzlagen ausgewischt. Schattierungen werden auch nicht mehr durch weiche ausgefegte Übergänge erzielt, sondern durch vorderseitig aufgesetzte Lavierungen, in Gewändern mit dünnem Schwarzlot und in Inkarnat-Bereichen mit Rotlot-Aufträgen.

Auch sind die Konturlinien derber, breiter und markieren jede Schattenkante und jede Gewandfalte. Auch in den Architekturelementen wirkt die Malerei sehr grob und schnell mit breiten Pinseln ausgeführt.

Rückseitig sind die Lasuren teils unvertrieben aufgetragen und die unterschiedlichen Silbergelbtöne nass ineinander gemalt. Wahrscheinlich waren hier mindestens zwei Brände für jedes Glasstück notwendig.

Erstaunlich ist die Verwendung von grünlichen Überzugsfarben – es sei denn, es handelt sich in diesem Fall um einen Farbumschlag aufgrund eines Brennfehlers.

Diese Vermutung findet unterstützende Hinweise in den veränderten Glasoberflächen. Auffallend sind dabei die sehr narbigen, glänzenden und mit vielen kleinen Kratern versehenen Oberflächen der Glasstücke, vorder- wie rückseitig. Diese Erscheinung beschränkt sich nicht auf eine Glasart oder eine Glasfarbe, sondern findet sich wahllos in jedem Feld der 1919 entstandenen Fenster, vorzugsweise aber in den Architekturbereichen. Möglicherweise ist dieses Phänomen die Folge eines Brennfehlers, bei dem die Brenntemperatur so hoch war (ca. 800/900°C), dass die Oberflächen der Gläser im Ofen erweicht wurden und u. a. die Struktur der Ofenunterlage angenommen haben. Ein deutlich erkennbares Schadbild sind tiefe lochfraßähnliche Krater im Glas, die bis zu 2 mm tief und 3 mm im Durchmesser groß sind und sich zu richtigen Löchern in der Glassubstanz entwickeln. Ob es sich hierbei tatsächlich um die Folgeerscheinungen eines Lochfraß-Korrosionsprozesses infolge des Brennfehlers handelt, kann derzeit nur vermutet werden und bedarf weiterer naturwissenschaftlicher Untersuchungen.

Zum Zustand der Glasmalerei lässt sich sagen, dass das Chorscheitelfenster (1908) glasmalerisch relativ intakt ist. Hier erscheinen die Malschichten nach augenscheinlicher Begutachtung geschlossen, fest und stabil. In einzelnen Konturbereichen zeigt sich eine beginnende Punktkorrosion der Malschichten offenbar aufgrund der Doppelung der Malschicht (Überzug und Kontur).

Abb. 22   Milz, ev.-luth. Kirche St. Maria, Detail der Glasmalereitechnik (Vorderseite/ Durchlicht), beginnende Punktkorrosion der Glasmalfarben, 2007

Abb. 24   Milz, ev.-luth. Kirche St. Maria, Detail der Glasmalereitechnik (Vorderseite/ Mischlicht), schollig aufbrechende Schwarzlotkonturen und grünliche Überzüge, 2007

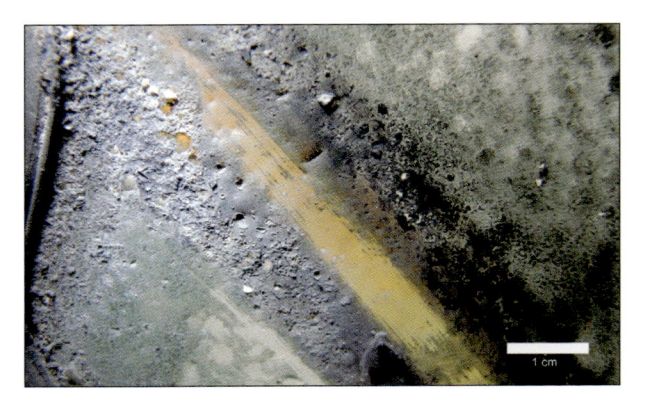

Abb. 23   Milz, ev.-luth. Kirche St. Maria, Detail der Glasmalereitechnik (Vorderseite/ Durchlicht), beginnende Punktkorrosion der Glasmalfarben, 2007

Abb. 25   Milz, ev.-luth. Kirche St. Maria, Detail der Glasmalereitechnik (Vorderseite/ Mischlicht), stark strukturierte Glasmalereiüberzüge und beginnende Punktkorrosion in den Schwarzlotkonturen, 2007

Bei den 1919 entstandenen Fenstern sind die Malschichtschäden wesentlich auffälliger und vielgestaltiger. Von der sehr feinen sternchenförmigen Punktkorrosion innerhalb der Konturen über das schollige Abheben bei scheinbar aufgekochten und craquelierten Schwarzlotpartien bis zu krustenähnlichen Veränderungen der Malschichten mit kraterähnlichen Ausbrüchen erstreckt sich die Schadbild-Palette.

Die Innenseiten der Glasmalereien sind zudem stark durch Staub- und Rußauflagerungen und zahlreiche Spinnweben verschmutzt. In den Randbereichen finden sich Anstrichreste der Wandfassung. In den deckschienennahen Bereichen sind Rückstände von schwarzer Lackfarbe auf den Oberflächen zu finden. Diese stammen vermutlich von einem ehemals vorhandenen Schutzanstrich für die Deckschienen und Fenstereisen.

Die Untersuchung des Glasmalereibestandes zeigt eine deutliche Strukturgefährdung durch korrosive Schadbilder, die offenbar alternierend und fortschreitend sind. Eine Ursache liegt in der Herstellungstechnik begründet, bei der offenbar brenntechnische Probleme, wahrscheinlich eine unkontrollierte Temperatur während des Brandes, auftraten. Möglicherweise verstärken auch maltechnische Faktoren wie Bindemittel- und Farbunverträglichkeiten den Effekt der instabilen Bemalung. Korrosive Vorgänge werden durch die Anwesenheit von Feuchtigkeit (Kondensat) begünstigt. Sehr markant und für die Zeit untypisch sind die deutlichen Veränderungen der Glassubstanz, das partielle krustenartige Aufwölben der Glasoberfläche mit einhergehender Kraterbildung scheint eine Form der Lochfraßkorrosion zu sein. Das kann einerseits auf die Glaszusammensetzung oder andererseits auf die brenntechnischen Probleme zurückgeführt werden.

Weitere Schäden, wie Glassprünge, Fehlstellen, Bleibrüche, Bauchungen, defekte und verlorengegangene Kalkleisten gehen auf mechanische Spannungsbelastungen, falsche Kräfteführungen, Materialermüdung und Windlasten zurück.

Mit einer konservatorischen und restauratorischen Bearbeitung sowie dem Einbau einer hinterlüfteten Außenschutzverglasung können die bestehenden Schadenspotenziale wesentlich minimiert und die Glasmalereien der Milzer Kirche sicher für die Zukunft bewahrt werden.

Nils Metzler, Wolfgang Petzholdt

Sanierung und Umbau des Einzeldenkmals „Zum Hirschsprung", Turniergasse 16, in der Erfurter Altstadt als Bauträgermodell

Das Wohn- und Geschäftshaus, ehemaliger Biereigenhof „Zum Hirschsprung", Turniergasse 16, liegt im Kern der Erfurter Altstadt mit der Lagebezeichnung „hinter Allerheiligen".

Das Grundstück reichte ursprünglich in seiner nördlichen Ausdehnung bis zur Pergamentergasse und wurde dort von einem stattlichen Fachwerkspeicher mit Tordurchfahrt abgegrenzt. Es handelt sich hierbei um das heute eigenständige Haus Pergamentergasse 33, welches bereits in den 1990er Jahren nach denkmalfachlichen Gesichtspunkten saniert und inzwischen als Gaststätte mit Kleinkunstbühne „P33" bekannt wurde. Leider wurde durch den Verkauf das Gesamtgrundstück getrennt und die altstadtprägende Struktur der Liegenschaft mit einer für den ehemaligen Gewerbe- und Handelshof typischen Tordurchfahrt durch die Errichtung eines Funktionsgebäudes im Hofbereich zerschnitten.

Im Stadtlagerbuch von Erfurt sind für das Gesamtgrundstück mit der geschichtsträchtigen Bebauung seit 1587 verschiedene Besitzer verzeichnet. Zuletzt befand sich der Gebäudekomplex im Besitz der Stadt Erfurt. Er wurde von der Kommunalen Wohnungsverwaltung bewirtschaftet und trotz der Mangeljahre respektabel instand gehalten.

Das Hauptgebäude Turniergasse 16 wurde bis zur Veräußerung durch die Stadt Erfurt im Jahr 2004 noch vollständig bewohnt. Diese bescheidene, aber offenbar beliebte Nutzung des mangelbehafteten Wohnhauses in lukrativer Innenstadtlage durch weniger anspruchsvolle junge Leute war durchaus im Sinne von Denkmalschutz und Denkmalpflege. Aber leider garantierte diese Nutzung keine Finanzierungsgrundlage für eine umfassende Sanierung. Dringende Instandhaltungsmaßnahmen zur Erhaltung der Bewohnbarkeit des Hauses wurden auf Initiative der meist kreativen Mieter kontinuierlich durchgeführt.

Die Gebäudesubstanz und die Baustruktur des dreigeschossigen Fachwerkgebäudes mit massivem Erdgeschoss und einer umfangreichen Kelleranlage blieb über Generationen damit unberührt. Die sichtbaren und teilweise verborgenen bauhistorischen Zeugnisse der vielfältigen Entwicklungsstufen sowie die umfassende Befundlage aus 500 Jahren Baugeschichte waren weitgehend erhalten geblieben.

Die Veräußerung dieses Baudenkmals an eine ortsansässige Bauträgergesellschaft bedeutete eine problematische Wende in der weiteren Haus- und Nutzungsgeschichte sowie eine besondere Herausforderung für die an der Planung Beteiligten, ebenso für

Abb. 1   Erfurt, Turniergasse 16 vor Beginn der Sanierungsmaßnahmen, 2003

Denkmalschutz und Stadtsanierung. Es war nicht nur über das Schicksal der zukünftig weitverzweigten Eigentümeranteile zu entscheiden, sondern es stellte sich auch die Frage nach dem verantwortlichen Umgang mit der historischen Substanz.

Zunächst bestand für den gewerblichen Zwischenerwerber naturgemäß das Ziel, optimale Vermarktungsmöglichkeiten für das Gesamtobjekt auszuloten, die den Ansprüchen potentieller Kaufinteressenten von Eigentumswohnungen oder Büros in der Erfurter Altstadt gerecht werden. Deren Anforderungen beziehen sich zumeist auf einen lukrativen Standort im Zentrum der Landeshauptstadt und gute Abschreibungsmöglichkeiten der Investitionen im Sanierungsgebiet, jedoch nicht immer auf die spezifischen Gegebenheiten eines 500 Jahre alten Baudenkmales. Natürlich müssen die neu erworbenen Wohn- oder Bürostätten möglichst mit geraden und ebenen Fußböden, Wänden und Decken ausgestattet sein, wie sie auch ein moderner Neubau bieten kann. Diese Anforderungen waren für das Einzeldenkmal Turniergasse 16 nur schwer zu verkraften.

Die rechtzeitige planerische Berücksichtigung des bauhistorischen Bestandes und der zunächst teilweise noch verborgenen architektonischen und restauratorischen Befunde scheiterte an den erst nach der Aufstellung des Planungs- und Vermarktungskonzeptes begonnenen Abstimmungen mit den Denkmalbehörden und damit an der erst verspätet und nur sporadisch durchgeführten Erfassung und Bewertung des Bestandes.

Offenbar aus Gründen der Wirtschaftlichkeit wurde für die komplizierte Planungsaufgabe am Haus „Zum Hirschsprung" die notwendige Planungsleistung bei einem qualifizierten Architekten nur schrittweise in einzelnen Planungsphasen vergeben.

Dies führte nicht nur wegen mangelhafter Grundlagenermittlung sondern ebenso wegen ungenügender Würdigung der bauhistorischen Befundlage zu erheblichen Diskrepanzen zwischen Planungsspielraum und Nutzeransprüchen.

Natürlich erfolgte aus wirtschaftlichen Erwägungen von Anfang an die Konzipierung des Dachgeschossausbaues mit allen Konsequenzen der statisch-konstruktiven sowie bauklimatisch und nutzungstechnisch bedingten Beanspruchungen des weitgehend noch mittelalterlich erhaltenen Dachstuhles. Ein weiterer damit verbundener Eingriff bestand in der vom Bauträger dringend verlangten Herstellung einer Loggia im bisher verschlossenen Westgiebel des Hauses als lukrative Vermarktungsgrundlage für die Dachgeschosswohnung.

Die historischen Wirtschaftsgebäude aus dem 18. Jahrhundert an der östlichen Grundstücksflanke wurden zugunsten eines mehrgeschossigen Wohnungsneubaus mit Loggia und Dachterrassen bis auf das Kellergeschoss vollständig abgebrochen.

Abb. 2 Erfurt, Turniergasse 16, ehemaliges Seitengebäude im Hof des Grundstückes bei Abbrucharbeiten, 2006

denen historischen Bestandes, wie Stuckdecken und Bohlenstuben, sowie historische Farbfassungen in die Sanierungsplanung einbezogen, jedoch im Bauverlauf aus Kostengründen zum Teil wieder gestrichen. Auf diese Weise gingen Stuckdecken verloren und unter anspruchsvoll bemalten Holzbalkendecken wurden Installationsleitungen verlegt und mit Gipskarton verschalt.

Trotz der umfassenden Farbbefunde wurde auf die Wiederherstellung historischer Farbfassungen im Innenraum auf Grund von Mehrkosten in anderen Bereichen schließlich völlig verzichtet.

Die auf dem Hausdach vor Baubeginn noch vorhandene historische Biberschwanzdeckung konnte aus Gewährleistungsgründen gegenüber den neuen Wohnungseigentümern nur noch teilweise auf dem rückwärtig neu errichteten Mülltonnenhaus verlegt werden. Die denkmalfachlich gewünschte Erneuerung der Biberschwanzdeckung wurde schließlich durch eine durchaus praktikable aber untypische Krempziegeldeckung ersetzt.

Immerhin gelang es in Teilbereichen der Fassade, die den historischen Fenstergrößen entsprechenden Kreuzstockfenster wieder herzustellen. Hierdurch erhält die Fassade in ihrer Gesamtwirkung die charakteristische Prägung aus der Entstehungszeit zurück.

Auffällig ist an dem inzwischen nahezu fertig gestellten und von den neuen Eigentümern bezogenen Gebäude die von der teilweisen Erhaltung der alten Dachkonstruktion herrührende bewegte Dachfläche.

Abb. 3 Erfurt, Turniergasse 16, neuerrichtetes Seitengebäude an Stelle der abgebrochenen Bebauung im Hof, 2007

Abb. 4 Erfurt, Turniergasse 16 nach weitestgehender Fertigstellung der Sanierung und Vermarktung, 2007

Im Innenraum des Hauptgebäudes erfolgten mit Baubeginn nach Anforderung der Denkmalbehörden schrittweise begrenzte Freilegungen, die den vielfältigen und reichen historischen Bestand zu Tage brachten. Unter anderem handelte es sich dabei um zwei mittelalterliche Bohlenstuben im Hochparterre und im Obergeschoss, bemalte Holzbalkendecken und profilierte Fenstergewände. Aus repräsentativen Erwägungen wurden auf Empfehlung der Denkmalbehörden vom Bauherrn zunächst Teile des aufgefun-

Die großzügige Tordurchfahrt ist weiterhin als Einfahrt zum Hofgelände nutzbar und wurde wieder mit Kalksteinpflaster ausgebaut. Leider liegt bisher keine Zusammenfassung der Dokumentation der historischen Bauforschung vor, obwohl diese nach der finanziellen Unterstützung durch die Denkmalbehörde dringend gewünscht wurde.

Im Ergebnis der Gesamtbetrachtung dieses Sanierungsvorhabens in der Erfurter Altstadt ist aus denkmalfachlicher Sicht festzustellen, dass die Instandsetzung und der Ausbau sowie die gewerbliche Vermarktung eines so reichhaltigen Baudenkmales allergrößte Sorgfalt, Professionalität und Einfühlungsvermögen der Bauherren, Planer und der späteren Nutzer verlangt, um der kulturhistorischen Wertigkeit der geschichtsprägenden Substanz in ausreichendem Maße gerecht zu werden.

Dem Bauträger ist es immerhin gelungen, den abenteuerlichen und sicher schwierigen Weg zwischen Sanierungsaufwand, denkmalpflegerischen Ansprüchen, Vermarktungsanforderungen und Finanzierungsmöglichkeiten in konfliktreicher Auseinandersetzung mit zahlreichen Zwangsentscheidungen bis zur Herstellung eines nutzungsfähigen Ergebnisses zu Ende zu gehen.

Von einer beispielgebenden und denkmalgerechten Sanierung kann an dieser Stelle leider nur in sehr kleinen Teilbereichen gesprochen werden, obwohl die reichhaltige historische Substanz es wohl verdient gehabt hätte, angemessen behandelt zu werden.

Zurück bleiben Anfragen zur Verantwortlichkeit einer Stadtverwaltung oder eines kommunalen Trägers bei der Veräußerung von bedeutenden Baudenkmalen, zur Vermarktung durch Bauträgergesellschaften sowie zum grundsätzlichen Umgang aller Planungsbeteiligten mit wertvollen historischen Gebäuden im durchaus beliebten und sehr attraktiven Altstadtkern.

Wolfgang Petzholdt

Historische Fassungsbefunde im großen spätgotischen Wohnhaus Turniergasse 16 in Erfurt

Das Wohnhaus Turniergasse 16 ist ein dreigeschossiges Haus mit hohem, massivem Erdgeschoss und zweigeschossigem Fachwerkaufsatz mit Krüppelwalmdach. Der Fachwerkaufsatz in Geschossbauweise wurde im Laufe der Zeit mehrfach verändert, das primäre Sichtfachwerk überputzt. Im Erdgeschoss verweisen die große spitzbogige Torfahrt sowie die Vorhangbogengewände der Fenster bereits auf die spätgotische Entstehungszeit des Hauses. Hofseitig schließt winklig ein Fachwerkbau an, welcher um 1800 entstand.

Im Frühjahr 2006 begannen die Sanierungsarbeiten an diesem Objekt. Zur Erfassung bauhistorischer und restauratorischer Befunde wurde vom Bauherren die ARGE Horny/Petzholdt beauftragt, welche Voruntersuchungen und baubegleitende Untersuchungen durchführte. Im Folgenden soll hier eine kleine Auswahl der Fassungsbefunde vorgestellt werden.

Fassungsbefunde der Holzstuben

Dendrochronologisch wurde die Entstehungszeit des Fachwerkaufsatzes in das Jahr 1505 datiert. Im Rahmen der Voruntersuchung wurde in der westlichen Hälfte des ersten Obergeschosses und in der Mitte des Erdgeschosses jeweils eine Holzstube festgestellt. Beide Stuben waren rezent überformt und durch Trennwände mehrfach unterteilt. Die Holzstuben gehören nicht zum Primärbestand sondern wurden in einer späteren Bauphase, 1552 (dendrochronologischer Befund), eingebaut.

Bemerkenswert ist die Größe der Holzstube des ersten Obergeschosses. Sie dürfte mit ursprünglich 95 m² Grundfläche die größte Holzstube Erfurts sein. Vom primären Bestand konnten die Hälfte der Holzdecke, der mächtige, profilierte Unterzug, wenige vertikale

Abb. 5   Erfurt, Turniergasse 16, Hofseite zu Beginn der Sanierungsarbeiten, 2006

Stabbohlen sowie die profilierten Blockzargen der hofseitigen Fenster sondiert werden. Decken- und Wandbohlen sind mit Stab- und Karniesprofilen verziert und werden durch ein mehrfach profiliertes Deckengesims verbunden. Ursprünglich war das Holzwerk der Stube ungefasst. Darauf verweisen die sehr stark gebräunten Oberflächen der Hölzer. Die Fassungsfragmente im Bereich der Sondierungsöffnungen verweisen auf eine mehrfache spätere Überfassung der Stube. Die Erstfassung (F-1) war eine schlichte beige Kalkfarbenfassung, welche ohne Gliederung oder Ornamentierung auf Wand- und Deckenflächen aufgetragen wurde. Als Kontrast dazu waren die profilierten Blockzargen der Fenster rot gefasst und dunkelrot marmoriert. Es ist davon auszugehen, dass die Türgewände ebenso profiliert und gefasst waren wie die Fensterzargen. Diese edle, zurückhaltende Polychromie bezieht die Licht-Schatten-Wirkung der reichhaltigen Profilierungen mit ein und lässt diese dadurch erst wirken. Erst in der dritten Fassungsschicht tritt eine schwarzgraue Gliederung ein, welche aber bislang nur am umlaufenden Gesimsprofil der Decke nachgewiesen werden konnte.

Besonders bemerkenswert und in Erfurt in dieser Größenordnung einmalig (lichte Weite 153 cm x 192 cm) sind die vier stark profilierten Blockzargenfenster mit doppelter Kreuzstockgliederung an der Nordwestseite der Holzstube. Das westliche Fenster ist etwas schmaler und besaß nur einen einfachen Kreuzstock. In diese Fenster wurden in der zweiten Hälfte des 18. Jahrhunderts kleinere Fenster eingesetzt. Die Gestaltung und Lage der abgesägten Kreuzstöcke ist an den Zapfenlöchern und den teilweise noch in ihnen steckenden Profilresten ablesbar.

Die Holzstube im Erdgeschoss weist eine wesentlich geringere Grundfläche und eine andere, massivere Konstruktion als die Holzstube im ersten Obergeschoss auf. Es handelt sich dabei um eine nahezu komplett erhaltene dreiseitige Holzstube in Ständerbohlenbauweise mit waagerechten Bohlen. An der Südostseite schließt die Holzstube an das Bruchsteinmauerwerk an. In diesem

Abb. 6 Erfurt, Turniergasse 16, Befund 14; Deckenbohle und Kranzgesims der Holzstube mit Fassungsbefunden, erstes Obergeschoss, 2006

Abb. 8 Erfurt, Turniergasse 16, Befunde 26 bis 28; profilierte Blockzargenfenster an der Südwand der Holzstube, erstes Obergeschoss, 2006

Abb. 7 Erfurt, Turniergasse 16, Befund 6; vertikale Stabbohlen mit beigen Fassungsresten, darüber Strohlehm, Kalkmörtelputz mit drei Fassungsschichten, darüber Kalk-Gips-Putz des späten 18. Jahrhunderts mit vier Fassungsschichten (Lachsrot bis Rosa), darauf partiell Kalk-Gips-Putz mit blau gefasster Rauhfasertapete, 2006

Abb. 9 Erfurt, Turniergasse 16, Befund 24; Blockzarge, Rotfassung mit Marmorierungsrest, 2006

Abb. 10 Erfurt, Turniergasse 16, OG südwestlicher Bereich; freigelegte, in der südlichen Gebäudehälfte nahezu komplett erhaltene Bohlendecke der Holzstube, 2007

Bereich befinden sich drei Fensternischen, welche im Rahmen der klassizistischen Zerteilung und Überformung des Raumes verkleinert wurden. Die Südwestwand (Durchfahrt) weist eine primäre Fensteröffnung auf, welche später vergrößert wurde. Jeweils eine Türöffnung befindet sich in der Nordwest- und der Nordostwand. Beide wurden im Laufe der Zeit vergrößert. In der Ecke zwischen diesen zwei Wänden fehlt das Holzwerk, dort befand sich die Feuerstelle. In der zweiten Hälfte des 18. Jahrhunderts wurde die Holzstube untergliedert und mit Strohlehm, Kalk-Gips-Putz sowie handgezogenem klassizistischem Stuck überformt. Zum horizontalen Ausgleich der abgesenkten Decke wurde unter die Bohlendecke eine Bretterschalung gehängt, welche gleichzeitig als Putzträger diente. Dadurch blieb die Bohlendecke in sehr gutem Zustand erhalten. Anders als im ersten Obergeschoss weisen hier nur die Deckenbohlen Profilierungen auf. Die Seitenwände sind glatt gestemmt.

Nach Rückbau der klassizistischen Einbauten wurde die gesamte Holzstube freigelegt und die schon während der Voruntersuchung gesichteten Farbfassungen sondiert.

Ursprünglich war auch diese Holzstube nicht gefasst. Die stark gedunkelten Holzoberflächen sind ein eindeutiges Indiz dafür. Die erste Raumfassung konnte anhand der Befunde komplett rekonstruiert werden. Es handelt sich dabei um eine schlichte, geradlinige, grau-weiß-schwarze Polychromie in Kalkfarbentechnik. Decke und Kranzgesims waren beige gefasst, das Gesims an

Abb. 11 Erfurt, Turniergasse 16, Erdgeschoss; Beginn der Deckenfreilegung der Holzstube. Gut sichtbar ist die schützende Schalung, welche den Strohlehm trägt, 2007

der Unterkante mit einem 7 mm breiten schwarzen Begleitstrich betont. Die Wandflächen waren hellgrau gefasst und im unteren Bereich (70 cm über der Dielung) mit einer dunkelgrauen Zonierung abgesetzt.

Zonierung, Tür- und Fenstergewände wurden ebenfalls von einem schwarzen Begleitstrich umrahmt. Dieser Befund wurde als Farbachse mit schwach gebundener Kalkkaseintempera nach historischer Rezeptur angelegt.

Abb. 12 Erfurt, Turniergasse 16, freigelegte Ständerbohlenwand, Nordostwand der Holzstube im Erdgeschoss. Am eingesetzten Brett (rechtes Türgewände) ist die primäre Durchgangshöhe der Tür ablesbar, 2007

Abb. 13 Erfurt, Turniergasse 16, Detailaufnahme F-4, Marmorierung, Befundstelle links neben dem Fenster der Durchfahrt, 2007

Über der ersten Fassung (**F-1**) konnten neun weitere ebenfalls polychrome, aber überwiegend nur bruchstückhaft erhaltene Fassungen lokalisiert werden:

F-2 Beige/Befunde nur bis zum Begleiter der Zonierung; Kalkfarbe
F-3 Polychrome Fassung/oberer Wandbereich Ocker gefasst, schwarze Bänderungen und Zonierung wie bei F-1; Kalkfarben.
F-4 Polychrome Fassung/oberer Bereich marmoriert, unterer Bereich Beige zoniert mit schwarzem Begleiter, die Zonierung beginnt 5 cm tiefer als bei F-1.
Marmorierung: Beiger Fondton mit roter Marmorierung und schwarzen Äderungen; Kalkfarben.

Die Fassungen F-5 bis F-10 sind nur noch im oberen Wandbereich vorhanden. Die Mehrschichtigkeit der schwarzen Begleitstriche lässt darauf schließen, dass die primäre Wandgliederung auch später noch als Gestaltungsgrundlage diente.

F-5 Hellgrau; Kalkfarbe
F-6 Hellgrau, etwas dunkler als F-5; Kalkfarbe
F-7 Weiß; Kalkfarbe
F-8 Lachsrot; Kalkfarbe
F-9 Rosa; Kalkfarbe
F-10 Neapelgelb hell; Kalkfarbe

Abb. 14 Erfurt, Turniergasse 16, Farbachse nach Primärbefund F-1. Die höhere Lage der Zonierung beruht auf der Anhebung des Fußbodens, 2007

Nach Abnahme von Dielungen und Zwischendecken kamen im Laufe des Baufortschrittes raumgestalterische und konstruktiv-gestalterische Befunde der frühesten Bauphase (1505) zu Tage. Im östlichen Nebenraum der Erdgeschoss-Holzstube und an den Deckenbalken des ersten Obergeschosses – ebenfalls östlich der Holzstube – konnten ornamentale Deckenbemalungen sondiert und dokumentiert werden.

Wie an der Bohlenstube weist auch hier das Holzwerk eine starke Bräunung auf – ein Beweis dafür, dass die gesamte Deckenkonstruktion des Erdgeschosses ursprünglich holzsichtig war. Die Keilnuten an den Flanken der Deckenbalken und der Restbefund belegen, dass der Erdgeschossbereich 1505 mit einer Holzbalkendecke mit Einschieblingen ausgestattet war. Die floralen und ornamentalen Bemalungen entstanden vermutlich erst nach dem Einbau der Holzstube, als das Erdgeschoss zu Wohnzwecken hergerichtet wurde.

Anhand von Stratigraphien und Sondierungsfenstern wurde festgestellt, dass sich unter dieser Bemalung zwei weitere Fassungs-

Abb. 15 Erfurt, Turniergasse 16, Bohlenwand, Stratigraphie mit Primärfassung F-1, 2007

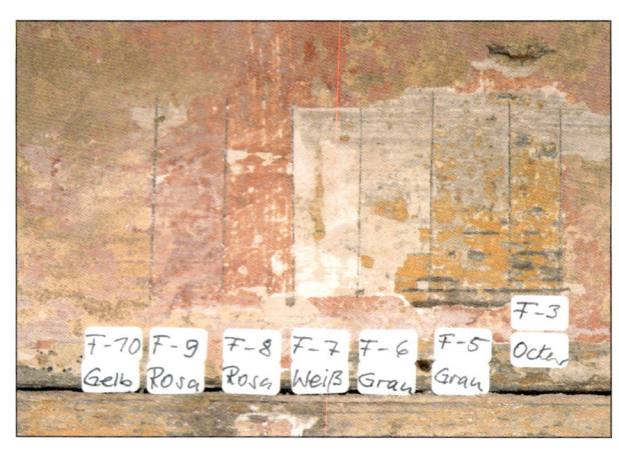

Abb. 16 Erfurt, Turniergasse 16, Stratigraphie mit weiteren Fassungsbefunden, 2007

Abb. 17 Erfurt, Turniergasse 16, polychrome, ornamentale Deckenbemalungen im Nachbarraum neben der Holzstube, 2007

Abb. 18 Erfurt, Turniergasse 16, Detailansicht, Deckenbalken mit Tauwerk, Einschieblinge mit Marmorierung bemalt. Unter dieser Ausmalung befinden sich zwei weitere Fassungsschichten, 2007

Abb. 19 Erfurt, Turniergasse 16, Balkenbemalung Fassung F-3, darunter diagonale lachsrote und schwarzgraue diagonale Bänder der Fassung F-2, rechts das Gehäuse der Holzstube, 2007

Abb. 20 Erfurt, Turniergasse 16, Unterzug; unter schwarz-weißer Malerei lachsrotes Ornament oder Band mit seitlichen Punkten, 2007

Abb. 21 Erfurt, Turniergasse 16, Gesamtansicht der Befundstelle im zweiten Obergeschoss. Nach Wegnahme der Dielung wurde die Bemalung der Deckenbalken des ersten Obergeschosses sichtbar, 2007

Abb. 22 Erfurt, Turniergasse 16, gereinigte, zum Teil freigelegte Primärfassung der Deckenbalken. Der Gelbton wurde durch die Rotüberfassung etwas verfärbt. Flanke Deckenbalken, erstes Obergeschoss, 2007

Abb. 23 Erfurt, Turniergasse 16, F-2, schwarze und gelbe Diagonalbänder wechseln sich ab, auf den Begleitstrichen schwarze und gelbe Punkte (Durchmesser 18 bis 25 mm). F-3 monochrome, rote Balkenfassung, 2007

schichten befinden. Die zweite Fassung ist wesentlich farbkräftiger als der sichtbare Befund. Breite lachsrote Bänder, begleitet von etwas schmaleren schwarz-grauen, ziehen sich diagonal über das Balkenwerk. Am Unterzug wurden zusätzlich lachsrote Punkte festgestellt. Diese Fassung hat Ähnlichkeit mit der Balkenbemalung (2. Fassung) der Decke des ersten Obergeschosses.

Bei der ersten Fassung handelt es sich um eine schlichte weiße Kalktünche. Auf Grund des starken Vergilbungsgrades ist anzunehmen, dass sie über längere Zeit bestanden hat.

Wie im Erdgeschoss befinden sich auch im ersten Obergeschoss mehrere Fassungsschichten auf den Deckenbalken. Ursprünglich waren auch diese holzsichtig oder aber schwarz gefasst. Die extrem starke Verschmutzung?/Schwärzung unter der ersten Fassungsschicht könnte von Rußablagerungen (Brand? Feuerstelle?) oder einer schwarzen Balkenfassung stammen.

Die opulente Farbigkeit der ersten Fassung ist sehr ungewöhnlich. Breite diagonale Farbbänder in Gelb und Schwarz wurden im Abstand von 136 cm abwechselnd auf den weißen Fondton aufgetragen. Sie werden von schmalen schwarzen Linien gerahmt. Im Abstand von 4,5 bis 6 cm folgen schwarze Begleitstriche. In Form von kreisrunden, abwechselnd gelben und schwarzen Punkten, welche sich als stilisierte Kriechblumen die Begleitstriche entlangwinden, prägt hier der spätgotische Stil die Balkenornamentik.

Die zweite Fassung ist ein monochromer oxidroter Anstrich, die dritte eine ebenfalls monochrome cremeweiße Fassung.

Schlussbemerkung

Obwohl der Bauherr ein paar Befunde in seine Nutzungsstrategie einbezog, ist es zu beklagen, dass der beauftragte Untersuchungsumfang nicht annähernd der Wertigkeit des Objektes entsprach. Die hochwertigen, umfangreichen Befunde konnten oft nur durch den persönlichen Einsatz der beauftragten Büros gesichert und dokumentiert werden. Dieser der Hausforschung und dem Geschichtsbewusstsein abträgliche Zustand sollte Anlass geben, über mögliche andere Verfahrenswege nachzudenken.

Abb. 1 Zella-Mehlis, Gefallenenehrenmal auf dem Lärchenberg, Ansicht von Südosten, 2002

Abb. 2 Zella-Mehlis, Gefallenenehrenmal auf dem Lärchenberg, Ansicht von Südosten, 2002

Matthias Schmidt

Das Ehrenmal für die Gefallenen des Ersten Weltkriegs auf dem Lärchenberg in Zella-Mehlis – ein Beispiel architektonischer Erinnerungskultur in Thüringen

Östlich der alten Ortskerne von Zella und Mehlis steht in erhöhter Lage auf dem Lärchenberg das Ehrenmal für die Gefallenen des Ersten Weltkriegs (Abb. 1 – 2). Der Bewuchs der Umgebung und die Bautätigkeit der letzten Jahre haben die ursprünglich intendierte Idee eines auf Fernwirkung angelegten, frei stehenden mächtig-monumentalen Mals stark beeinträchtigt (Abb. 3). Gleichwohl vermittelt der Bau noch heute ein Architekturverständnis, das wesentlich den Denkmalgedanken der zwanziger Jahre geprägt hat, in dieser Form in Thüringen aber nur in wenigen Beispielen realisiert wurde und darüber hinaus überregionale Bedeutung besitzt.

Das Ehrenmal auf dem Lärchenberg[1] wurde 1934 – 35 nach einem Entwurf des Arnstädter Architekten Martin Schwarz für die Gefallenen des Ersten Weltkriegs errichtet (Abb. 4 – 5). Zur damaligen Zeit war der Lärchenberg östlich der Ortslagen Mehlis und Zella unbewaldet, so dass das Bauwerk eine erhebliche Fernwirkung entwickelte. Das Denkmal steht am Ende einer von Bäumen gefassten Wegachse auf einem freien Platz, wo Treppen auf ein erhöhtes Plateau führen. Das etwa 20 Meter hohe Monument ist über quadratischem Grundriss als wuchtig gedrungener Turm mit Rückstufungen im oberen Drittel gebildet, die zu einem pyramidalen Abschluss überleiten. Das Bruchsteinmauerwerk in Wartburgkonglomerat und die strebepfeilerartigen Eckstützen vermitteln einen starken und wehrhaften Eindruck, der durch die Schlitzfensterpaare im unteren Rücksprung unterstützt wird. Rundbogenöffnungen auf jeder Seite leiten in eine offene Halle, die durch ein hell abgesetztes Kreuzgratgewölbe mit Okulus im Scheitel weihevoll-sakrale Züge erhält. In der Raummitte steht ein altarartiger Quader (Abb. 6 – 7),

Abb. 3 Zella-Mehlis, Gefallenenehrenmal auf dem Lärchenberg, Ansicht von Südosten, 2005

an dessen vier Seitenflächen Bronzetafeln mit den Namen der Zellaer und Mehliser Gefallenen des Ersten Weltkriegs eingelassen sind. Zu der ursprünglichen Wirkung des Denkmals gehörten ganz wesentlich die steinsichtige Pyramidenspitze und das Eiserne Kreuz. 1945–46 wurde das Denkmal umgewidmet, wobei man jetzt eine Gedenkstätte für die Gefallenen beider Weltkriege einrichtete. In dem Zusammenhang entfernte man das Eiserne Kreuz auf der Spitze. Zugleich erfuhr der Bau am 29. Juli 1946 durch den Antifa-Ausschuss eine Einstufung als künstlerisch wertvolles Denkmal, wodurch seine Erhaltung gesichert war[2].

Die Entstehungsgeschichte des Ehrenmals erklärt den relativ langen Zeitraum[3] zwischen dem Ende des Krieges und seiner Fertigstellung. Im Ergebnis entstand ein interessantes Bauwerk mit vielschichtigen Bezügen. Ein Blick auf die Planungsgeschichte zeigt, dass Standort, Größe und genaue Form nicht von vornherein festgelegt waren, sondern aus einer allmählichen Genese hervorgingen. Im Jahr 1924 hatte der Stadtvorstand von Zella-Mehlis „an die wirtschaftlich besser gestellten Kreise"[4] einen Spendenaufruf zum Bau des Ehrenmals gerichtet. Damit wurde die finanzielle Grundlage für weitere Aktivitäten geschaffen, auch wenn das Spendenaufkommen zunächst nicht ausreichend war. Im Juli 1924 wurde deshalb in einer konstituierenden Versammlung ein Ausschuss gebildet, der das noch benötigte Geld beschaffen sollte. In Zusammenarbeit mit allen „unpolitischen Vereinen"[5] wollte man durch Wohltätigkeitsveranstaltungen[6] einen Denkmalfonds schaffen. Der Ausschuss hatte zudem die Aufgabe übernommen, über „Art und Platzfrage der Heldenehrung"[7] zu entscheiden. Im November 1926, also gut zwei Jahre später, beschloss der Denkmalausschuss, für den Bau des Denkmals das so genannte Trienrod zu erwerben[8]. In der Öffentlichkeit wurde daraufhin sehr bedauert, „daß man einen Platz ausgewählt hat, der weit außerhalb der Stadt liegt und infolgedessen nicht recht zur Geltung kommt. ... Das beste Projekt ist und bleibt der Lerchenberg. Dieser Kegel, welcher wie eine Insel inmitten der Stadt aufragt, ist wie kein anderer Platz dazu geschaffen, zur Errichtung eines Ehrenmales zu dienen. Der Berg ist von allen Seiten bequem zu erreichen, vom Rathaus in kaum 5 Minuten."[9] Geplant war zu dieser Zeit „eine würdige Anlage mit prächtigem Rundblick"[10]. Die Frage des angemessenen Standortes für das Denkmal wurde in den folgenden Jahren zum zentralen Punkt der Auseinandersetzungen, nicht zuletzt auch zwischen den Bevölkerungen von Zella und Mehlis. Im Jahre 1929 ließ der Denkmalausschuss schließlich folgendes mitteilen: „Um die Gerüchte, die Denkmalsfrage sei gescheitert, nicht unwidersprochen zu lassen, machen wir davon Mitteilung, daß der Vertrag mit dem Finanzministerium genehmigt worden ist. Das Gelände beim Pulverhäuschen ist gesichert."[11] Damit kam man auf den schon früher vorgeschlagenen Standort auf dem Lärchenberg zurück, der von den Ortsteilen Zella und Mehlis gleichermaßen gut erreichbar ist und durch seine erhöhte Lage dem Denkmal zeichenhafte Fernwir-

kung verlieh[12]. Bis zum Baubeginn vergingen nochmals fünf Jahre. Der Grund dafür war, dass es dem Denkmalausschuss nicht gelang, die erforderlichen Geldmittel aufzubringen – bis 1930 wurden nur 3700 Reichsmark gesammelt. Mit der Machtübernahme durch die Nationalsozialisten entstand eine neue Situation. Der neu eingesetzte Stadtrat und der Stadtvorstand förderten das Projekt nach Kräften. Eine Sammelaktion des Oberbürgermeisters erbrachte in wenigen Monaten weitere 12000 Reichsmark. Gleichwohl fehlten für das mit 25000 Reichsmark veranschlagte Vorhaben weiterhin 9300 Reichsmark. 1934 begann man dennoch mit der Bauvorbereitung. Zu Jahresbeginn wurde ein Zufahrtsweg angelegt. In der Folgezeit ließ man Steinmaterial anfahren. Im Juni 1934 erfolgte die Ausschreibung der Maurer- und Eisenbetonarbeiten[13], im August die Grundsteinlegung, wobei man bewusst an die zwanzigjährige Wiederkehr des Kriegsbeginns im Jahr 1914 erinnern wollte[14]. Nach etwas mehr als einjähriger Bauzeit erfolgte am 24. November 1935 die feierliche Einweihung[15].

Mit der Entwurfsplanung des Denkmals hatte man, wie schon erwähnt, den Arnstädter Architekten Martin Schwarz beauftragt. Er umschrieb seine Bauintention mit folgenden Worten: „Wie bekannt, soll das Ehrenmal auf der Höhe des Lärchenbergs an der Stelle des jetzigen Pulverhäuschens gebaut werden. Mit einer Höhe von 20 Meter wird das mit würdigen Anlagen zu umgebende Ehrenmal den Lärchenberg und damit das gesamte Stadtbild von Zella-Mehlis beherrschen."[16] Schwarz, der in Arnstadt in den zwanziger Jahren eine Reihe unterschiedlichster Bauten realisierte, knüpfte hier u. a. an den Gedanken der Stadtkrone an. Die ersten erhaltenen Entwürfe stammen vom Februar 1930. Sie zeigen in wesentlichen Zügen die Grundlinien des später ausgeführten Baus (Abb. 4–5).

Das Denkmal auf dem Lärchenberg in Zella-Mehlis nimmt als monumentales architektonisches Ehrenmal für die Gefallenen des Ersten Weltkriegs in Thüringen eine Sonderstellung ein. In der Regel wählte man als Aufstellungsort innerhalb der Ortslage einen öffentlichen Platz, den Kirchhof, den Friedhof oder den Kircheninnenraum. Diese Wahl berücksichtigte sowohl das Bedürfnis nach öffentlichem Gedenken als auch den persönlichen religiösen Wunsch nach Seelenfrieden. Entsprechend vielfältig waren die Formen, wobei schon während des Krieges in einer Reihe von Schriften Vorschläge unterbreitet wurden[17]. Nach dem Krieg entwickelte man neben den zunächst bevorzugt aufgestellten einfachen Stelen und Kreuzen eine Vielzahl von Lösungen[18], wobei neben die figürliche Darstellung Obelisken, abstrahierte geometrische Formen und freie Variationen historischer Grabformen traten. Das architektonische Ehrenmal erlangte erst ab etwa 1924 zunehmend Bedeutung, wobei an erster Stelle Gustav August Munzers Marineehrenmal Laboe (1927–36) (Abb. 8) und das Tannenbergdenkmal der Brüder Walter und Johannes Krüger[19] von 1924–27 (Abb. 9) zu nennen sind. Bei diesen Ehrenmalen wurde Militäreinheiten und Schlachtereignissen gedacht. Dagegen erinnert

Ehrenmal für die Gefallenen des Ersten Weltkriegs auf dem Lärchenberg in Zella-Mehlis

Abb. 4 Zella-Mehlis, Gefallenenehrenmal auf dem Lärchenberg, Entwurf mit Ansicht von Süden, Kohlezeichnung, 1930

Abb. 5 Zella-Mehlis, Gefallenenehrenmal auf dem Lärchenberg, Entwurf mit Grund- und Aufriss, 1930

Abb. 6 Zella-Mehlis, Gefallenenehrenmal auf dem Lärchenberg, Ehrenhalle, Ansicht von Südosten, 2005

Abb. 7 Zella-Mehlis, Gefallenenehrenmal auf dem Lärchenberg, Gedenkstein, Ansicht von Süden, 2005

Abb. 8 Laboe bei Kiel, Marineehrenmal, Ansicht von Süden, um 1938

Abb. 9 Tannenberg, Nationaldenkmal, Ansicht von Norden, um 1938

Abb. 10 Zeulenroda, Gefallenenehrenmal bei der Rabensleite, Ansicht von Südwesten, 2007

Abb. 11 Zeulenroda, Gefallenenehrenmal bei der Rabensleite, Ansicht von Westen, 2007

Abb. 12 Zeulenroda, Gefallenenehrenmal bei der Rabensleite, Ehrenhalle, Ansicht von Südwesten, 2007

das Ehrenmal auf dem Lärchenberg in Zella-Mehlis an die Gefallenen der Stadt und bleibt durch die auf Spenden basierende Realisierung eng mit dem Ort und seiner Bevölkerung verbunden.

Das in aufwendigen Formen realisierte architektonische Ehrenmal war somit auch ein Spiegelbild der wirtschaftlichen Möglichkeiten der Stadt. Das drückte sich nicht zuletzt in der Auswahl des Bauplatzes[20] in einer exponierten Lage und einem besonderen Umfeld aus. In gleicher Weise wurde für das eng mit Zella-Mehlis verwandte, 1930 nach Entwurf des Architekten Stösslein für die 496 Gefallenen in Zeulenroda erbaute Ehrenmal eine wohl bedachte Lage gesucht.

Abb. 13 Frankenhain, Gefallenehrenmal auf dem Kirchberg, Ansicht von Westen, 2007

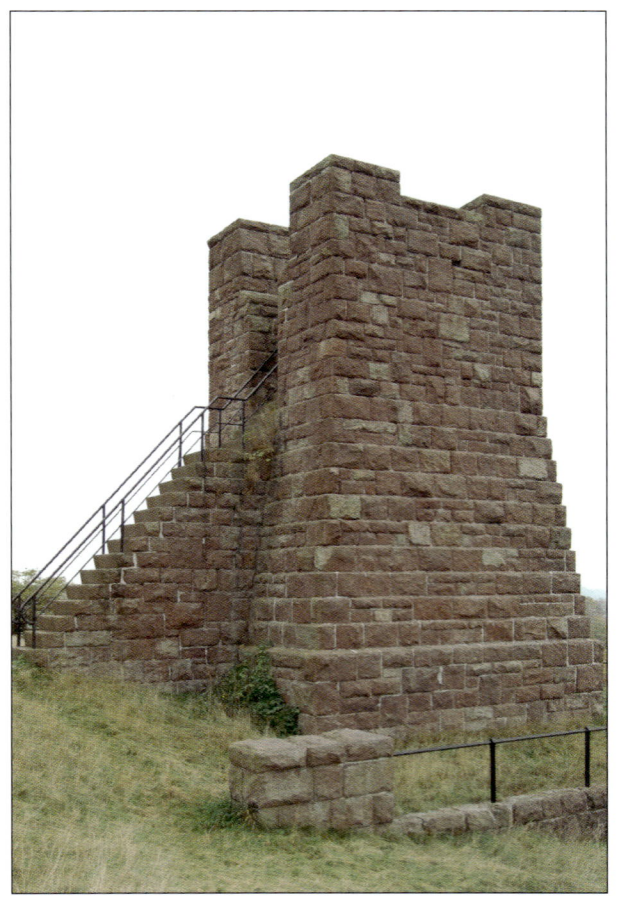

Abb. 14 Frankenhain, Gefallenehrenmal auf dem Kirchberg, Ansicht von Norden, 2007

Abb. 15 Frankenhain, Gefallenehrenmal auf dem Kirchberg, Ansicht von Osten, 2007

Als Standort wählte man ein Areal zwischen der als Stadtwald genutzten Rabensleite mit einer Höhe von 415,7 m und einer Sportanlage mit dem Waldstadion aus. Alleen führen zu einem Hain, der das Ehrenmal umrahmt (Abb. 10). Der als wuchtiger Monolith (Abb. 11–12)[21] mit vortretender Sockelzone, geböschten Mauern in Rustikamauerwerk und oberen Abtreppungen gebildete Baukörper öffnet sich im Nordosten und Südwesten in großen Bogenöffnungen. An den Seiten sind Platten mit den Namen der Gefallenen in die inneren Bögen eingestellt[22], über denen sich nach außen segmentbogige Öffnungen anschließen, ein Motiv, das an Entwürfe Hans Poelzigs[23], aber auch an altmesopotamische Bauten erinnert. Über dem Südwestzugang schmückt den Scheitel ein reliefiertes Kreuz mit eingeschriebenem Lorbeerkranz. Die innere Halle überfängt eine Kuppel, die die Pathosformel des Pantheons assoziiert.

Eine ebenfalls exponierte Lage wählte man für das Gefallenenehrenmal in Frankenhain[24] im Thüringer Wald zwischen Ohrdruf und Ilmenau aus (Abb. 13–15). Das Ehrenmal steht erhöht auf dem Kirchberg nördlich der Ortslage. Im Unterschied zu den vorgenannten Ehrenmalen ist das Umfeld nicht gestaltet. In Anlehnung an Bismarcktürme, damit Elemente des Nationaldenkmals aufgreifend, erhebt sich das in rustiziertem Quadermauerwerk errichtete Ehrenmal als Aussichtsturm mit im unteren Bereich geböschten Außenwänden mit Eckzinnen und nördlicher Treppe über einem terrassierten Unterbau mit schmiedeeisernem Geländer zwischen Pfeilerstümpfen. Dem Gefallenengedenken dient ein vom Süden über eine Spitzbogenöffnung zugänglicher gruftartiger Raum (Abb. 16–17), der durch ein schmiedeeisernes Tor mit einer Darstellung der Sonnenscheibe verschlossen ist. An der hinteren Stirnwand ist auf einem Podest ein gedrungenes Steinkreuz platziert, das die Form des Eisernen Kreuzes mit christlicher Kreuzsymbolik vereint. Im Frankenhainer Ehrenmal verbinden sich so religiöse Symbolik mit militärischen und fortifikatorischen Elementen. Aus dem persönlichen Gedenken an den Opfertod der Gefallenen erwachsen in einem nationalen Sinn für die Zukunft Wachsamkeit, Wehrhaftigkeit und Stärke. Eine ähnliche Turmform hatte Wilhelm Kreis 1925 für seinen Wettbewerbsbeitrag zum Tannenbergdenkmal (Abb. 18)[25] gewählt. In seinem Entwurf klang zudem die Form der dann in anderer Form realisierten Ringfestung mit Ecktürmen an.

Der Typ des gemeinschaftlichen architektonischen Ringehrenmals wurde auch in mehreren Thüringer Bauten verwirklicht, deren architektonischer Anspruch aber letztlich mit dem Krüger-Bau nicht vergleichbar ist. In freier formaler Anlehnung an das Tannenbergdenkmal wurde auf Veranlassung des Rudolstädter Seniorenkonvents, einer Vereinigung studentischer Verbindungen, am 5. Juni 1927 im Rudolstädter Stadtpark ein nach Plänen des Dresdner Architekten Max Herfurt[26] errichtetes architektonisches Gefallenenehrenmal in Ringform mit aufragenden Pfeilern eingeweiht (Abb. 19–21). Als exponierten Standort wählte man dabei den Stadtpark auf der von der Stadt abgekehrten Seite der Saale. Die Ringform greift auch das

Abb. 16 Frankenhain, Gefallenehrenmal auf dem Kirchberg, Ehrenraum, Ansicht von Südwesten, 2007

Abb. 17 Frankenhain, Gefallenehrenmal auf dem Kirchberg, Kreuz im Ehrenraum, Ansicht von Südwesten, 2007

Abb. 18 Tannenberg, Wettbewerbsbeitrag zum Nationaldenkmal von Wilhelm Kreis, Kohlezeichnung, 1925

Abb. 19 Rudolstadt, Gefallenenehrenmal im Stadtpark, Ansicht von Südwesten, 2007

Abb. 20 Rudolstadt, Gefallenenehrenmal im Stadtpark, Ansicht von Süden, 2007

Abb. 21 Rudolstadt, Gefallenenehrenmal im Stadtpark, Gedenktafel, Ansicht von Süden, 2007

Ehrenmal für die Gefallenen des Ersten Weltkriegs auf dem Lärchenberg in Zella-Mehlis

Abb. 22 Jena, Gefallenenehrenmal auf dem Friedensberg, Entwurf von Emil Högg, Federzeichnung, Ansicht von Südwesten, ca. 1926

Abb. 23 Jena, Gefallenenehrenmal auf dem Friedensberg, Ansicht von Süden, 2007

Abb. 24 Jena, Gefallenenehrenmal auf dem Friedensberg, Eingang, Ansicht von Süden, 2007

Abb. 25 Jena, Gefallenenehrenmal auf dem Friedensberg, Innenraum, Ansicht von Süden, 2007

1926–29 nach Entwurf von Emil Högg (Abb. 22) aus Dresden auf dem Friedensberg[27] am Stadtrand von Jena errichtete Ehrenmal für die Gefallenen des Ersten Weltkriegs[28] auf. Umgeben von einem Hain[29] umschließt eine hohe Ringmauer aus Kalksteinquadern[30] ein Areal von 30 m Durchmesser (Abb. 23–24). Durch ein aus wuchtigen Pfeilern mit aufliegendem Architrav gebildetes Tor – im Charakter dem Zugang zu einem antiken griechischen oder ägyptischen Tempel nicht unähnlich – betritt man den Innenbereich, wo ein zentraler altarartiger Kubus (Abb. 25) an die 1459 gefallenen Jenaer Bürger erinnert, eine Lösung, die dem Denkmal auf dem Lärchenberg in Zella-Mehlis entspricht. Treppen führen zu einem Umgang an der Ringmauer, die dadurch einen fortifikatorischen Charakter erhält.

Zusammenfassend wird deutlich, dass das Gefallenenehrenmal auf dem Lärchenberg ein nach dem Ersten Weltkrieg entwickeltes erweitertes Denkmalverständnis spiegelt, welches an ältere Architekturvorstellungen anknüpft. In der bewussten Wahl von grob bearbeitetem, in der Region anstehendem Stein für die Außenmauern verbindet sich die Idee eines materialgerechten Bauens, angelegt schon bei Henry Hobson Richardson im Vorfeld von Louis Sullivan, mit Überlegungen zu heimatgebundener Architektur. Die einfachen, reduzierten Formen mit historischen Zitaten folgen den archaischen Stilströmungen in der Architektur von Wilhelm Kreis und Bruno Schmitz vor 1914. Als unmittelbares formales Vorbild für das Ehrenmal in Zella-Mehlis und Zeulenroda ist das von Bruno Schmitz 1893–1913 geschaffene Leipziger Völkerschlachtdenkmal (Abb. 26) zu verstehen.

Bei der vorgestellten Thüringer Denkmalgruppe treten Vorstellungen der Friedhofskunst vor 1914 hinzu, etwa in Form von zum Monument führenden Alleen sowie um das Monument gepflanzten Baumgruppen in Anlehnung an einen Hain als einem Ort der Versöhnung und stillen Einkehr.

Die Gefallenenehrenmale in Zella-Mehlis und Zeulenroda stehen am Ende einer Entwicklung des architektonischen Ehrenmals, die weit in das späte 18. und 19. Jahrhundert zurückreicht. Beginnend mit Etienne Louis Boullées Newton-Kenotaph von 1784 trat an die Seite des an die weltliche und kirchliche Herrschaft gebundenen Denkmals das bürgerliche Denkmal. Es erfuhr eine kollektive Überhöhung im Nationaldenkmal[31] und dem damit verbundenen so genannten Kriegerdenkmal. Als frühes Beispiel sei auf das Völkerschlachtdenkmal von 1815 im Heinrich-Heine-Park in Heiligenstadt verwiesen, das eine Fialform zeigt. Ähnlich gotisierende Formen wählte auch Schinkel für seinen Entwurf zu einem Denkmal für die Befreiungskriege auf dem Templower Berg bei Berlin[32] (Abb. 27). Die dabei in der Planung einer gotischen Kirche anklingende Idee des kollektiven architektonischen Kriegerdenkmals bildete die Grundlage der folgenden Entwicklung bis hin zu den hier besonders interessierenden architektonischen Gefallenenehrenmalen der 20er und 30er Jahre in Deutschland. In der gotischen Form verbanden sich die Vorstellung des – im Kölner Dom angelegten – architektonischen Nationaldenkmals und des dem Gefallenengedenken dienenden Weiheraums. Beide Vorstellungen wurden in der Folgezeit auf andere architektonische Formen übertragen, was in dem von Bruno Schmitz in archaischer Architektursprache entworfenen Völkerschlachtdenkmal und den sich später anschließenden Bauten besonders evident wird. Dort traten die Wesensmerkmale Stärke, Wehrhaftigkeit und Unbesiegbarkeit hinzu, die in besonderer Weise die Planungen der 30er und 40er Jahre kennzeichnen.

Abb. 26   Leipzig, Völkerschlachtdenkmal, Ansicht von Südwesten, um 1913

Abb. 27   Entwurf zu einem Denkmal für die Befreiungskriege auf dem Templower Berg bei Berlin, Karl Friedrich Schinkel, Entwurfsskizze mit der Feder, 1818

Uwe Wagner, Bettina Vogel von Frommannshausen, Suzy Hesse

Bad Tennstedt, Markt 15 – Das Schicksal einer bedrohten Wandmalerei des 16. Jahrhunderts

An keiner anderen Wandmalerei Thüringens kann die Bedrohung von herausragendem künstlerischem Denkmalbestand exemplarisch so eindrucksvoll ins Blickfeld gerückt werden wie an dem Beispiel der Ausmalungen des nunmehr nur noch als Erdgeschossfragment erhaltenen ehemaligen Waidhauses Markt 15 in Bad Tennstedt. In den folgenden drei Beiträgen werden die Ergebnisse einer langjährigen wissenschaftlichen Arbeit vorgestellt, die unmöglich gewesen wäre, wenn nicht im Jahre 1988 beherzte Bürger der Stadt und das damalige Institut für Denkmalpflege Erfurt hartnäckig auf dem Schutz der Malereien bestanden hätten.

Mitte der achtziger Jahre des 20. Jahrhunderts sind im Rahmen der Stadterneuerung Planungen begonnen worden, das unter Schutz gestellte historische Ensemble Markt 15 und das Eckgebäude Markt und Kurstraße niederzulegen und auf dem freigewordenen Baugrundstück einen Gebäudekomplex mit sieben Wohnungen und einer Kaufhalle zu errichten. Aus den Akten des Archivs im Thüringischen Landesamt für Denkmalpflege und Archäologie geht hervor, dass es durch das damalige Institut für Denkmalpflege Erfurt Bemühungen gegeben hat, das Ensemble, zumindest aber das ehemalige Waidhaus, zu erhalten und in die geplante Neubebauung zu integrieren.

Zur Baugeschichte des Gebäudes Markt 15 möchte ich den folgenden Beiträgen nicht vorgreifen. Jedoch ist diese, nach den bisher vorliegenden Studien zu urteilen, noch nicht lückenlos entschlüsselt. Eindeutig jedoch ist, dass das Wohnhaus Markt 15 auf einem Vorgängerbau errichtet wurde. Der Rest des Gebäudes lässt bei näherer Betrachtung des Inneren einen turmartigen aus zwei Etagen bestehenden Baukörper mit quadratischem Grundriss erkennen. In die ehemals obere, jetzt auf Höhe des Straßenniveaus befindliche Etage ist in der zweiten Hälfte des 16. Jahrhunderts ein Gewölbe ohne Verzahnung mit anliegendem Mauerwerk eingefügt und zugleich im gesamten Raum ausgemalt worden.

Das aus dem 16. Jahrhundert stammende traufständige Gebäude mit massivem Erdgeschoss und Fachwerkobergeschoss war das zu einem ehemaligen Waidhof gehörende Wohngebäude. Das hohe mit Schleppgauben versehene Satteldach wurde als Speicherboden genutzt. Leider wurden das Wohnhaus und die dazugehörigen Wirtschaftsgebäude ohne Dokumentation des Bestandes beseitigt, so dass eine nachträgliche wissenschaftliche Auswertung zu Gestalt und Bautradition eines Waidhofes des 16. Jahrhunderts im Tennstedt der Hochrenaissance nicht mehr möglich ist.

In den Archivbeständen des Thüringischen Landesamtes für Denkmalpflege und Archäologie liegt eine „Ermittlung der Bauzustandsstufe" vom 27.02.1987 vor. Das hierzu angelegte Protokoll enthält eine Reihe von Kriterien, nach denen unter der Bezeichnung „Eigenschaften" der gesamte Zustand und die Nutzungsfähigkeit des historischen Gebäudes Markt 15 bewertet wurden. Diese Kriterien setzten allerdings einen Maßstab an, der denkmalpflegerische Belange nicht berücksichtigte und nur auf Neubauten mit moderner Nutzung orientierte. Ein historisches Gebäude mit sichtbaren Spuren der Vernachlässigung hatte so von vornherein keine Chance des Bestandserhalts und einer denkmalgerechten Instandsetzung. Die Abschlussbemerkungen verhießen dem Ensemble dann folgerichtig auch das Ende – mit den Worten „nicht erhaltenswürdig nahezu 100% Verschleißanteile nur Ersatzleistung möglich".[1]

Ein weiterer Prüfbescheid des Hauptauftraggebers (HAG) Komplexer Wohnungsbau Bad Langensalza mit Datum vom 05.03.1987 enthält dann noch drastischere „Prüfbemerkungen": „Das Gebäude stellt eine Ruine dar und muß abgerissen werden" (Abb. 2).[2]

Mit Anschreiben des Rates des Bezirkes Erfurt vom 24.04.1987 wurde an das Institut für Denkmalpflege Erfurt der Antrag gestellt, das Ensemble Markt 15 und das Eckgebäude Markt und Kurstraße in Bad Tennstedt von der Kreisdenkmalliste zu streichen. Der Antrag wurde in einem Anschreiben vom 02.06.1987 abgelehnt. Zur Begründung der Ablehnung wurde auf die das Stadtbild prägende Bedeutung des Ensembles verwiesen. Auch gab es am 30.01.1987 eine Haus- und Ortsbegehung zum Thema Denkmalpflege in Bad Tennstedt, bei der das Institut seine Auffassung über eine sensible Instandsetzung des wertvollen Denkmalbestandes gegenüber dem damaligen Bürgermeister, dem Kreisarchitekten, weiteren Vertretern der Stadt und der Abteilung Kultur des Kreises ausführlich vertrat. Dessen ungeachtet wurde am 26.08.1987 durch das Ministerium für Kultur die Denkmaleigenschaft des Ensembles Markt 15 und des Eckgebäudes Markt und Kurstraße aufgehoben.

Die Abbrucharbeiten begannen im März 1988 an dem Eckgebäude Markt und Kurstraße. Das Institut für Denkmalpflege erhielt

Abb. 1 Bad Tennstedt, Markt 15, der seit September 1991 konservatorisch und restauratorisch bearbeitete Wandmalereibestand der Westwand des erhaltenen Erdgeschossraumes, Zustand im Jahre 2005

Abb. 2 Bad Tennstedt, Markt 15, straßenseitige Fassadenansicht unmittelbar vor dem Abriss im Jahre 1988, der Erdgeschossbereich links im Bild beherbergt eine vollständig erhaltene Raumausmalung aus der zweiten Hälfte des 16. Jahrhunderts

Abb. 3 Bad Tennstedt, Markt 15, Ansicht des Erdgeschossfragments, in dem sich die Wandmalereien aus der zweiten Hälfte des 16. Jahrhunderts befinden, September 1990

mit Schreiben vom 18.03.1988 aus Bad Tennstedt die Nachricht von der Entdeckung denkmalwerten Bestandes in einem Erdgeschossraum. Diese Nachricht führte dazu, dass der damalige Gebietsreferent des Instituts für Denkmalpflege Erfurt den Befund begutachtete. In der Folge wurde durch den zuständigen Konservator der Bestand restauratorisch sondiert und erfasst. Das Befundprotokoll vom 18.04.1988 berichtet von einer unter Tünchen erhaltenen vollständigen Ausmalung von hoher künstlerischer Qualität. Wiederholt forderte das Institut für Denkmalpflege auf Grund des außerordentlich hohen kunst- und kulturhistorischen Wertes die unbedingte Erhaltung der Wandmalereien. Gleichzeitig wurden bei Gesprächen zwischen dem Bürgermeister der Stadt Bad Tennstedt, Vertretern der als Nutzer vorgesehenen Konsumgenossenschaft und dem Institut für Denkmalpflege Lösungen gesucht, das Gebäude Markt 15 in die Neubebauung zu integrieren und die Denkmaleigenschaft wieder herzustellen.

Im Schreiben vom 02.02.1989 wurde ungewöhnlicherweise der VEB Denkmalpflege Erfurt[3] um Stellungnahme zum Standort gebeten, damit das seinerzeit gesetzlich geforderte Standortgenehmigungsverfahren abgeschlossen und mit dem Bauvorhaben am 20.02.1989 begonnen werden könne.

Das Schreiben des Instituts für Denkmalpflege an den Hauptauftraggeber (HAG) Komplexer Wohnungsbau Bad Langensalza vom 22.03.1989 ist vermutlich als Reaktion auf die Aufforderung zur Stellungnahme beim VEB Denkmalpflege zu werten. Es war der letzte Versuch vor der politischen Wende im Jahre 1989, insbesondere den mit den Wandmalereien versehenen Gebäudeteil Markt 15 zu erhalten.

Die Neubebauung des inzwischen bis auf das mit den Wandmalereien versehene Erdgeschossfragment niedergelegten Ensembles Ecke Markt und Kurstraße wurde im Jahre 1989 nicht mehr begonnen. Im September 1990 wurde der noch erhaltene Bestand an Bausubstanz, Wandmalereien und deren Zustand durch das aus dem Institut für Denkmalpflege hervorgegangene Thüringische Landesamt für Denkmalpflege nach wissenschaftlichen Kriterien erfasst (Abb. 3). Putze und Malereien sind nach Zustand und Umfang des erhaltenen Wandmalereibestandes untersucht, beschrieben und auf selbst hergestellten maßstabsgerechten Zeichnungsvorlagen kartiert worden.

Am 23.10.1990 fand ein Ortstermin statt, bei dem es um den weiteren Umgang mit dem Erdgeschossfragment Markt 15 ging. Die Pläne einer Neubebauung des Grundstücks wurden wieder aufgegriffen, wobei Möglichkeiten der Integration und der künftigen Nutzung des Gebäuderestes gesucht wurden.

Eine für die Bauplanung richtungsweisende Abstimmung zwischen dem Stadtrat, der Konsumgenossenschaft und dem Thüringischen Landesamt für Denkmalpflege konnte am 06.11.1991 erreicht werden. Seitens der Konsumgenossenschaft wurde zugesagt, das Gebäudefragment in einen Neubau zu integrieren. Mittels fototechnischer Aufnahmemethoden konnten Zeichnungen und

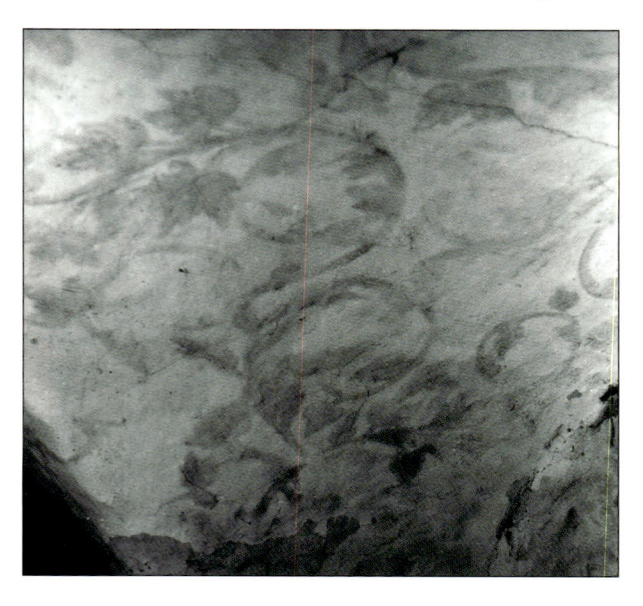

Abb. 4 Bad Tennstedt, Markt 15, Gewölbe mit den im UV-Spektrum unter Kalktünchen sichtbaren Malereien, 1992

Konturen des unter Kalktünchen verborgenen Bestandes der Gewölbemalereien bei UV-Fluoreszenz mit Orangefilter OG 5 im Schwarz-Weiß-Bereich sichtbar gemacht werden (Abb. 4). Die Ursache für die Erkennbarkeit der verdeckten Gewölbeausmalung ist in einem an der Tünchenoberfläche abgeschlossenen Ablagerungsprozess eines historischen Grünpigments der floralen Malereien zu suchen.[4] Hingegen waren die mittels stabileren Farbkörpern aufgetragenen weiteren Details mit fototechnischen Hilfsmitteln nicht zu erkennen. Mit den Ergebnissen der fototechnischen Bestandsdokumentation verdeckter Malereien konnte weiterer Bestand des Gesamtumfangs der Malereien erfasst werden. Der Denkmalwert hatte sich damit wesentlich erhöht, da jetzt neue Argumente vorlagen, um auf die Dringlichkeit konservatorischer Maßnahmen an der überregional bedeutenden und gefährdeten Raumausmalung aus der zweiten Hälfte des 16. Jahrhunderts aufmerksam machen zu können.

Ein erster Deutungsversuch der zentralen Bildszene in der rechten Hälfte der Westwand brachte die Darstellungen mit der Bedrohung Europas durch die Türken in der Zeit zwischen 1564 und 1576 in Verbindung.[5]

Die Wandmalereien wurden in einer Seccotechnik teils auf einen gipshaltigen Mörtel, teils auf Lehmmörtel gemalt. Dies war Anlass, sich konservatorisch mit Technologien der Festigung von den auf Lehmmörteln liegenden Seccofarbschichten und mit den Lehmmörteln selbst auseinanderzusetzen. In einer interdisziplinären wissenschaftlichen Arbeit mit der Hochschule für Architektur und Bauwesen Weimar (Bauhaus-Universität Weimar), Wissenschaftsbereich Verfahrenstechnik, wurden Untersuchungen hinsichtlich der Zusammensetzung und der Schadstoffbelastungen der Lehmmörtel vorgenommen.[6]

Im Jahre 1995 waren die Bautätigkeiten für die Errichtung eines Wohn- und Einkaufskomplexes bereits im Gange. In einer Aufgabenstellung des Thüringischen Landesamtes für Denkmalpflege wurde ein Maßnahmenkatalog zum Schutz der Putze und Malereien während der Bautätigkeiten erarbeitet. Da das historische Gebäudefragment aus statischen Gründen berührungsfrei überbaut werden musste, war das Einschlagen von Spundwänden in das nahe Erdreich erforderlich, um die Lasten der Überbauung auf Stützen abzuleiten. Dadurch war mit erheblichen Erschütterungen zu rechnen. Um Verluste an den lockeren Putzen zu vermeiden, konnten im Jahre 1995 Fördermittel des Freistaates Thüringen für konservatorische Maßnahmen und zur Überwachung des Zustandes während des Einschlagens der Spundwände bereitgestellt werden. Somit war noch im selben Jahr eine Sicherung des besonders stark gefährdeten Putz- und Malereibestandes möglich. Weitere Sicherungsmaßnahmen konnten bei Straßenbauarbeiten im Jahre 1996 ausgeführt werden. Bis zum Jahre 2004 wurden zusätzlich das Südfenster erneuert und die historische Eisentür des Zugangs konservatorisch und restauratorisch bearbeitet. An den Fassadenflächen der Süd- und Ostwand erfolgten Befundnahmen zu historischen Putzen und Fassungen. Die Fassadenflächen erhielten einen neuen steinfühligen Verputz und einen gebrochen weißen Neuanstrich.

Auf Grund der hohen Qualität und des großen Umfangs des erhaltenen Wandmalereibestandes sprachen sich bei einer Beratung am 15.02.2000 der damalige Eigentümer, das Baustudio Bad Langensalza, die Untere Denkmalschutzbehörde und das Thüringische Landesamt für Denkmalpflege dafür aus, den Bestand zu konservieren und ihn dann nach und nach in einen für die Öffentlichkeit präsentablen Zustand zu versetzen. Im Rahmen einer Praktikums- und Diplomarbeit der Fachhochschule Erfurt, Fachbereich Konservierung und Restaurierung, konnte eine vom Thüringischen Landesamt für Denkmalpflege angeleitete und betreute komplexe Konservierungs- und Restaurierungskonzeption erarbeitet werden[7]. Durch eine Studentin der Fachhochschule ist es dann auch gelungen, im Zeitraum der Praktikums- und Diplomarbeit eine Hälfte der Wandmalereien der Westwand komplett bis zu dem gewünschten präsentablen Endzustand zu bearbeiten. In den Jahren 2001 und 2004 wurden wiederum mit Fördermitteln des Freistaates Thüringen weitere Sicherungen des bedrohten Wandmalereibestandes ausgeführt und die restlichen noch unbearbeiteten Flächen der Westwand fertig gestellt. Im gesamten Zeitraum zwischen 1991 und 2001 sind bauliche und konservatorische Maßnahmen an dem Gebäudefragment mit 138 759 DM sowie im Jahre 2004 nochmals mit 4 669 € Fördermitteln des Freistaates Thüringen unterstützt worden.

In einer weiteren Praxis- und Diplomarbeit der Fachhochschule Erfurt ist im Jahre 2006 an den Wandmalereien der Nordwand eine aktuelle, auf die Bedingungen dieser Wand eingehende Konservierungs- und Restaurierungskonzeption erarbeitet worden (Abb. 5)[8]. Die Ergebnisse der konservatorischen und restauratorischen Bearbeitung werden in dem folgenden Beitrag erläutert.

Nachdem die Malereien auf der Nordwand freigelegt worden waren, wurde es möglich, die Darstellungen ikonographisch zu deuten. Für diese kunstwissenschaftliche Arbeit konnte eine

Abb. 5 Bad Tennstedt, Markt 15, die zentrale Szene der Nordwand mit Darstellungen der alttestamentlichen Geschichte aus dem Buch Esther, 2006

Kunsthistorikerstudentin der Universität Halle gewonnen werden. Während eines Praktikums im Thüringischen Landesamt für Denkmalpflege und Archäologie recherchierte sie auf Anregung des TLDA zum biblischen Thema der Esther. Die Ergebnisse werden in diesem Arbeitsheft vorgestellt[9].

Auf Grund der aktuellen Erkenntnisse nach der Freilegung und Konservierung eines weiteren bedeutenden Teils der Wandmalereien mit Darstellungen aus dem Buch Esther ist die singuläre Stellung der Wandmalerei in Bad Tennstedt, Markt 15, besonders zu unterstreichen. Es ist die einzige Darstellung des Bibelthemas der Esther, die nach gegenwärtigem Stand der Erfassung historischer Wandmalerei in Thüringen bekannt ist.

Bettina Vogel von Frommannshausen

Bad Tennstedt, Markt 15: Die Ikonographie der Wandmalereien des Erdgeschossraums

Beim Abriss des Hauses Markt 15 im Jahr 1988 wurden mehrfach übertünchte Wandmalereien im Erdgeschossraum entdeckt. Diese Entdeckung verhinderte leider nicht den fast vollständigen Abriss des Wohnhauses und des Hofs. Lediglich der Erdgeschossraum blieb erhalten und wurde gesichert.

Der Erdgeschossraum des Gebäudes wurde wahrscheinlich um 1570 mit einem Kreuzrippengewölbe überspannt. In dieser Zeit entstanden auch die Wandmalereien. Der quadratische Raum, d.h. die vier von dem Gewölbeverlauf abgeschlossenen Wände, die Gewölbepfeiler sowie die Decke, ist vollständig ausgemalt, aber übertüncht worden. Von den bisher übertünchten Malereien sind inzwischen die gesamte Westwand, die Nordwand sowie Details der beiden anderen Wände und der Decke freigelegt worden.

Zur Ikonographie der Westwand liegt bisher eine Deutung vor, die vor der Freilegung der Nordwand entstanden ist.[10] Von der spanisch und osmanisch anmutenden Bekleidung der dargestellten Figuren ausgehend wurde der Szene der Westwand ein politisches Ereignis, nämlich die Schlacht zwischen Maximilian II. von Habsburg und Scheich Selim II. zugrunde gelegt.[11] Die nun auch freigelegte Nordwand lässt jedoch deutlich erkennen, dass in beiden Szenen, d.h. sowohl an der West- als auch an der Nordwand das Buch Esther aus dem Alten Testament dargestellt wird. Im Buch Esther heiratet der König Ahasveros, nachdem er seine Frau Vasthi nach einem Gastmahl verstoßen hat, die schöne Jüdin Esther. Ihr Onkel und Vormund Mardochai, der Esther als seine Tochter annahm, entdeckt durch Zufall eine Verschwörung zweier Kämmerer gegen den König Ahasveros. Beide Kämmerer werden gehängt. Später gerät Haman, der Vertraute des Ahasveros in Wut, da der Jude Mardochai ihm nicht huldigen will. Dies nimmt Haman zum Anlass, das gesamte Volk der Juden in Persien austilgen zu wollen. Hierfür erhält er die Erlaubnis des Königs. Mardochai bittet daraufhin Esther, beim König für das Volk der Juden einzutreten. Haman möchte sich unterdessen an Mardochai rächen und ihn hängen lassen. In einer schlaflosen Nacht erinnert sich Ahasveros an Mardochais Aufdeckung der Verschwörung gegen ihn. Er beschließt, Mardochai zu ehren. Auf Bitten Esthers hin wird der Judenfeind Haman anstelle Mardochais gehängt. Esther hat so ihr Volk vor der Vernichtung gerettet.

Die zuerst freigelegte Westwand zeigt das Gastmahl des Ahasveros zu Beginn der Geschichte. Das Bild wird am unteren und am oberen Ende von Ornamentbändern gerahmt. Die Nische, um die herum das Bild gemalt wurde, war auch schon zur Entstehungszeit vorhanden. Sie unterteilt das Bild in zwei ungleiche Teile. Auf der rechten Seite gruppieren sich drei Männer um einen gedeckten Tisch: In der Mitte steht der bärtige König mit gefalteten Händen. Er trägt einen Turban mit integrierter Krone und einen weiten Mantel. Zu seiner Rechten steht ein dunkelgekleideter Mann mit rechteckigem Hut und einem Bart, dessen Schnitt türkische Bartmode des 16. Jahrhunderts imitiert. Am linken Bildrand sitzt ein weiterer Herr mit ähnlichem Bart. Er trägt einen Turban, ein Wams mit Umhang sowie eine kurze Pluderhose.

Abb. 6   Bad Tennstedt, Markt 15, Westwand des Erdgeschossraums, 2007

Abb. 7   Bad Tennstedt, Markt 15, Westwand des Erdgeschossraums, 2007

Die Aufmerksamkeit der drei Männer richtet sich auf drei eintretende Soldaten am rechten Bildrand. Sie treten hinter einem flachen Postament hervor, in den Raum hinein. Der vorderste der drei Soldaten trägt ein senkrecht aufgerichtetes Schwert und einen Schild, der mit einem Löwenkopf verziert ist. Die beiden hinteren Soldaten sind im Profil zu erkennen. Sie tragen Helme mit Federn. Der kleinere Teil des Bildes links der Nische zeigt einen Mann und eine Frau, die hinter einem gedeckten Tisch stehen. Der Mann breitet seine Arme aus. In seiner rechten Hand hält er ein Glas. Auch das nicht verdeckte Bein lässt eine schwungvolle Bewegung erkennen. Die Frau zu seiner Linken schaut auf ihn. Auf einem weiteren Tisch ist eine große Karaffe zu erkennen.

Die hier dargestellte Szene verweist auf den Prunk des Königs, von dem in der Bibel erzählt wird: „[…] im dritten Jahr seiner Herrschaft, machte er ein Festmahl für alle seine Fürsten und Großen, die Heerführer von Persien und Medien, die Edlen und Obersten in seinen Ländern, damit er sehen ließe den herrlichen Reichtum seines Königtums und die köstliche Pracht seiner Majestät viele Tage lang, hundertachtzig Tage lang." (Esther I, 3–4) Der Maler hat sich an der Beschreibung des Palasts im Buch Esther orientiert. Im Hintergrund der Szene sind üppig geschwungene und geraffte Vorhänge in verschiedenen Farben zu erkennen. „Da hingen weiße, rote und blaue Tücher, mit leinenen und scharlachroten Schnüren eingefasst, in silbernen Ringen an Marmorsäulen. Da waren Polster, golden und silbern auf grünem, weißem, gelbem und schwarzem Marmor." (Esther I, 6) Zum Höhepunkt des Festmahls soll die Königin Vasthi in ihrer Schönheit erscheinen. Sie verweigert dies allerdings und zieht somit den Zorn des Königs auf sich. Während das Fest weitergeht, wie links der Nische zu erkennen ist, beruft der König, wie auf der rechten Seite zu sehen ist, alle Weisen und Fürsten des Reiches ein und berät das weitere Vorgehen. Er erlässt ein Gesetz. Es besagt, dass „alle Frauen ihre Männer in Ehren halten und bei Hoch und Niedrig" (Esther I, 20). Dies lässt er durch Boten „in seinem ganzen Reich, welches groß ist" (Esther I, 20) verbreiten. Die Boten sind hier als Soldaten dargestellt. Sie nehmen den Befehl entgegen. Das aufgerichtete Schwert erinnert an das Reichsschwert, das üblicherweise vom Schwertführer für den Herrscher mit der Spitze nach oben getragen wurde. Es versinnbildlicht weltliche Macht und Stärke des Herrschers und ist ein Machtsymbol des Kaisers des Heiligen römischen Reichs deutscher Nation.[12] Auf diese Weise stellt der Maler die biblische Szene in zeitgenössischem Zusammenhang dar. Hinzu kommt dabei die Rüstung der Soldaten, die mit Sturmhaube und Harnisch an die Rüstung der deutschen Landsknechte im 15. und 16. Jahrhundert erinnert.

Das Buch Esther wurde erst seit dem ausgehenden Mittelalter häufiger dargestellt. Die früheste bekannte Darstellung findet sich in der spanischen illustrierten Ripollbibel aus der Zeit um 1000. Zunächst finden sich Abbildungen dieses Themas hauptsächlich in Bibelillustrationen. Aus Renaissance und Barock sind zahlreiche Tafel- und Wandbilder bekannt.[13]

Obwohl es bei dieser Geschichte weder für einzelne Szenen noch für einen Zyklus einen feststehenden Typus gibt, lassen sich Parallelen zu anderen Bildern und eine unverkennbare Ikonographie dieses Themas feststellen.

Die auf der Nordwand dargestellte Szene, die verschiedene Momente des Festmahls des Ahasveros synchron darstellt, befindet sich links von einer Nische. Rechts der Nische ist Pflanzen- und Tierornamentik zu sehen. Ein das Wandgemälde abschließendes Ornamentband am unteren Ende ist nicht mehr erhalten. Im Vordergrund der Szene ist ein König zu sehen. Er trägt eine Krone. Es handelt sich um denselben König wie im Gemälde der Westwand, denn die Gesichtszüge, der Bart und der Mantel sind identisch.

Abb. 8 Bad Tennstedt, Markt 15, Nordwand des Erdgeschossraums, 2007

Abb. 9 Bad Tennstedt, Markt 15, Nordwand des Erdgeschossraums, 2007

Er sitzt auf einem Thron, der von Pfeilern gerahmt und von einem Segmentbogengiebel überfangen ist. Geschwungene Linien deuten eine konchenförmige Nische hinter seinem Haupt an. Der König schaut auf eine Frau, die vor ihm kniet. Seine linke Hand streckt er zu ihr aus. In seiner rechten hält er ein Zepter, mit dem er ihre Brust berührt. Auch die kniende Frau trägt eine Krone. Sie neigt ihren Kopf demutsvoll und hält ihre Hände dem König fürbittend entgegen. Sie trägt ein schwarzes, an der Hüfte stark tailliertes Kleid. Im Verhältnis zum König ist sie sehr klein dargestellt. Links beider Figuren steht ein bärtiger Mann, der auf diese Szene zeigt. Auch er ist mit einem kurzen Obergewand und Stiefeln vornehm gekleidet. Er scheint aus einer Tür oder einem Gang hervorzutreten. Hinter der knienden Königin stehen drei Frauen, die ebenfalls die Szene beobachten. Sie halten ihre Hände gefaltet und fallen durch elegante Kleidung auf. Ihre stark taillierten langen Roben sind farbenfroh. Auf dem Kopf tragen sie flache schwarze Hüte. Im Hintergrund ist Stadtarchitektur zu erkennen, d. h. eine schräg nach hinten verlaufende Häuserflucht mit einem deutlich erkennbaren Treppengiebel und einem Turm. Von der Szene im Vordergrund schaut man zwischen dem Königsthron und den drei Damen wie aus einem Fenster oder einem Innenhof hinaus. Dort ist neben einem üppigen Busch ein hoher Baum zu sehen, der als Galgen dient. Ein Mann in blauem Gewand ist an ihm erhängt.

Dieses Wandgemälde stellt zentrale Momente aus dem Buch Esther dar. Die kniende Königin Esther bittet im Auftrag ihres Vormunds Mardochai, wahrscheinlich der Mann, der auf König und Königin zeigt, ihren Mann, den König Ahasveros, das jüdische Volk vor der Vernichtung, die der hasserfüllte Haman plant, zu retten. Das Zeremoniell schreibt dabei folgendes vor: „Es wissen alle Großen des Königs, dass jeder, der ungerufen zum König hineingeht in den inneren Hof, Mann oder Weib, nach dem Gesetz sterben muss, es sei denn, der König strecke das goldene Zepter gegen ihn aus, damit er am Leben bleibe." (Esther IV, 11) Dieses Vorsprechen vor Ahasveros, das durch das Neigen des Zepters erlaubt wird, findet sich an zwei Stellen im Buch Esther. Zunächst bittet die Königin Ahasveros und Haman zu einem Mahl. „Und am dritten Tag zog sich Esther königlich an und trat in den inneren Hof am Palast des Königs. Und der König saß auf seinem königlichen Thron im königlichen Saale gegenüber dem Tor des Palastes. Und als der König die Königin Esther im Hofe stehen sah, fand sie Gnade vor seinen Augen. Und der König streckte das goldene Zepter in seiner Hand gegen Esther aus. Da trat Esther herzu und rührte die Spitze des Zepters an." (Esther V, 1–2) Auch der innere Hof und der königliche Thron lassen sich im Bild wiederfinden.

Später bittet Esther nach Hamans Tod am Galgen den König, den Vernichtungsbefehl gegen die Juden aufzuheben: „Und Esther redete noch einmal vor dem König und fiel ihm zu Füßen und weinte und flehte ihn an, dass er zunichte mache die Bosheit Hamans, des Agagiters, und seine Anschläge, die er gegen die Juden erdacht hat. Und der König streckte das goldene Zepter gegen Esther aus." (Esther VIII, 3–4) Aus dieser Szene ist das Bitten Esthers für ihr Volk im Wandgemälde dargestellt. Ihre Demut zeigt sich in ihrer verhältnismäßig kleinen, zarten Gestalt. Des Weiteren findet diese Szene nach Hamans Strafe statt. In der Bibel wird mehrfach auf die enorme Höhe des Galgens verwiesen: „Siehe, es steht ein Galgen beim Hause Hamans, fünfzig Ellen hoch, den er für Mardochai aufgerichtet hat, der doch zum Wohl des Königs geredet hat. Der König sprach: Hängt ihn daran auf!" (Esther VII, 9) Auch im Wandgemälde ist der Galgen besonders hoch.

Vergleichsbeispiele wie eine Bibelillustration von 1430 (Königliche Bibliothek Den Haag) oder ein Kupferstich von Lucas van Leyden (1518, Rijksmuseum Amsterdam) zeigen, dass sich der Maler der Tennstedter Wandgemälde der traditionellen Estherikonographie bedient hat. Die am häufigsten dargestellte Szene ist die, in der Esther fürbittend vor dem Thron des Königs erscheint. Esther ist immer als schöne junge Frau in kostbaren Gewändern dargestellt, in der Bibelillustration ist sie, wie auch in Tennstedt, mit Krone zu sehen.

Sie ist stets in kniender, demütiger Haltung abgebildet. Häufig, wie auch bei Lucas Leyden und in Tennstedt zu erkennen, umfängt Ahasveros die Königin mit seinem Arm bzw. hält ihre Hand, er bietet ihr und dem Volk Israel Schutz. In allen Vergleichsbeispielen ist der in der Bibel beschriebene „innere Hof des Palastes" dargestellt. Man kann durch Torbögen und Fenster ins Freie blicken oder sieht, wie in der Bibelillustration, neben dem Hof Stadt-, Palast- oder Gartenarchitektur angedeutet. Des Weiteren ist Ahasveros nie allein dargestellt. Ihn umgeben mindestens ein, häufig aber mehrere Männer. Auch Esther erscheint auf keinem Bild allein. Ihr folgen stets eine oder zwei Frauen, die sich in einem gewissen Abstand hinter ihr aufhalten. Diese Gefolgschaft geht sicher auf die Bibelstelle „Auch ich und meine Dienerinnen wollen so fasten" (Esther IV, 16) zurück. Es ist nicht unüblich, die Fürbittszene Esthers vorm König mit dem Galgen Hamans im Hintergrund darzustellen. Auf zyklischen Buchillustrationen werden beide Szenen häufig nicht synchron dargestellt, jedoch ist auch in diesem Fall Hamans Galgen selten ohne die Gegenwart Esthers und Ahasveros' zu sehen.

Auch die Südwand und die Ostwand des Gewölbes sind bemalt, jedoch nur in Details freigelegt. Auf der Ostwand sind Ornamentteile, Architekturdetails und der Fuß eines Pferdes zu sehen. Eine häufig dargestellte Szene der Esthergeschichte ist die Ehrung Mardochais und die gleichzeitige Bestrafung Hamans, der nämlich den edel gekleideten Mardochai auf einem Pferd durch die Stadt führen muss. Es lässt sich vermuten, dass diese Szene hier dargestellt ist.

An den freigelegten Stellen der Südwand ist deutlich ein Reiter auf einem Pferd zu sehen, der sein Schwert schwingt. Es wäre möglich, dass hier eine weitere Szene der Esthergeschichte gemalt ist, denn am Ende des Buchs Esther wird die Rache der Juden beschrieben: „So schlugen die Juden alle ihre Feinde mit dem Schwert und töteten und brachten um und taten nach ihrem Gefallen an denen, die ihnen feind waren." (Esther IX, 5)

Wie schon an der Symbolik des Reichsschwertes zu erkennen war, hat der Künstler das Thema auf beiden Wandgemälden in einem zeitgenössischen Kontext dargestellt. Dies ist weiterhin

Abb. 10   Bad Tennstedt, Markt 15, Südwand des Erdgeschossraums, 2007

besonders an der Kleidung der Figuren zu sehen. Sie tragen zum großen Teil spanische Mode, die sich ab der zweiten Hälfte des 16. Jahrhunderts auch in Mitteldeutschland durchsetzte, zunächst besonders an Höfen, die die gegenreformatorische Gesinnung der Habsburger unterstützten, wenig später eroberte diese Mode jedoch in gleicher Weise die protestantischen Höfe.[14] Die spanisch-habsburgische Mode ist durch steife Trachten gekennzeichnet. Männer trugen häufig hohe, verschnürte Hemdblusen, einen wattierten Wams mit einem Korsett darunter („Gänsebauch") und Pluderhosen.[15] Ganz deutlich zeigt sich diese Tracht an der männlichen Figur auf dem Gemälde der Westwand, links der Nische. Des Weiteren gehörten kurze breite Mäntel zur Hoftracht der Männer, ein deutliches Beispiel hierfür ist die Figur auf der Nordwand, links des Königs. Auch die Kleidung der Damen ist steif und gestärkt. Die spanische Tracht gab eine Mode vor, die weibliche Rundungen negierte und eine Doppelkegelsilhouette anstrebte. Dafür war die Verwendung eines Korsetts und eines kegelförmigen Reifrocks notwendig. In der Fürbittszene der Nordwand tragen sowohl Esther als auch die drei Frauen in ihrem Gefolge solche Kleider.

Typisch für diese Mode waren außerdem auch hohe, steife Kragen für Frauen. So sind auch die drei Dienerinnen gekleidet.

Auch in der Malerei Lucas Cranachs und seiner Werkstatt zeigt sich die große Verbreitung der spanischen Mode in dieser Region. Eine Zuschreibung der Malereien zu einem Künstler der Cranachwerkstatt ist jedoch auszuschließen, da es sich um Wandmalerei und nicht um Tafelmalerei handelt und eine geringere künstlerische Fertigkeit, beispielsweise im Umgang mit der Perspektive oder der plastischen Modellierung der Körper, vorliegt. Dennoch weisen einige Gemälde Lucas Cranachs d. Ä. und Lucas Cranachs d. J. Ähnlichkeiten mit den Wandmalereien in Tennstedt auf. Sie könnten als Vorlage gedient haben oder dem Künstler zumindest bekannt gewesen sein. So erinnert die Heilige Katharina im Mittelbild des Katharinenaltars von Lucas Cranach d. Ä. in ihrer Haltung an Esther. Sie kniet und hält die Hände bittend vor der Brust. Der Faltenwurf und die Schnürung ihres Kleides sind in ähnlicher Weise bei Esther im Tennstedter Gewölbe abgebildet. Auch die Größe Esthers erinnert an Katharina. Beide sind im Verhältnis zu den umstehenden Figuren auffällig klein und zierlich dargestellt.

Die drei Frauen in Esthers Gefolge sind mit der Porträtmalerei Cranachs d. Ä. und Cranachs d. J. vergleichbar. So hat Cranach d. Ä. die Herzogin Katharina von Mecklenburg im Ganzfigurenporträt dargestellt. Der Maler in Bad Tennstedt könnte versucht haben, sich an der Kleidung mit bis zum Boden reichender Tracht, die einen markanten Faltenwurf aufweist, zu orientieren. Auch die Haltung der Hände ist typisch für die Porträtmalerei der Zeit. Dies lässt sich auch an einem weiteren Gemälde, dem Porträt der Markgräfin Elisabeth von Ansbach-Bayreuth von Cranach d. J. nachvollziehen. Auch sie legt ihre Hände ineinander. Ihr hoher, steifer Kragen und die flache dunkle Kopfbedeckung finden sich in der Kleidung der drei Dienerinnen Esthers wieder.

Auch das Aussehen der zwei Berater oder Weisen des Königs im Gemälde der Westwand kann mit zeitgenössischen Einflüssen in Verbindung gebracht werden. Besonders die sitzende Figur erinnert mit Bart und Turban an einen „Türkenkopf", eine Figur, die an zahlreichen Säulenkapitellen oder -basen in thüringischen Kirchen und Profanbauten vorkommt und in der Zeit der Türkenkriege entstanden ist. Auch in Tennstedt gibt es einen „Türkenkopf" aus dieser Zeit. Er befindet sich an einer Säulenbasis im ehemaligen Bürgerhaus am Markt 2. Das Vorbild dieses Kopfes für die Figur des Beraters ist denkbar.

Seit dem 13. Jahrhundert wird die Geschichte Esthers häufig als Präfiguration des Neuen Testaments dargestellt, d. h. die Fürbitte Esthers für ihr Volk bei Ahasveros wird mit der Fürbitte Marias für die Menschheit bei Christus in Verbindung gebracht. Das Neigen des Zepters steht für die Aufnahme Marias in den Himmel und ihre Krönung. Eine weitere typologische Verbindung besteht zwischen der Ehrung Mardochais mit dem Ritt durch die Stadt und dem Einzug Jesu in Jerusalem. In frühen Darstellungen sieht man Haman häufig nicht gehängt, sondern gekreuzigt. Hierin ist eine Präfiguration zum gekreuzigten Christus zu finden.[16] Nimmt man die typologische Interpretation der Esthergeschichte für die Tennstedter Wandgemälde an, so lässt sich auch hier eine Verbindung zur Marienlegende erkennen. Gleichzeitig erinnert die Festmahlsszene der Westwand an Abendmahlsdarstellungen. Für eine typologische Interpretation darf auch die Figur links des Königs auf der Nordwand nicht außer Acht gelassen werden. Es ist vermutlich Mardochai, der eine Verschwörung gegen den König aufgedeckt und Esther zur Fürbitte vor Ahasveros überredet hat. In der Darstellung schaut Mardochai aus dem Bild dem Betrachter entgegen. Mit seiner linken Hand weist er auf das Geschehen neben ihm. An diesem typischen Zeigegestus ist in der Kunst Johannes der Täufer erkennbar, der auf Christus weist. Vermutlich ist hier wiederum eine typologische Deutung na-

Abb. 11 Bad Tennstedt, Markt 15, Westwand, 2007

heliegend, d. h. Mardochai zeigt auf die fürbittende Esther und den zepterneigenden Ahasveros und präfiguriert damit Johannes den Täufer, der auf Christus und Maria zeigt.

Die Wandmalereien können aufgrund der genannten Einflüsse spanischer Mode auf die zweite Hälfte des 16. Jahrhunderts datiert werden.[17] Da kein Beschlag- oder Rollwerkdekor an den Malereien auszumachen ist, kann man sie auf die Zeit vor 1580 datieren.[18] Die freigelegte Innenraumausmalung der Kirche St. Crucis in Walschleben offenbart Details, die unverkennbar dieselbe Handschrift tragen wie die Ausmalung in Bad Tennstedt.[19] Die bisher zu sehende architekturillusionistische Malerei ist in Form, Farbe und künstlerischer Qualität vergleichbar.

Das Ornamentband, das sich unterhalb der dargestellten Szene auf der Westwand im Tennstedter Gewölbe befindet, entspricht einem nur zum Teil freigelegten Ornamentband in der Kirche von Walschleben. In beiden wurden ganz ähnliche Schablonen verwendet. Dies lässt auf denselben Künstler bzw. eine Werkstatt schließen. St. Crucis in Walschleben wurde 1495 erbaut. Ein Taufstein von Hans Friedemann d. Ä. ist um 1580 gefertigt wurden, d. h. die Innenraumausstattung, demnach auch die Wandmalereien dieser Kirche, könnten in dieser Zeit entstanden sein. Somit ist auch eine Datierung der Wandgemälde in Bad Tennstedt, Markt 15, auf die 1570er Jahre wahrscheinlich.

Die Ausmalung des Erdgeschossraumes entstand gewiss kurz nach dem Einziehen des Gewölbes in ein schon vorhandenes Bauwerk. Dieser mittelalterliche Steinbau war vermutlich ein Wohnturm, um den ein Vierseitenhof gebaut wurde. Die Eigentümer dieses Hofs lassen sich nur bis ins 18. Jahrhundert zurückverfolgen, von 1766 bis 1934 gehörte er der Familie Marmuth und wurde als Bauernhof genutzt. Über die ursprüngliche Nutzung der Anlage bzw. die Nutzung des in der zweiten Hälfte des 16. Jahrhunderts errichteten Erdgeschossraums lassen sich nur Vermutungen anstellen, da keinerlei urkundliche Zeugnisse vorhanden sind und das Wohngebäude 1988 bis auf den Erdgeschossraum

Abb. 12 Walschleben, Kirche St. Crucis, Detail des Erdgeschossraums, Detail, 2007

abgerissen wurde. Baugeschichtliche Untersuchungen sind somit kaum möglich. Ein Hauptgebäude mit eingebautem Wohnturm auf einem Wohnsitz bzw. in einen Vierseitenhof eingebunden ist in dieser Region nichts Außergewöhnliches. Ähnliche Beispiele gibt es in Wandersleben, Brühlheim, Gommerstedt, Meyhen, Meisdorf, Eilenstedt, Hundisburg. Sie stammen alle aus dem 12. und 13. Jahrhundert und dienten häufig als Sitz von adligen Familien.[20] Die meisten dieser Anlagen sind jedoch so gestaltet, dass der steinerne Wohnturm, der wahrscheinlich häufig eine Kemenate barg, nicht direkt an der Straße liegt, wie es in Bad Tennstedt der Fall ist. Einige wenige Beispiele zeigen jedoch, dass die Lage des Wohnturms direkt an der Straße eine bestimmte Funktion hatte, so z. B. in Eilenstedt bei Halberstadt. In diesem Ort hatte das Kloster Huysburg umfangreichen Grundbesitz. Der an der Straße gelegene Wohnturm wurde als Klosterhof und Kemenatenhof bezeichnet und diente zunächst dem klösterlichen Administrator und später dem gräflichen Ministerialen, der als Vogt den Ortsrand und die Straße überwachen musste.[21] Eine ähnliche Nutzung könnte auch für den Wohnturm in Bad Tennstedt denkbar sein. In Bad Tennstedt hatten die beiden Reichsabteien Hersfeld und Gandersheim umfangreichen Besitz. Auch muss es hier einen Klosterhof gegeben haben: „Aus einem Miethcontract vom Jahre 1498 über den Klosterhof zu Tennstedt lernen wir die damaligen Klosterbeamten kennen. Es waren Johannes Fischer,

Prior, Johannes Herden, Subprior, Laurentius Tzenner, Amtsverweser des Schaffners, Heinrich Reusch, Sacristan. Sie überlassen den Hof Hans Frawen in Tennstädt auf lebenslang, dafür sollen die Brüder, welche etwa dort einsprechen sollten (Treminii), wohl aufgenommen und unterhalten, auch das Haus in baulichem Stande erhalten werden. Dafür, ferner, nehmen sie die Abmiether in ihre Brüderschaft auf und versprechen nach des Abmiethers oder seiner Gattin Tod geistliche Hilfe und Erstatinge, wie anderen Brüdern geschieht, in einem solchen Falle aber soll der überlebende Theil 1 Schock Groschen Landwehr an das Kloster zahlen."[22] Vielleicht war Markt 15 besagter Klosterhof. Der Anlass und die Nutzung des in der zweiten Hälfte des 16. Jahrhunderts eingebauten und ausgemalten Erdgeschossraums bleiben dabei jedoch weiter ungeklärt. Alle Chroniken Tennstedts erwähnen das Jahr 1551, in dem in die zum Kurfürstentum Sachsen-Meißen gehörende Stadt der Protestantismus Einzug gehalten hat: „Es hat aber die Sonne der einen evangelischen Wahrheit an diesem Orte nicht ehe durchdringend geschienen / bis durch GOTTES Fügung Herr Valentinus Windsheim / Anno 1551 hierher beruffe worden / welcher sich insbesonderheit höchst angelegen seyn lassen / GOTTES Ehre ohne Eigen-Ruhm zu befördern / die Überbleibsel des Papstthums auszurotten und das Wort GOTTES denen INNwohnern nach Apostolischer Art rein / lauter und inverfälscht vorzutragen. Von der Zeit an ist diese Stadt bey der Augsburgischen Confeßion beständig verblieben."[23] Die typologische Deutung der auf den Wandmalereien im Erdgeschossraum Markt 15 dargestellten Geschichte Esthers legt mit dem Verweis auf die Krönung Marias eine eher katholische Betrachtung des Themas nahe. Zumal auch Luther das Buch Esther aus dem Kanon der Bibel ausschließen wollte. Ob ein Zusammenhang zwischen der Darstellung des Buches Esther und der Einführung des Protestantismus in Bad Tennstedt besteht, d. h. ob darin eine Bestärkung des katholischen Glaubens oder einer katholischen Minderheit zu erkennen ist, die sich auf Esther und ihren Einsatz für eine jüdische Minderheit beruft, kann nur spekulativ beantwortet werden.

Suzy Hesse

Bad Tennstedt, Markt 15 – Untersuchung zum Bauwerk

Der ehemalige Vierseitenhof Markt 15 in Bad Tennstedt galt vor seinem Abriss im Jahr 1988 als ältestes original erhaltenes Gebäude der Stadt. Bei den Abrissarbeiten wurde zufällig eine Malerei aus dem 16. Jahrhundert wiederentdeckt. Dies bewahrte zumindest einen Raum des Gebäudes vor seiner weiteren Zerstörung. Die Malerei wurde vom Thüringischen Landesamt für Denkmalpflege als stadtgeschichtlich bedeutendes Denkmal eingestuft und als einmalig in Thüringen befunden. Seitdem gab es zahlreiche Bemühungen, das Objekt vor dem weiteren Zerfall zu schützen.

Chronologie seit 1990

1990   Anfang November wird veranlasst, die Metalltür von 1585, die hölzerne Außentür von 1694 und eine kassettierte Zimmertür zu sichern. Im Dezember Erstellung eines Gutachtens durch das Thüringische Landesamt für Denkmalpflege. Dabei wird festgestellt: starke Feuchtebelastung der Wände, Forderung eines Klimagerätes und einbruchsicherer Verschlüsse.

1991   Pigment- und Bindemittelanalyse.

1992   Kurzpublikation zum Gebäude von Uwe Wagner in „Bewahren für Gegenwart und Zukunft".
Fototechnische Untersuchung mit UV-IR- und IR Vidicon-Aufnahmen zur Erkennung von Malereien und Tüncheschichten durch die Messbildstelle – Gesellschaft für Architekturphotogrammetrie mbH, Alter Markt 26, Halle.
Ingenieurarbeit mit Mörtelanalysen in Bezug auf Zusammensetzung und Belastung durch Schadfaktoren durch die Studentin Antje Hartmann im Rahmen ihres Bauingenieurstudiums an der Hochschule für Architektur und Bauwesen, Weimar (beim TLDA vorhanden).
Bei Probenentnahmen von Wand A werden verschiedene Mineralien, hohe Nitratbelastung und Algen- und Pilzbewuchs festgestellt.
Weitere Farbfassungsuntersuchungen an der Westwand und Untersuchungen zur Mörtelzusammensetzung durch das Büro für Bauten und Kunstforschung, Dr. M. Landmann, vom 17.02.92.

1994   Bodengutachten durch die Ingenieurgemeinschaft Baugrund und Grundbau, Bad Langensalza (im Stadtarchiv Bad Tennstedt, Markt 1, Hausakte).

1995   Sicherungsmaßnahmen und Erstellung einer Kartierung durch die Arbeitsgemeinschaft A. Hornemann / Restaurierungsatelier A. Nitschke (im Stadtarchiv, Markt 1, Bad Tennstedt, und TLDA Erfurt).

Ab 1995 Neubebauung des Grundstückes. Dabei wird das Fragment statisch nicht belastet, da der Neubau auf einer Betonplatte errichtet, die von 6 Stahlbetonsäulen mit einem Durchmesser von 90 cm getragen wird, die bis zu 21,5 Meter ins Erdreich getrieben wurden. Sie befinden sich jeweils an den Eckpunkten des Gewölberaumes und es existieren 2 weitere Säulen, die um ca. 1,5 m versetzt sind, an der Nordaußenwand.

1996   Stabilisierung des Gebäuderestes durch einen Ringanker.

1999   November Auswechslung von Gewändesteinen an Tür und Fenster, Einbau der restaurierten Metalltür (durch Dipl. Rest. Bernhard Mai).

Oktober 1999 bis Februar 2000
> Praxissemester zur Erfassung des Gebäudebestandes und der Gebäudeproblematik durch die Studentin Christine Englhardt, FH Erfurt (beim TLDA, Archiv Erfurt).

April bis August 2000
> Diplomsemester zu Freilegung und konservatorischen Bearbeitung von Malereien des 16. Jahrhunderts, Erstellung eines Maßnahmenkatalogs zur Sanierung des Feuchte- und Salzproblems, unter Berücksichtigung mikrobiologischen Befalls, sowie Bearbeitung einer Musterfläche durch Christine Englhardt an der Westwand (bei FH Erfurt, FB Restaurierung und Konservierung, Archiv des TLDA Erfurt und Dipl. Ing. Frank Henning, Bad Tennstedt).

Baugeschichte

Aus der ursprünglichen Bebauung (wahrscheinlich aus dem Mittelalter) stammen ein Keller und der Erdgeschossraum. Zunächst waren beide Räume mit einer Flachdecke versehen. So ist der Rundbogenstein des Kellereingangs durch das Kellergewölbe verdeckt und es gibt keinen Verbund zwischen Nordwand und Tonnengewölbe, so auch im Erdgeschossraum.

Der Raum wurde mit zwei Schranknischen an der Südwand und je eine Schranknische an der West- und der Nordwand errichtet. Das Fenster befand sich an der Südwand und dürfte kleiner als das heutige Fenster gewesen sein. Die Mauerstärke aller Wände von ca. einem Meter und die Fassadeneckgestaltung an der Südwand mit bearbeiteten Travertinquadern lassen auf ein eigenständig errichtetes Gebäude in Form eines Wohnturmes schließen.

In einer weiteren Bauphase ca. Mitte des 16. Jahrhunderts wurde das Gebäude bis auf den Erdgeschossraum abgetragen und in einen Vierseitenhof integriert, der bis zu seinem Abriss 1988 bestanden hat. Von dem Vierseitenhof ist außerdem ein Stallgebäude erhalten geblieben.

Im Zuge dieser Umbauphase wurde das Gewölbe auf vier Stützpfeilern errichtet, der Raum komplett neu mit Lehm verputzt und malerisch gestaltet. Intakte ältere Gipsputze wurden dabei einbezogen und nicht überputzt. Sie sind vor allem an der Nord- und Ostwand vorhanden.

Es gab weitere Umbauphasen, die jedoch die Gestalt des Gewölberaums nicht veränderten.

Im Verlauf der weiteren Geschichte wurde die Malerei insgesamt viermal übertüncht und die Putze wurden mehrfach ausgebessert. So ließen sich mindestens vier verschiedene frühe Ausbesserungsputze feststellen.

Entstehungsgeschichte der Malerei und Nutzung des Raumes

Zur Entstehung der Malerei gibt es eine interessante These. Auf Grund des sakralen Charakters der Malerei, auf die später noch eingegangen wird, kann von einer kirchlichen Nutzung des Raumes ausgegangen werden. Eine Quelle aus dem Jahr 1861[24] berichtet von einem Klosterhof in Bad Tennstedt, der dem Gothaer Augustinerkloster zugehörig war. Um 1482 sollen dort zwanzig Mönche gelebt haben. Weiter wird von einem Mietkontrakt berichtet, durch den der Hof 1499 an Hans Frawen übergeben wird, mit der Auflage, die Mönche weiter zu beherbergen und die Gebäude instand zu halten.

Das Augustinerkloster in Gotha wurde am Pfingstdienstag 1524 im Zuge des „Pfaffensturms" während der Reformation säkularisiert und aufgelöst. Dabei könnten auch die Mönche aus Bad Tennstedt verschwunden sein.

Sollte die Lage des Gewölberaums mit der des ehemaligen Klosterhofs identisch sein, so wurde der Raum zumindest bis 1499 als Wohn- oder Versammlungsraum der Mönche genutzt. Nach der Übergabe an Hans Frawen wurden die Gebäude zwar von den Mönchen weiter genutzt, jedoch wurden diese wahrscheinlich mit der Reformation vertrieben.

Sicher muss es sich bei Hans Frawen um einen Waidjunker oder Marktmeisters gehandelt haben, der die nötigen finanziellen Mittel zum Umbau und zur Ausmalung des Gewölbes hatte. Da Bad Tennstedt als eine von fünf Thüringer Städten im Mittelalter das Waidrecht besaß, gab es hier einen Umsatzmarkt für Waid.

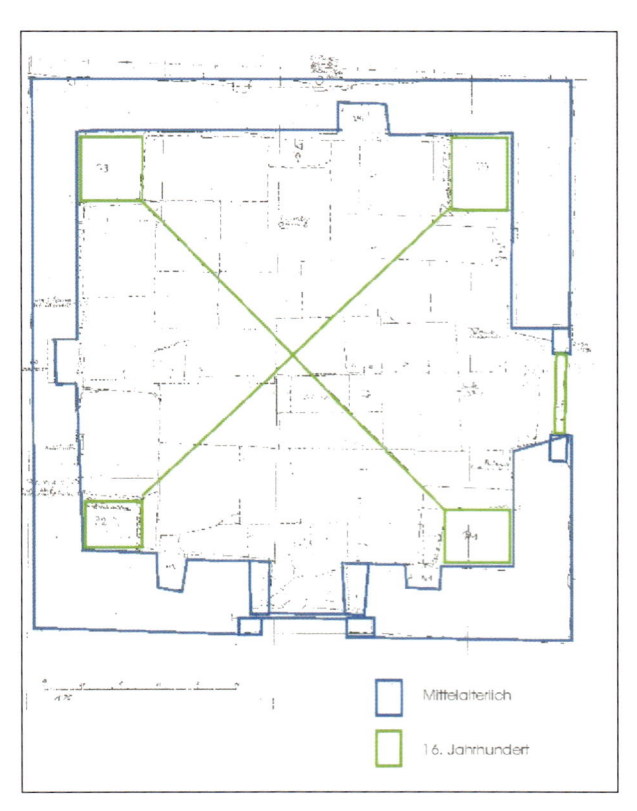

Abb. 13 Bad Tennstedt, Markt 15, Grundriss nach Christine Englhardt, 2000

Aus Archivquellen ist die Familie Marmuth von 1766 bis 1934 als Besitzer des Vierseitenhofs bekannt. Nach mündlichen Überlieferungen wurde der Raum im frühen 20. Jahrhundert als Fleischverkaufsladen genutzt. Nach 1954 wurde das Gebäude von Hedwig Dreiße (geb. Scharfenberg) aus Bad Tennstedt bezogen. 1987 erbte das Haus ein Verwandter namens Rückbeil. 1989 wurde es von der Stadt gekauft und 1994 an Dipl. Ing. Frank Henning, Geschäftsführer der Baustudio GmbH, verkauft. Aus der Insolvenz heraus wurde das Grundstück 2007 von einem neuen Investor übernommen.

Technische Untersuchungen

Das Gebäude ist aus lockerem, leicht zerbrechlichem Travertinwerkstein aus obersten Schichten errichtet.[25] Zum Verfugen wurden Lehm-Kalkgips und Gipsmörtel verwendet. Im Keller dienten leicht konisch behauene Kalksteine zum Bau des Tonnengewölbes.

Der Boden des Kellers ist mit einem fetten Stampflehm versehen. Die Erdgeschossbodenplatten wurden aus Sandstein gearbeitet. Auch die Türrahmung und die Fensterlaibung bestehen aus Sandstein.

Der Travertin wurde an den Nischengewänden mit einem 3 bis 4 cm breiten Randschlag begrenzt und durch Fläche und Spitzeisen regelmäßig strukturiert.

Die Fugenmörtel bestehen aus Kalk, Gips und Lehm als Bindemittel mit grobkörnigen farbigen Zuschlägen.

Putztechnischer Aufbau

An der Nordwand ist der aus der Erbauungsphase stammende Gipsputz zum überwiegenden Teil erhalten geblieben. Er wurde auf einen dünnen Gipsspritzbewurf, etwa 3 cm stark, aufgebracht und anschließend mit einem Quast geglättet.

Zur Ermittlung der Putzzusammensetzung wurden von Ober- und Unterputz Querschliffe und Dünnschliffe angefertigt. Unter dem Mikroskop wurden die verschiedenen Bestandteile anhand der Querschliffe ausgezählt und dadurch ihr Masseanteil in Prozent bestimmt. (Abb. 14, 15) Bei polarisiertem Licht ließ sich außerdem die Bindemittelart feststellen. (Abb. 16, 17)

Bei dem Unterputz handelt es sich demzufolge um einen ca. 75%igen Gipsputz. Die restlichen 25 % können als quarzitische und calcitische Zuschlagstoffe bis zu 5 mm gedeutet werden.

Bei dem Oberputz wurde neben diesem halbqualitativen Verfahren außerdem eine ionenchromatographische Bestimmung des Gipsanteils im Putz vorgenommen. Beide Methoden wiesen einen 90%igen Gipsanteil nach. Außerdem wurde hier unter dem Mikroskop die typische Vernadelung der Gipskristalle ersichtlich. Durch die Fourier-Transform-Infrarot-Spektroskopie (FT-IR-Spektroskopie) konnte Kalk als weiterer Bindemittelbestandteil ausgeschlossen werden. Als Zuschlagstoff ist also Sand verwendet worden.

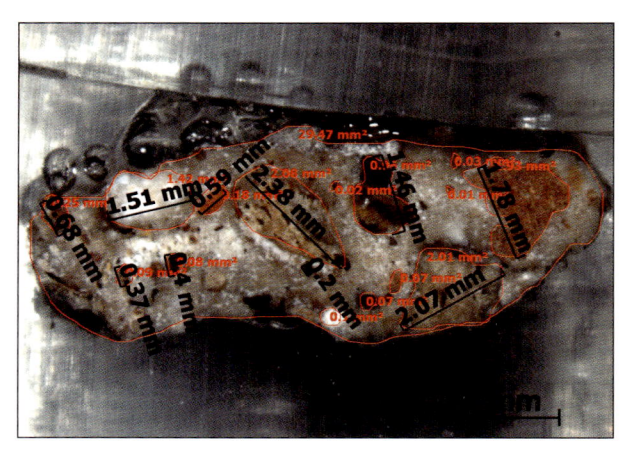

Abb. 14 Bad Tennstedt, Markt 15, Querschliff Unterputz, 2007

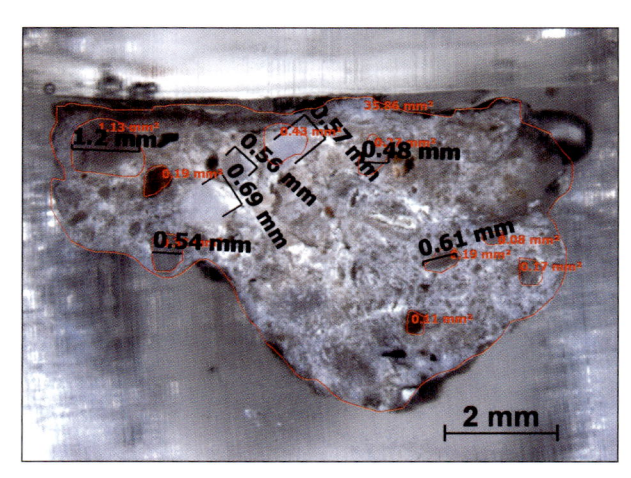

Abb. 15 Bad Tennstedt, Markt 15, Querschliff Oberputz, 2007

Um Klarheit über den Feuchtigkeitszustand und die Verteilung der Salze des Gipsputzes zu erlangen, waren weitere Untersuchungen erforderlich.

Hierzu wurden Bohrmehlproben entnommen. Dies ist gegenüber der Bohrkernentnahme eine wesentlich schonendere Methode, die einen geringeren Materialverlust mit sich bringt und ebenfalls eine Langzeitmessung der Mauerwerksfeuchte ermöglicht. In der Fachliteratur wird dieses Verfahren zur Ermittlung von Salz- und Feuchtigkeitsgehalt empfohlen.[26]

Das Verfahren führt bei Messung der absoluten Materialfeuchte zu Ungenauigkeiten, da mittels eines einfachen Bohrers mit mindestens 10 mm Durchmesser ohne Kühlung gebohrt wird und dadurch bei Hitzeeinwirkung Wasser verdunsten kann. Dieses Verfahren ist nur bei sehr weichem Material möglich, bei dem sehr langsam gebohrt werden kann, was hier auch der Fall war.

Zunächst wurde die Verteilung der Feuchtigkeit des Mauerwerkes über die Oberflächenleitfähigkeit ermittelt. Dabei wurde deutlich, dass vor allem in der Mitte der Wand ein Feuchtegürtel besteht. Man kann davon ausgehen, dass sich hier Wasser in Hohlräumen des Travertinmauerwerks gesammelt hat. Durch die

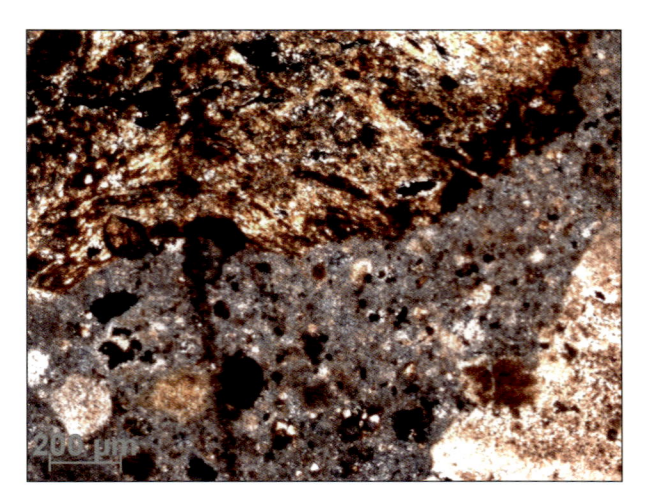

Abb. 16   Bad Tennstedt, Markt 15, Dünnschliff Unterputz in polarisiertem Licht, 2007

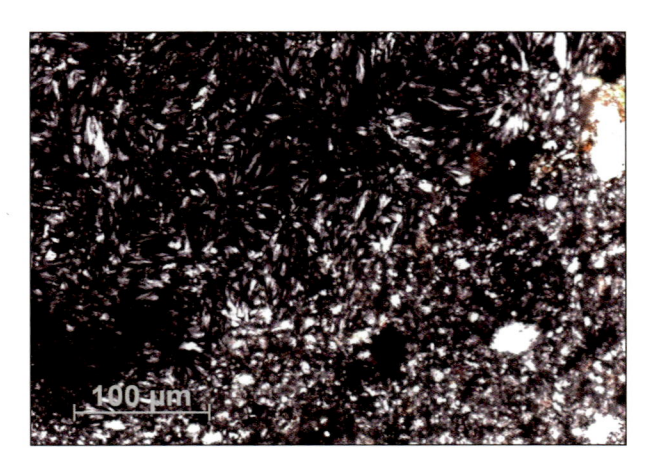

Abb. 17   Bad Tennstedt, Markt 15, Dünnschliff Oberputz in polarisiertem Licht, 2007

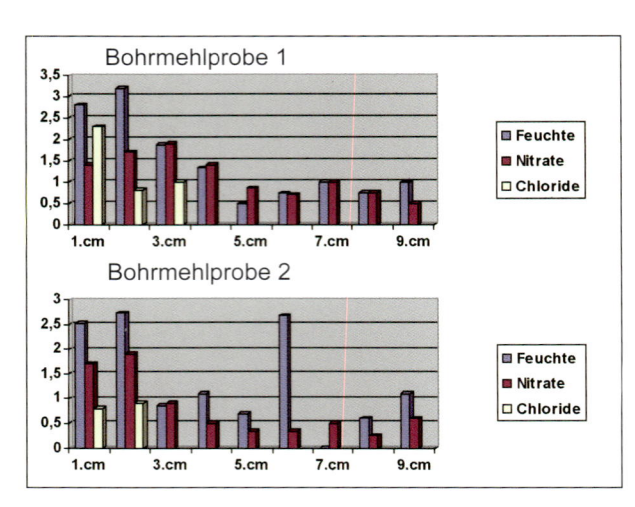

Abb. 18   Bad Tennstedt, Markt 15, Bohrmehlproben der Nordwand, 2007

geringe Kapillarität kann es nur langsam entweichen und zeichnet sich so auf der Wandoberfläche ab.

Die Bohrmehlproben wurden auf Höhe des Fußbodenniveaus (B1) und auf Höhe des Feuchtegürtels (B2) festgelegt und aus einer Tiefe bis 9 cm entnommen. Um eine Salz- bzw. Feuchtigkeitskurve ermitteln zu können, wurden die Bohrmehlproben zentimeterweise entnommen und sofort luftdicht verpackt. Die Werte wurden später im Labor gedarrt und mit Merckteststäbchen auf ihren Salzgehalt getestet.

Die so entstandenen Kurven geben Aufschluss über eine verstärkte Anreicherung der Feuchtigkeit im Gipsputz bis 3 cm und die Verteilung der Salze in der Tiefe. Nitrate sind verstärkt im Gipsputz angereichert, treten jedoch auch im Mauerwerk auf. Den Kurven entsprechend sind Chloride nur im Gipsputz vorhanden, was möglicherweise auf seine Verarbeitung mit Harnsäure hinweist. Diese Verarbeitungstechnik wird in der Literatur beschrieben und ermöglicht eine längere Verarbeitungszeit.

Auffällig ist das Vorkommen von Chloriden in den Putzen.

Die Messung der Oberflächenfeuchte wurde in monatlichen Abständen fortgeführt und auch in den Bohrlöchern wurden regelmäßig Feuchte und Temperaturwerte entnommen. Nach Prof. Dr. Goretzky[27] kann man die Werte der Bohrlöcher als absolute Werte des neun Zentimeter tiefen Mauerwerkes betrachten. Mit den gesammelten Daten kann man später eine Studie zum Langzeitverhalten der Feuchte im Mauerwerk durchführen.

Maltechnischer Aufbau

Zunächst wurde ein Querschliff der Malschicht (Abb. 19) angefertigt. Aus ihr wird ersichtlich, dass die Malschicht als dünne lasurartige Schicht auf einer dicken weißen Grundierung vorliegt.

Aus der Analyse ergab sich die Anwesenheit von drei Klassen organischer Bindemittel. Den Hauptanteil bilden Bindemittel auf Kohlenhydratbasis, wahrscheinlich Stärke.

Die Kohlenhydrate können aus der Grundierung oder aber aus den Tüncheschichten stammen, sie können aber auch den Hauptbestandteil des Bindemittels der Malschicht darstellen. Das verstärkte Vorkommen von Kohlenhydraten lässt dies zumindest vermuten.

Abb. 19   Bad Tennstedt, Markt 15, Querschliff der Malschicht, 2007

Ein weiterer kleinerer Anteil besteht aus trocknendem Öl. Dieses könnte entweder als Zusatz verwendet worden oder aber auch aus der oberen Malschicht eingedrungen sein. Die Malschicht ist relativ stabil, so dass man die erstere These annehmen kann.

Ein sehr kleiner Anteil der Probe besteht aus Protein. Hier könnte es sich um eine kaseingebundene Tüncheschicht handeln, deren Bindemittel in die Malschicht eingedrungen ist. Die erste Tüncheschicht war nicht wasserlöslich.

Die Vermutung geht dahin, dass zunächst eine stärkegebundene weiße Grundierung aufgebracht und darauf dann die Malerei mit einem Tempera-Bindemittel aufgetragen wurde. Als Pigmente wurden, wie bereits von Prof. Dr. Landmann 1992 und 1999 untersucht[28], verwendet: Rußschwarz, Eisenoxidrot, kupferhaltiges Grün (wahrscheinlich Malachit), Smalte, Ocker, Bleizinngelb, Kreide.

Schäden am Bauwerk

Salze

Hauptsächlich im unverputzten Kellerraum sind in einigen Bereichen pudrige Salzausblühungen auf den Gesteinsoberflächen sichtbar. Sie liegen locker auf.

Verfüllungen

Im Kellerraum kam es über die Jahrhunderte immer wieder zu Materialablagerung durch Lehmaufschüttungen, sodass der Boden über einen Meter über Originalniveau angehoben wurde.

Risse

In der Nordwand befinden sich zwei Risse, die sich durch das gesamte Mauerwerk und über die ganze Wandhöhe ziehen. Sie klaffen bis zu drei Zentimeter auf. Man kann deutlich einen Luftsog von außen nach innen verspüren.

Gesteinskorrosion

Vor allem in Bereichen an den Außenseiten der Nord- und Ostwand, an denen Putze abgefallen sind, ist das Oberflächengestein in einem sehr porösen Zustand. An den Mauerwerksrissen ist das Gestein an der Oberfläche sehr weich. An mauerwerkssichtigen Stellen rieseln die Fugenputze heraus. Im Innenbereich sind die Sockelgesteine im unteren Bereich stark korrodiert und rieseln herab.

Schäden an Putz und Malerei

An Putz und Malschicht sind zahlreiche Schäden festzustellen. Die Putze weisen gegenüber der Malerei einen höheren Schädigungsgrad auf.

Die wichtigen Bildflächen über dem Sockel sind unter den Tünchen in einem relativ guten Zustand erhalten geblieben. In Bereichen, wo die Tünchen auf originalem Gips- oder Lehmputz aufgebracht wurden, sind nahezu 100 % der Malerei zu erwarten.

Salze

Salzkrusten sind vor allem im Sockelbereich der Nordwand festzustellen. An Probe 3 wurde ionenchromatographisch das Vorkommen von bauschädlichen Salzen ermittelt. Es konnte so ein Masseanteil von 0,32 % Chloriden und 0,48 % Nitraten nachgewiesen werden. Der Sulfatwert kann aufgrund des Gipsputzes vernachlässigt werden. Es handelt sich bei den Salzkrusten zum großen Teil um ausgewanderte Gipskristalle, die aber (nach dem WTA Merkblatt 4-5-99/D) extrem chlorid- und nitratversalzen sind.

Farbumschläge

An Putz und Malerei treten vor allem in sehr feuchten Bereichen Verdunkelungen des Materials auf. An der Malerei konnte in einigen Bereichen außerdem eine Verbräunung einiger Farbbereiche festgestellt werden. (Abb. 19)

Schalenbildung/Hohlstellen

An fast der gesamten Nordwand ist es zur Abschalung des Oberputzes gekommen. Zum Teil steht er bis 3,5 Zentimeter vom Untergrund ab (Abb. 20). Dadurch liegt fast die gesamte Wand hohl, durch Abklopfen konnten unterschiedliche Tiefen festgestellt werden. Die sehr stark gefährdeten Bereiche wurden gesondert kartiert. An Bereichen, an denen der Unterputz sichtbar war, konnte sein sehr lockerer und weicher Zustand festgestellt werden.

Risse

Im Bereich der Mauerwerksrisse entstanden natürlich auch im Putz bis zu 3 cm breite Risse. An diesen Stellen ist der Putz regelrecht auseinandergedriftet und hat sich nicht nur in der Ebene, sondern auch in seinem Höhenniveau verschoben. Das ist auf der Malerei und im Streiflicht gut sichtbar.

Außerdem finden sich auf der gesamten Nordwand viele kleinere Risse im Putz.

Fehlstellen im Putz

Vor allem im Sockelbereich sind einige Bereiche mit Totalverlusten des Putzes festzustellen. In anderen Bereichen wurden die Fehlstellen während der Ausbesserungsphasen mit unterschiedlichen Materialien neu verputzt.

Pudernde Malschicht

Besonders auf sehr feuchten Putzzonen ist die Malerei stark gequollen und besitzt weder eigene Bindung noch Bindung zum Untergrund.

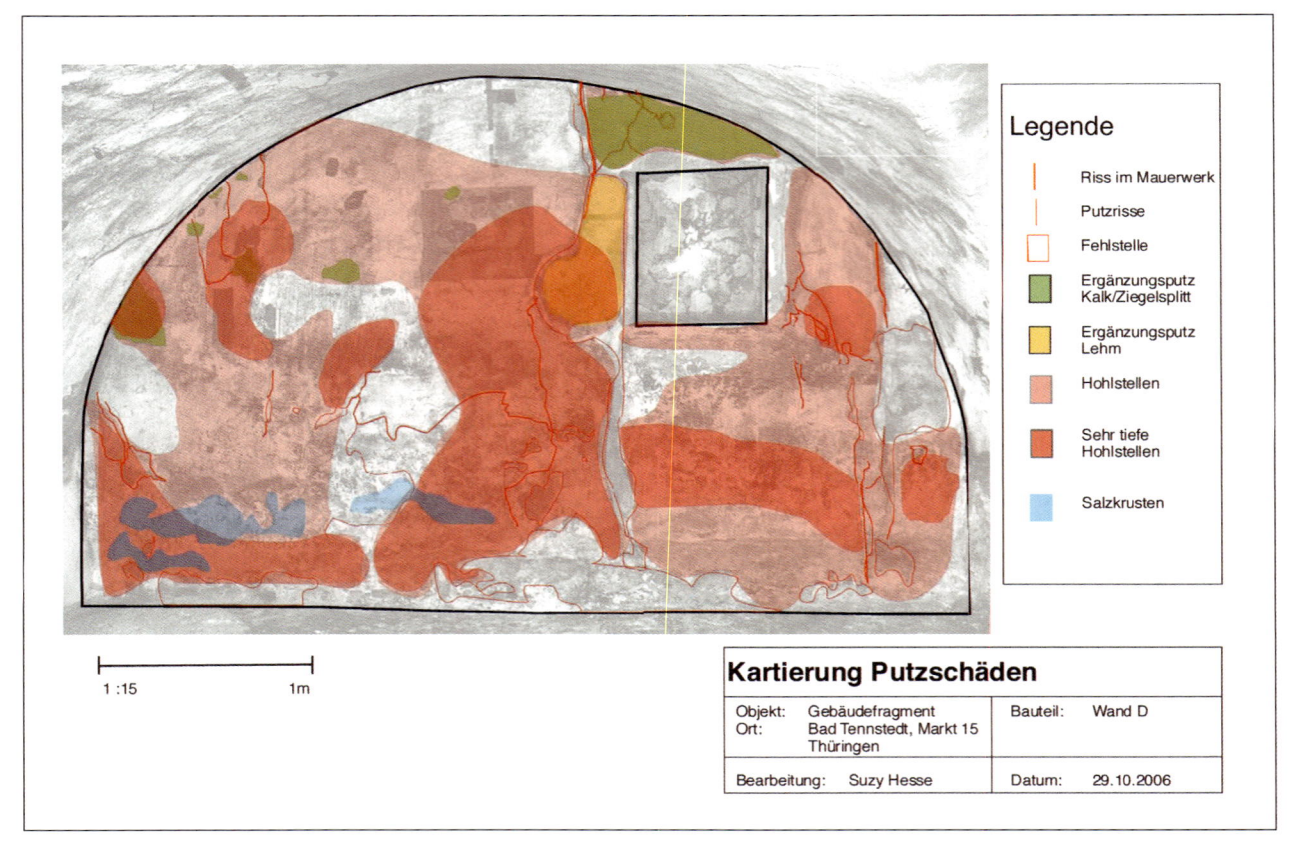

Abb. 20 Bad Tennstedt, Markt 15, Nordwand, Kartierung der Putzschäden, 2006

Fehlstellen in der Malerei

Außer auf den Putzfehlstellen ist vor allem in der Sockelzone keine originale Malerei mehr vorhanden.

In einigen Bereichen gibt es Rostflecken und Kratzspuren an den Wänden. Auf der obersten Tüncheschicht sind Wasserlaufspuren zu erkennen. Außerdem ist der gesamte Raum in einem sehr verschmutzten Zustand. Vor allem die Bodenplatten sind stark verrußt und weisen Fett und Dreckpartikel auf.

Schadensursachen am Bauwerk

Salze

Zum einen gelangen die Salze aus dem Boden durch aufsteigende Feuchte in den Kellerraum. Außerdem wurden der Keller und der Gewölberaum nachweislich als Lagerräume für Kohlen und Kartoffeln genutzt. Auch hier können sich Abbauprodukte abgelagert und durch verschiedene Prozesse in Salze umgewandelt haben. Des Weiteren war das Gebäude spätestens seit dem 17. Jahrhundert in einen bäuerlichen Hof eingegliedert, sodass auch Fäkalien aus Tierhaltung oder Abwasser in das Gemäuer bzw. in den Boden gelangten. Nach mündlichen Aussagen war das Wohngebäude bis zu seinem Abriss an keine Kanalisation angebunden. Durch aufsteigende Feuchte gelangten die Salze wiederum in das Gemäuer. Außerdem ist die Salzbildung durch die hohe Raumfeuchte begünstigt.

Verfüllungen

Die Materialablagerungen im Keller wurden bewusst durch Schüttungen herbeigeführt. Da der Keller offenbar keine Funktion mehr hatte, wurde er nach und nach verschüttet. Bei späteren Grabungen ließen sich drei verschiedene Höhenniveaus ausmachen.[29] Auch diese Schüttungen begünstigen einen Feuchtetransport und somit ebenfalls die Salzbildung auf dem Mauerwerk durch aufsteigende Feuchte.

Risse

Die Mauerwerksrisse an der Nordwand, die am Deckengewölbe beginnen und sich bis zum Boden hinziehen, deuten auf extreme statische Belastung. Rechts der Nische muss es sehr früh zu dieser Schädigung gekommen sein. Bereits in der ersten Ausbesserungsphase wurde hier der Riss zum Teil mit Lehmputz verfüllt, so dass die originale Malschicht in diesen Bereichen mit Lehm verdeckt war. Der Riss links neben der Nische scheint später entstanden zu sein, aber auch er zieht sich durch die gesamte Wand und durch das Mauerwerk.

Gesteinskorrosion

Weil die Außenwände lange unverputzt blieben, war das Mauerwerk Frost- und Tauwirkungen ausgesetzt. Durch die Risse konnte die Feuchte tief in das Mauerwerk eindringen und hier die Gesteinskorrosion beschleunigen. Auch die dauerhafte hohe Luft- und Materialfeuchtigkeit begünstigen den Korrosionsvorgang.

Schadensursachen an Putz, Malerei und Fassung

Salze

Die Salzkrusten befinden sind vor allem im Sockelbereich der Nordwand. Es lassen sich hier die gleichen Gründe wie bei der Mauerwerksversalzung feststellen. Die Materialeigenschaften des Gipses und die besonders hohe Materialfeuchte im Sockelbereich, besonders während und nach den Hochwassern, bedingte vor allem an der Nordwand die Salzkrustenbildung. Außerdem wird in der Literatur bei der Verarbeitung von historischen Gipsputzen die Verwendung von Säuren als Zusatz zur Bindungsverzögerung erwähnt. Hierfür wurden unter anderem Urin oder Zitronensäure verwendet.[30] Auch dies ist eine mögliche Ursache für die Nitrat- und Chloridanreicherung besonders im Putz.

Farbumschläge

Abgesehen von den dunklen Bereichen, die auf besonders hohe Materialfeuchte hinweisen, handelt es sich bei den Farbumschlägen der Malschicht wahrscheinlich um die Alterungserscheinung von Bleizinngelb oder Bleimennige. Nur in Bereichen mit einem Orangefarbton ist ein bräunlicher Umschlag zu beobachten. In der weiteren Bearbeitung der Nordwand sollte darauf weiter eingegangen werden.

Schalenbildung/Hohlstellen

Wie festgestellt werden konnte, betrifft die Hohlstellenbildung und Abschalung den drei Zentimeter starken Oberputz. Während der Oberputz ein sehr stabiles und dichtes Gefüge aufweist, ist der Spritzbewurf in einem stark korrodierten Zustand.

Die Fotos der Dünnschliffe zeigten beim Oberputz ein viel dichteres Gefüge mit weniger Porenraum als beim Unterputz. Außerdem sieht man die stark ausgeprägten Kristallgittergefüge. Der Putz befindet sich in einem sehr gut erhaltenen Zustand. Da Gips wasserlöslich ist und die Fähigkeit der Kristallumlagerung und Neubildung besitzt, kann er kleine Risse oder Schädigungen im Gefüge selbst „ausbessern". Auch das ist der Grund für den guten Erhaltungszustand.

Der Unterputz ist weniger intakt, es fehlt eine ausreichende Gefügebindung, wie auch die fehlende Kristallausbildung in der Matrix des Dünnschliffbildes (Abb. 16) erkennen lässt. Nicht allein die starke Feuchtebelastung kann dafür der Grund sein. Es gibt zahlreiche mittelalterliche Gipsputze im Thüringer Raum[31], die im Außenbereich angebracht wurden und in einem bedeutend besseren Zustand sind. Unter anderem wird von Jutta Weichmann oder Prof. A. Wolter auf die besonderen Bedingungen während des Brennprozesses bei der Gipsherstellung eingegangen. Dieser ist für die Festigkeit des Gipses entscheidend. Es kann also festgestellt werden, dass bereits bei der Verarbeitung des Gipsunterputzes Fehler gemacht wurden, sei es beim Brennprozess oder beim Ansatz mit Wasser. Je weniger Wasser dem Material beigefügt ist, umso fester wird es. Sollte es sich wirklich um einen Spritzbewurf handeln, dürfte der höhere Wasserbedarf hier eindeutig die Hauptfehlerquelle darstellen.

Risse

Besonders Zugspannungen im Gefüge führten zu zahlreichen kleinen aber auch zu den großen Rissen.

Fehlstellen im Putz

In Bereichen besonders starker Abschalung des Oberputzes und dadurch geringer Haftung zum Untergrund sind zahlreiche Fehlstellen festzustellen. Die Malerei wird besonders durch die Fehlstelle links der Nische beeinträchtigt.

Pudernde Malschicht

Hierfür ist der sehr feuchte Untergrund als Hauptursache zu nennen. Dadurch wurde das Bindemittel in der Malschicht stark angelöst, die Farbpartikel besitzen nur noch geringe Adhäsionskraft.

Fehlstellen in der Malerei

Wo der Putz fehlt, ist natürlich auch die Malerei verloren gegangen. Im Sockelbereich ist der Putz zwar noch vorhanden, die Malerei wurde jedoch bei Hochwasser bis auf minimale Reste vollständig zerstört. Unter UV-Aufnahmen waren auf dem Putz keine Bindemittelreste mehr auszumachen.

Schäden durch mechanische Einwirkung

An den Stellen, an denen Eisennägel angebracht waren, sind außer dem Putz- und Malschichtverlust Rostflecken entstanden. In anderen Bereichen gibt es Kratz- oder Stoßspuren, die auf einen unachtsamen Umgang schließen lassen.

Wasserlaufspuren auf der Tüncheschicht

Durch die Wasserlaufspuren kann man auf Kondenswasserbildung schließen, die sehr ausgeprägt gewesen sein muss. Bei Ermittlung des Taupunktes kann jedoch die zukünftige Kondenswasserbildung ausgeschlossen werden.

Maßnahmen am Bauwerk

Die Schüttung im Keller wurde auf Originalbodenniveau gebracht. Außerdem wurde beschlossen, 2007 das Kellerfenster in einer weiteren Maßnahme zu öffnen.

Maßnahmen am Putz

Freilegung
Zunächst musste der Putz von früheren Kittungen befreit werden, da diese keinen festen Halt zum Untergrund aufwiesen und außerdem teilweise den originalen Putz überdeckten.

Reinigung
Lose Partikel auf der Putzoberfläche, vor allem im Sockelbereich, wurden mit Pinsel abgekehrt und mit einem Staubsauger entfernt. Bereiche, die später hinterfüllt werden sollten, mussten besonders sorgfältig gereinigt und ausgesaugt werden.

Festigung
Dort, wo der Unterputz freilag, und an Bereichen, wo eine Hinterfüllung durchgeführt werden sollte, wurde mit einer 3%igen Paraloidlösung in Ethylacetat vorgefestigt. Nach Vornetzung mit Spiritus wurde nass in nass fünfmal satt mit Pinsel getränkt.

Klebung
In einigen Bereichen waren Klebungen notwendig. Hier waren Putzschollen abgebrochen oder hatten nach Entfernung der Notkittungen keine Verbindung zum Untergrund. Es wurde mit 20%igem wässrigem Primal geklebt.

Hinterfüllung
Durch die starke Hohlstellenausprägung war in einigen Bereichen eine Hinterfüllung notwendig. Das dispergierte Weißkalkhydrat wurde mit Hohlglaskugeln versetzt, um das Gewicht zu vermindern. Außerdem wurde die Viskosität mit 5 % destilliertem Wasser eingestellt. Der Oberflächenputz wurde vorsichtshalber mit Japanpapier kaschiert. In mehreren Durchgängen wurde die Hinterfüllung mit Hilfe von Spritzen eingebracht. Ein Weiterarbeiten setzte immer eine Trocknungsphase von mindestens einem Tag Dauer voraus. So konnte die Hohlstelle allmählich hinterfüllt und anschließend die Kaschierung wieder abgenommen werden.

Konservatorischer Oberflächenverschluss (plastische Retusche)
Die Fehlstellen wurden mit einem Gips-Kalk-Sand-Gemisch geschlossen. Dabei wurde 2 bis 5 mm unter Originalniveau verputzt und anschließend mit Hilfe von Pinseln eine glatte Oberflächenstruktur erzeugt. Die Verwendung von Gipskalkputz wird in der Literatur häufig erwähnt und wegen seiner im Vergleich mit reinem Gipsputz günstigeren Eigenschaften gegenüber Feuchtigkeit bevorzugt.[32]

Retusche
Es wurde beschlossen, die gekitteten Fehlstellen in ihrer Farbigkeit dem Fondton der Malerei anzupassen und nur leicht aufgehellt erscheinen zu lassen. Es wurde die Punktretusche als Gestaltungsart gewählt, weil es so besonders leicht ist, sich an die Fleckigkeiten im Fondton in der Umgebung der Kittung anzupassen.

Maßnahmen an der Malerei

Freilegung
Nach Versuchen mit verschiedenen Lösungsmitteln stellte sich heraus, dass über diesen Weg eine Freilegung nur schlecht möglich ist. Ein besseres Ergebnis erzielte eine mechanische Freilegung mittels Skalpell; in einigen Bereichen, in denen ein Ausbesserungsputz zwischen den Tünchen lag, konnte sogar mit Freilegehammer ein guter Zustand erreicht werden. Einige geringe Verluste mussten hingenommen werden. Aufgrund der aufgelagerten Tünchen ist die Malschicht eine Bindung eingegangen, die an manchen Stellen so stark ist, dass hier keine schadfreie Freilegung möglich ist. Es wurde auch probiert, in solchen Bereichen die Tüncheschichten vorzufestigen, um sie dann als kompaktere Schicht besser trennen zu können. Jedoch erwies sich dieses Vorgehen als unbrauchbar.

Vor allem im oberen Sockelbereich, wo sich der Feuchtegürtel befindet und die Malschicht in einem sehr porösen Zustand ist, mussten größere Verluste hingenommen werden. Eine Vorfestigung mit Paraloid ergab hier eine gummiartige weiche Schicht, die kaum Haftung zum Untergrund erlangte.

Reinigung
Eine Reinigung musste nicht durchgeführt werden, da sich die Malerei in einem guten Zustand befindet. Verdunkelte Bereiche sind nicht auf Verschmutzung zurückzuführen.

Festigung
Eine 3%ige Paraloidlösung in Ethylacetat erwies sich für die Festigung als günstigstes Mittel. Aufgrund der hohen Materialfeuchte und des möglichen biologischen Befalls können keine natürlichen Festigungsmittel eingesetzt werden. Sie sind zu unstabil. Die Malerei der Westwand befindet sich sechs Jahre nach der

Abb. 21 Bad Tennstedt, Markt 15, Nordwand nach der Freilegung, rechts Musterachse, 2007

Abb. 22   Bad Tennstedt, Markt 15, Musterachse nach der Freilegung vor Kittung und Retusche, 2007

Abb. 23   Bad Tennstedt, Markt 15, Musterachse nach Freilegung, Kittung und Retusche, Unterputz in polarisiertem Licht, 2007

Restaurierung in einem sehr guten Zustand. Bei der Verwendung von Butylacetat, wie an der Westwand eingesetzt, und Aceton entstanden gelbliche Verfärbungen. Bei einer zwei- bis dreifachen Festigung mit Wattestäbchen konnte ein optimales Ergebnis erreicht waren. Es gab nur sehr geringe oder gar keine Verdunklungen der Malschicht.

Retusche

Auch hier wurden die Möglichkeiten der Punktretusche bevorzugt. Nachdem sehr kleine störende Bereiche geschlossen waren, ergab sich bereits eine annähernd geschlossene Fläche. Konturlinien wurden auch im Bereich der gekitteten Stellen ergänzt, jedoch heller als der Originalton.

Anmerkungen

Die hl. Elisabeth in der Glasmalerei des 19. und frühen 20. Jahrhunderts am Erfurter Dom

1   Vgl. Kat. Marburg 1983, Bd. 2, S. 135–186 sowie Kat. zur dritten Thüringer Landesausstellung 2007, S. 520–600 und ebenda, Aufsätze, S. 499–582.
2   Ebenda.
3   Vgl. Bierschenk 1991 und Becksmann 1995, S. 56–58 (mit Hinweisen zur älteren Literatur) und zuletzt Martin 2007, S. 293–308.
4   Eine Hypothese für den Verzicht auf eine solche Darstellung liefert Bornschein 2004a, S. 20 und S. 26 (Anm. 73) mit dem Hinweis auf die ikonologische Ausrichtung des Chorzyklus vor dem Hintergrund des Mendikantenstreits. Drachenberg 1980, S. 49 f. hingegen hält es für wahrscheinlich, dass bereits im Mittelalter entweder das Fenster süd VII oder süd VIII der hl. Elisabeth gewidmet war. Indizien oder gar Belege dafür kann er nicht anführen.
5   Vgl. Bornschein/Gaßmann 2006, S. 70, 74, 108 f., 136, 138, 151, 166 f., 172 f., 176, 207–212, 226, 322, 357, 380, 436 f., 520 f., 555, 569, 582 f., 695, 729 f., 738, 770, 799.
6   Das Brustbild Elisabeths ohne Heiligenschein, mit reichem Fürstenornat, Witwenschleier, Krone und der Umschrift „Landgräfin Elisabeth von Thüringen" zielt mehr auf die dynastische Nachfolge des damals regierenden großherzoglichen Hauses als auf die Verehrung Elisabeths als Heilige oder als religiöses Vorbild ab. Ebenda, S. 165–167.
7   Zu den Elisabethfenstern von 1866–68 vgl. insbesondere Drachenberg 1980, S. 13 (Anm. 33) und S. 24 (Regeste 62) sowie Bornschein/Brinkmann/Rauch 1996, S. 58, S. 239 f.
8   Zum Werdegang des vielseitigen fränkischen Architekten und Künstlers Georg Eberlein (1819–1884) vgl. Thieme/Becker, Studienausgabe, Bd. 10, 1999, S. 302 f. und Imhoff 1984, S. 292.
9   Vgl. dazu Erfurt, Stadt- und Regionalbibliothek, C. E. 4º 95, fol. 29v; Feldkamm 1918, S. 33 f.; Drachenberg 1980, S. 13 (Anm. 33) und S. 23 (Regeste 61); Bornschein/Brinkmann/Rauch 1996, S. 56 und S. 238 f. (Regesten 191–194).
10 Vgl. Erfurt, Stadt- und Regionalbibliothek, C. E. 4º 95 (wie Anm. 9); Feldkamm 1918 (wie Anm 9); Drachenberg 1980, S. 13 (Anm. 33) und S. 24 (Regeste 64); Bornschein/Brinkmann/Rauch 1996, S. 56–58, S. 241 (Regeste 206) und S. 255 (Regeste 260).
11 Gotha, Thüringisches Staatsarchiv, Regierung Erfurt 12365, fol. 116r (Schreiben vom 31. Oktober 1859).
12 Ebenda, fol. 203r–204v (Schreiben vom 1. Dezember 1860).
13 Ebenda, fol. 203r f.
14 Ebenda, fol. 203v.
15 Ebenda, fol. 204r f.
16 Vgl. Paderborn, Erzbistumsarchiv, Pfarrei Warburg-Neustadt, Korrespondenz des Pfarrers Kleinschmidt 1862/63, den Restaurationsbau des Domes betr. (ehemalige Paderborner Akten), Schreiben vom 16. Oktober, 21. November und 20. Dezember 1862 sowie vom 6. Juni 1863 (Kopien im Bistumsarchiv Erfurt).
17 Vgl. Gotha, Thüringisches Staatsarchiv, Regierung Erfurt 12366, fol. 238r (Schreiben vom 14. Juni 1864).
18 Wie Anm. 7.
19 Vgl. Bornschein/Brinkmann/Rauch 1996, S. 56 , S. 238 f. (Regesten 191–194) und S. 242 f. (Regeste 207).
20 Ebenda, S. 50, S. 228–233 (Regesten 154–166), S. 235 f. (Regeste 182).
21 Die heute verlorene Chorverglasung der Eisenacher Elisabethkirche, geschaffen 1887 von der Mayer'schen Hofkunstanstalt in München, zeigte neben dem Rosenwunder die Flucht von der Wartburg und die Verklärung Elisabeths. Im südlichen Nebenchor der Weimarer Herz-Jesu-Kirche befinden sich zwei kleine Elisabethfenster mit der Ankunft Elisabeths auf der Wartburg, dem Rosenwunder, der Verteilung von Gaben an Arme und dem Tod der Heiligen. Sie wurden um 1891 von der Werkstatt Ely in Kassel geschaffen. In einem Fenster der Kirche St. Petrus Baptista und Gefährten im eichsfeldischen Dingelstädt war ehemals Elisabeth auf dem Sterbelager dargestellt. Die Glasmalerei entstand um 1893 in einer unbekannten Werkstatt und ist heute verschollen. Ein Fenster in der Ostwand der Kirche St. Gertrudis am gleichen Ort enthält im Zusammenhang mit der 6. Seligpreisung der Bergpredigt Elisabeths Flucht von der Wartburg. In der 1911 von Carl Hertel geschaffenen Darstellung erscheint im Hintergrund auf einer Wolke die Marburger Elisabethkirche, die Grablege der Heiligen. Vgl. Bornschein/Gaßmann 2006, S. 173, S. 176, S. 193, S. 770.
22 Erfurt, Stadt- und Regionalbibliothek, C. E. 4º 95, fol. 29v.
23 Ebenda.
24 Der französische Politiker und Historiker Charles Forbes René Comte de Montalembert (geb. am 15. 4. 1810 in London, gest. am 13. 3. 1870 in Paris) war der bedeutendste Elisabethforscher des 19. Jahrhunderts. Vgl. Kat. Marburg 1983, Bd. 7, S. 147 f.; Katalog zur dritten Thüringer Landesausstellung 2007, S. 524 f. und Gerber 2007, S. 500–503.
25 Vgl. Gotha, Thüringisches Staatsarchiv, Regierung Erfurt 12365, fol. 204v (Schreiben vom 1. Dezember 1860).
26 Vgl. Berlin-Dahlem, Geheimes Staatsarchiv Preußischer Kulturbesitz, 2.2.1. Nr. 22039, fol. 24r.
27 Ebenda, Rep. 151 IV Nr. 1726, fol. 17r f. (Schreiben vom 16. September 1861).
28 Ebenda.
29 Vgl. Gotha, Thüringisches Staatsarchiv, Regierung Erfurt 12365, fol. 116r (Schreiben vom 31. Oktober 1859).
30 Ebenda.
31 Vgl. Berlin-Dahlem, Geheimes Staatsarchiv Preußischer Kulturbesitz, 2.2.1. Nr. 22039, fol. 27r (Schreiben vom 16. Dezember 1861); ebenda, Rep. 76 VII neu Sekt. 13 F IV Teil IV Nr. 35 Bd. VIII, fol. 131v (Schreiben vom 15. Januar 1862); Gotha, Thüringisches Staatsarchiv, Regierung Erfurt 12365, fol. 200r (Schreiben vom 15. Januar 1862).
32 Eine größere Auswahl an privaten Firmen, wie eine Generation später der Fall, bestand damals noch nicht. Nach einem Schreiben des Regierungs- und Baurats Drewitz der Kgl. Preußischen Regierung vom 30. November 1862 wollte sich der Eisenacher Glasmaler Keßler eine Entscheidung über sein Mitwirken an dem Vorhaben bis zur Vollendung der Kartons von Eberlein vorbehalten. Vgl. Berlin-Dahlem, Geheimes Staatsarchiv Preußischer Kulturbesitz, Rep. 76 VII neu Sekt. 13 F IV Teil IV Nr. 35 Bd. VIII, fol. 149r. Möglicherweise sah er sich anschließend mit der Umsetzung der Kartons in Glasmalerei überfordert.
33 Ebenda, fol. 149v.
34 Zum Verlauf dieser Diskussion vgl. insbesondere Berlin-Dahlem, Geheimes Staatsarchiv Preußischer Kulturbesitz, Rep. 76 VII neu Sekt. 13 F IV Teil IV Nr. 35 Bd. VIII, fol. 149r–165r, Gotha, Thüringisches Staatsarchiv, Regierung Erfurt 12366, fol. 12r ff.
    Als Kopist erreichte Eberlein zumindest im Zusammenhang mit dem Erfurter Bestand nur mittelmäßige künstlerische Qualität. Vgl. seine Kopie der Scheibe nord IV, 1d aus der Zeit um 1873 mit dem Evangelisten Markus nach dem heute im Bayerischen Nationalmuseum befindlichen Original – Abb. in: Bornschein/Brinkmann/Rauch 1996, S. 57.
35 Vgl. Berlin-Dahlem, Geheimes Staatsarchiv Preußischer Kulturbesitz, Rep. 76 VII neu Sekt. 13 F IV Teil IV Nr. 35 Bd. VIII, fol. 161v (Schreiben vom 4. April 1863); Gotha, Thüringisches Staatsarchiv, Regierung Erfurt 12366, fol. 303v ff. (Schreiben vom 10. Februar 1865 ff.). Inwieweit auch Dompfarrer Kleinschmidt die positive Haltung gegenüber den Eberleinschen Vorlagen mittrug, bleibt im Dunkeln. In einem Schreiben vom 21. Januar 1865 verweist die Kgl. Regierung u.a. auch darauf, dass selbst die mittelalterlichen Glasmalereien des Hohen Chores keine Flächenmalereien im Sinne von Quasts wären, sondern die Darstellungen „aus dem alten Testament zwar nur in ihrer Conception in ganz einfachen Linien-Formen und im Costüm, wie sie der damaligen Zeitperiode entsprechen, gehalten sind, daß sich dagegen aber doch durchweg in den einfach gezeichneten menschlichen Figuren und Thiergestalten mehr oder weniger eine plastische Behandlung in der Form durch Abschattirung und durch Anwendung von Licht und Schatten vorfindet, und daß sogar die höchsten Licht-Effecte durch ausgeschabte Flächen erzielt worden sind" (ebenda, fol. 308v f.). Ähnliches wird für die durchaus in Perspektive wiedergegebenen Architekturgehäuse der mittelalterlichen Chorverglasung angeführt.
36 In einem Schreiben vom 14. Juni 1864 wird über die Fertigstellung des Kartons für eines der beiden Fenster berichtet, die „nach vielfach vorhergegangenen Abänderungen" nunmehr erfolgt sei. Die anschließende Bemerkung, dass „die Composition Seitens des Herrn Geheimen Regierungs-Raths und Conservators von Quast mit dem Bemerken erfolgt sei, daß er über das Ganze nur seine große Freude äußern könne und zugleich aussprechen müsse, daß wenn so weiter fortgefahren werde, noch Musterwerke zu Stande kommen würden", klingt sehr polemisch. Vgl. Gotha, Thüringisches Staatsarchiv, Regierung Erfurt 12366, fol. 238r (Schreiben vom 14. Juni 1864). In einem Schreiben vom 15. Dezember 1864 erwog der Minister der geistlichen, Unterrichts- und Medicinal-Angelegen-

heiten noch eine Aufkündigung des Vertrages mit Eberlein und die Heranziehung eines Berliner oder Düsseldorfer Künstlers, da nach Aussage von Quasts auch durch „die vorgenommenen Correcturen und Umzeichnungen der Entwürfe [...] dem Uebelstand nicht gründlich abgeholfen" werde. Ebenda, fol. 303r.

37 Vgl. Bornschein/Brinkmann/Rauch 1996, S. 239 f. (Regeste 196).
38 Gotha, Thüringisches Staatsarchiv, Regierung Erfurt 12366, fol. 303v (Schreiben vom 10. Februar 1865).
39 Der Domführer aus dem Jahre 1867 von Heinrich Beyer (Beyer 1867, S. 20) berichtet, dass die beiden Fenster süd VII und süd VIII, „die für Darstellungen aus dem Leben der h. Elisabeth, Landgräfin von Thüringen, nach Zeichnungen von Professor Eberlein bestimmt" wären, jedoch „noch nicht mit Gemälden versehen" seien. Später finden sie kurze Erwähnung ohne weitergehenden Kommentar – vgl.: Beyer 1873, S. 209 (Anm. 82); Arnold 1876, S. 60; Woerl's Reisehandbücher [1885], S. 9; Tettau 1890, S. 39; siehe auch Demharter [1897], S. 34. Kruspe [1879], S. 34 berichtet neutral, dass „die alte Glasmalerei mit ihren frischen tiefen Farben" herrlich wirkte und „das Sonnenlicht in weißen Strahlen durchziehen" ließe, „während allen neuen Glasbilder [des Chores] farbige Strahlen werfen" würden.
    Im Jahre 1879 lieferte Georg Eberlein einen Entwurf mit der wohl als Standfigur konzipierten hl. Elisabeth für eines der Chorfenster der Erfurter Schottenkirche. Das in der Nürnberger Glasmalereiwerkstatt Kellner ausgeführte Fenster ist heute ebenfalls verloren. Vgl. Tettau 1890, S. 136 und Bornschein/Gaßmann 2006, S. 218 f.
40 Vgl. Wettig [1898], S. 13.
41 Gotha, Thüringisches Staatsarchiv, Regierung Erfurt 9027, fol. 52r (Schreiben vom 22. Oktober 1904).
42 Ebenda, fol. 90v–91v (Schreiben vom 12. November 1904).
43 Vgl. ebenda. Es ist zu vermuten, dass die zwischen 1866 und 1868 gefertigten Elisabethfenster des Erfurter Domes aus Kathedral- und Überfangglas, möglicherweise auch noch aus Tonglas, bestanden.
44 Erfurt, Bistumsarchiv, Geistliches Gericht, jüngerer Bestand, II A 3, Schreiben vom 14. August 1909.
45 Vgl. Gotha, Thüringisches Staatsarchiv, Regierung Erfurt 9027, fol. 81r (Kostenanschlag vom 5. Dezember 1904).
46 Ebenda, fol. 194r (Schreiben vom 19. Juni 1911).
47 Ebenda, fol. 215r–216r (Schreiben vom 24. September 1911).
48 Ebenda, fol. 240r (Schreiben vom 29. November 1911).
49 Ebenda.
50 Vgl. Bornschein/Gaßmann 2006, S. 207–214, 482–484, 487–491, 493f.
51 Gotha, Thüringisches Staatsarchiv, Regierung Erfurt 9027, fol. 240r (Schreiben vom 29. November 1911). Anfänglich war zur Ausstattung der beiden Chorfenster süd VII und süd VIII mit Glasmalerei offensichtlich an eine Beauftragung des Kgl. Instituts für Glasmalerei Berlin-Charlottenburg gedacht. Letzteres hatte bereits am 11. November 1904 einen „Special-Kostenanschlag" für die Erneuerung der beiden Fenster aufgestellt. Gotha, Thüringisches Staatsarchiv, Regierung Erfurt 9027, fol. 96r. Spätestens nach der endgültigen Auflösung des staatlichen Instituts im Jahre 1905 wurde die Firma Linnemann in Erwägung gezogen, von der im Sommer 1906 eine entsprechende Offerte vorlag. Vgl. ebenda, fol. 67r (Schreiben vom September 1906).
52 Erfurt, Bistumsarchiv, Geistliches Gericht, jüngerer Bestand, III A 3 (Schreiben vom 2. und vom 3. Juli 1912). Siehe auch ebenda, Propsteipfarrkirche, 1cII, fol. 109r–112v.
53 Erfurt, Bistumsarchiv, Propsteipfarrkirche, 1cII, fol. 108r (Voranschlag vom 12. Juni 1912).
54 Erfurt, Bistumsarchiv, Geistliches Gericht, jüngerer Bestand, III A 3, Schreiben vom 3. Juli 1912. Siehe auch ebenda, Propsteipfarrkirche, 1cII, fol. 109r–112v; Gotha, Thüringisches Staatsarchiv, Regierung Erfurt 9027, fol. 81r ff. und Bornschein/Brinkmann/Rauch 1996, S. 251 (Regeste 246). Die Bleistiftskizze im Maßstab 1:20 und die Kartons zu den beiden Fenstern befinden sich im Privatarchiv der Familie Linnemann in Frankfurt a. M.; der Farbentwurf mit Weißhöhungen und aufgesetzten hellblauen Lichtern (Tempera? auf Papier) im Maßstab 1:10 zu süd VII ist im Kunstmagazin des Bistums Erfurt unter IV–VI/3 archiviert (Abb. 6).
55 Feldkamm 1918, S. 20 f. (Abb. S. 21).
56 In der Südwand der Kirche des damaligen Magdalenerinnenklosters befindet sich ein vergittertes Fensterchen, durch das die hl. Elisabeth nach althergebrachter mündlicher Überlieferung an der Opferfeier der Franziskanerbrüder teilgenommen haben soll. Trott [1973], S. 52 f.
57 So interpretierte bereits Feldkamm 1918, S. 20 die Szene. In der Bleistiftskizze des Fensters süd VIII von Otto Linnemann ist sie inschriftlich mit „H. E. nimmt d. Kleid d. H. Franziskus." bezeichnet. Als ikonografisches Vorbild dienten die entsprechenden Darstellungen auf dem Elisabethschrein und im Elisabethfenster süd II (beide um 1240) in der Elisabethkirche zu Marburg, an die der Erfurter Glasmalerei zumindest kompositorisch angelehnt ist. In Marburg vollzieht Konrad von Marburg, der weltgeistliche Beichtvater der hl. Elisabeth, die Einkleidung der Heiligen zur Hospitalschwester. Stattdessen war der Geistliche in Erfurt offensichtlich tatsächlich im Franziskanerhabit dargestellt. Sein Kopftyp war außerdem mit dem des die Hochzeit vollziehenden Priesters identisch.
58 Vgl. dazu Frankfurt a. M., Privatarchiv der Familie Linnemann, Beischriften zur Bleistiftskizze der beiden Elisabethfenster süd VII/süd VIII des Erfurter Domes von Otto Linnemann (Abb. 5).
59 Erfurt, Bistumsarchiv, Propsteipfarrkirche, 1cIII, Schreiben vom 14. August 1960 und zugehöriges Telegramm aus dem Jahre 1913.
60 Erfurt, Bistumsarchiv, Propsteipfarrkirche, 1cII, fol. 108r (Voranschlag vom 12. Juni 1912).
61 Erfurt, Bistumsarchiv, Geistliches Gericht, jüngerer Bestand, III A 3, Schreiben vom 3. Juli 1912 und ebenda, fol. 112v (Schreiben vom 5. August 1912).
62 Vgl. Drachenberg 1980, S. 14, S. 27 (Regeste 83) und Bornschein/Brinkmann/Rauch 1996, S. 83 f., S. 254 (Regeste 258).
63 Vgl. Bornschein/Brinkmann/Rauch 1996, S. 83 f., S. 254 (Regeste 259).
64 Vgl. Erfurt, Bischöfliches Bauamt, Inventarkarteien zum Kunstgut des Erfurter Domes D.2.13–15 (Falko Bornschein, Dezember 1997).
65 Vgl. Drachenberg 1980, S. 27 (Regeste 85); Bornschein/Brinkmann/Rauch 1996, S. 85, S. 254 f. (Regeste 260); Bornschein 2004b, S. 41 f. Siehe auch die grafische Dokumentation in den Restaurierungsberichten zu den Chorfenstern süd IV–VI im Bischöflichen Bauamt, Archiv der Glaswerkstatt des Erfurter Domes.
66 Vgl. Bornschein/Brinkmann/Rauch 1996, S. 60–83 und S. 250 (Regeste 237).
67 Feldkamm 1918, S. 21.
68 Linnemann 1914, o. S.
69 Vgl. Müller 1915, S. 313–319 (mit Abb. von süd VIII, 1–3 a–d auf S. 317 und süd VIII, 10–12 a–d auf S. 319). Auch Jakob Feldkamm empfand, dass sich die beiden 1913 in der Werkstatt Linnemann angefertigten Elisabethfenster „den alten würdig anreihen". Feldkamm 1918, S. 19.
70 Zu den Glasmalereien von Charles Crodel im Dom zu Erfurt vgl. ausführlich bei Bornschein/Glaß/Jähn 1999 (zum Elisabethfenster von 1960 mit Abb. und Ikonografie ebenda, S. 33–38).
71 Der nachfolgende Text basiert zu großen Teilen auf dem vom Autor verfassten unpublizierten Bericht vom 20. April 1998 zur Restaurierung und Konservierung der Sakristeifenster (nord IX–nord XII) des Erfurter Domes in den Jahren 1997/1998 (Erfurt, Bischöfliches Bauamt, Archiv der Glaswerkstatt des Domes). Vgl. auch Drachenberg 1980, S. 382–389 und S. 24 (Regeste 68) sowie Bornschein/Brinkmann/Rauch 1996, S. 59 und S. 245 (Regeste 226).
72 Vgl. Erfurt, Bischöfliches Bauamt, Bildarchiv, Messbilder Nr. 2b/5/60.16 und Nr. 2b/8/60.19 (Negative im Messbildarchiv des Brandenburgischen Landesamtes für Denkmalpflege).
73 Vgl. Erfurt, Bistumsarchiv, Propsteipfarrkirche, 1bI, fol. 21r und 53r (Anschlag vom 10. Oktober 1889).
74 Vgl. Erfurt, Bistumsarchiv, Propsteipfarrkirche, 1cI, fol. 152r (Schreiben vom 26. Juni 1894).
75 Gotha, Thür. Staatsarchiv, Regierung Erfurt 7188, fol. 214r und Erfurt, Bistumsarchiv, Propsteipfarrkirche, 1bI, fol. 129r (jeweils Schreiben vom 27. Februar 1894).
76 Das Charlottenburger Kgl. Institut profilierte sich unter Leitung von Heinrich Bernhard seit den achtziger Jahren des 19. Jahrhunderts vor allem auf dem Gebiet der Restaurierung mittelalterlicher Glasmalerei mit Komplettierung der z.T. nur noch fragmentarisch erhaltenen Bestände. Vgl. dazu Fitz 2000, S. 36–46. Das Insitut übernahm vornehmlich Arbeiten an Objekten, die im Zuständigkeitsbereich des preußischen Staates lagen.
77 Vgl. Bornschein/Brinkmann/Rauch 1996, S. 244 (Regeste 224).
78 Erfurt, Bistumsarchiv, Propsteipfarrkirche, 1bI, fol. 134r (Schreiben vom 29. Juni 1894) und 137r–138v (Schreiben vom 18. Juli 1894); Gotha, Thüringisches Staatsarchiv, Regierung Erfurt 7188, fol. 229r f. (Schreiben vom 2. August 1894).
79 Vgl. Erfurt, Bistumsarchiv, Propsteipfarrkirche, 1bI, fol. 134r ff.
80 Vgl. Erfurt, Bistumsarchiv, Propsteipfarrkirche, 1bI, fol. 134v (Schreiben vom 29. Juni 1894).
81 Ebenda.
82 Erfurt, Bistumsarchiv, Propsteipfarrkirche, 1bI, fol. 137r f. (Entwurf zum Schreiben vom 18. Juli 1894). Ganz ähnlich, nur etwas kürzer im Schreiben selbst: Ebenda, fol. 138r f.

Anmerkungen

83 Vgl. Erfurt, Bistumsarchiv, Propsteipfarrkirche, 1bl, fol. 164r f. (Schreiben vom 26. September 1896).
84 Vgl. auch Bornschein/Gaßmann 2006, S. 207.
85 Vgl. Erfurt, Bistumsarchiv, Propsteipfarrkirche, 1bl, fol. 137v/138v (Schreiben vom 18. Juli 1894).
86 Erfurt, Bistumsarchiv, Propsteipfarrkirche, 1bl, fol. 134r (Schreiben vom 29. Juni 1894).
87 Vgl. Erfurt, Bistumsarchiv, Propsteipfarrkirche, 1bl, fol. 133r–138v und ebenda, 1cl, fol. 152v (Schreiben vom [7.] Juli 1894).
88 Vgl. Erfurt, Bistumsarchiv, Propsteipfarrkirche, 1cl, fol. 152v (Schreiben vom [7.] Juli 1894).
89 Vgl. Beeskow 2002, S. 104 (dort Hinweis auf: „F. Becker").
90 Vgl. Berlin, Hochschule der Künste, G 164 235, Mappe 21, Abb. 35/72.
91 Hierzu und zum weiteren Werdegang des Künstlers vgl. Vollmer 1999, Bd. 1, S. 149.
92 Erfurt, Bistumsarchiv, Propsteipfarrkirche, 1bl, fol. 153r (Schreiben vom 13. Juli 1896).
93 Vgl. Gotha, Thüringisches Staatsarchiv, Regierung Erfurt 7188, fol. 238v (Schreiben vom 9. Juli 1895) und Erfurt, Bistumsarchiv, Propsteipfarrkirche, 1cl, fol. 136r (Schreiben vom 9. Juli 1895). Danach sollten die „zu der Vorbildersammlung des [Kgl.] Instituts [für Glasmalerei] gehörigen Skizzen" wieder dorthin zurückgeführt werden, was jedoch bis Oktober 1896 noch nicht erfolgt war. Vgl. Erfurt, Bistumsarchiv, Propsteipfarrkirche, 1cl, fol. 154r (Schreiben vom 28. Oktober 1896).
94 Die Einbeziehung von Persius scheint bei bedeutenden Objekten in Preußen nicht ungewöhnlich gewesen zu sein, wie das Beispiel der 1892 fertig gestellten so genannten Kaiserfenster in der Marienkirche zu Mühlhausen oder die dortige Restaurierung der mittelalterlichen Glasmalerei 1892/93 durch das Kgl. Institut für Glasmalerei Berlin-Charlottenburg zeigt. Vgl. Bornschein 2006, S. 41–45, S. 47.
95 Bistumsarchiv, Propsteipfarrkirche, 1bl, fol. 139r (Schreiben vom 12. Dezember 1895).
96 Vgl. Gotha, Thüringisches Staatsarchiv, Regierung Erfurt 9027, fol. 92v (Schreiben vom 11. November 1904).
97 Erfurt, Bistumsarchiv, Propsteipfarrkirche, 1bl, fol. 139r (Schreiben vom 12. Dezember 1895).
98 Vgl. Erfurt, Bistumsarchiv, Propsteipfarrkirche, 1bl, fol. 141r–157r.
99 Ebenda.
100 Zur personellen Besetzung des Kgl. Instituts vgl. Berlin-Dahlem, Geheimes Staatsarchiv Preußischer Kulturbesitz, Rep. 120 E V Nr. 52d, Bd. 2, fol. 7r f. und 30r ff.
101 Die Sakristeifenster wurden zuletzt zwischen Oktober 1997 und Mai 1998 in der Glaswerkstatt des Erfurter Domes restauriert und konserviert. Vgl. Restaurierungsbericht vom 20. April 1998 (wie Anm. 71).
102 Vgl. Zeitungsausschnitt vom 21. Juli 1896 unter Berlin-Dahlem, Geheimes Staatsarchiv Preußischer Kulturbesitz, Rep. 120 E V Nr. 52, Bd. 7, S. 107.
103 Ebenda.
104 Erfurt, Bistumsarchiv, Propsteipfarrkirche, 1bl, fol. 155r (Schreiben ohne Datum: August 1896); ebenda, fol. 157r (Schreiben vom 17. August 1896).
105 Eigentlich war vertraglich vereinbart, dass auch diese Arbeiten vom Kgl. Institut auszuführen seien. Vgl. Erfurt, Bistumsarchiv, Propsteipfarrkirche, 1bl, fol. 160r–161r (Schreiben vom 26. August 1896).
106 Dies belegen fotografische Aufnahmen der Sakristeifenster im Vorzustand und der im Berliner Atelier aufgestellten fertigen Glasmalereien im heutigen Zustand. In einem Schreiben vom 19. September 1896 führt der Direktor des Kgl. Instituts Bernhard das Missgeschick zu Unrecht auf eine Verwechslung der Felder durch den hiesigen Glasermeister Rudert zurück und bestreitet die Notwendigkeit von Kürzungen an den Glasmalereien. Vgl. Erfurt, Bistumsarchiv, Propsteipfarrkirche, 1bl, fol. 163r f. (Schreiben vom 19. September 1896) und ebenda, fol. 165r f. (Schreiben vom 10. November 1896).
107 Erfurt, Bistumsarchiv, Propsteipfarrkirche, 1cl, fol. 154v (Schreiben vom 31. Oktober 1896).
108 Ebenda, 1bl, fol. 165r (Schreiben vom 10. November 1896).
109 Ebenda, fol. 148r f. (Schreiben vom 2. Mai 1896).
110 Ebenda, 1V, fol. 53r f. (Schreiben vom 30. September und vom 5. Oktober 1896).
111 Vgl. Bornschein/Brinkmann/Rauch 1996, S. 251 f. Regesten 242, 251, 253 und Bornschein/Gaßmann 2006, S. 211 f.; Erfurt, Bischöfliches Bauamt, Inventarkarteien zum Kunstgut des Erfurter Domes unter D.2.50–53 (Falko Bornschein im Januar 1998).
112 Vgl. Bornschein/Brinkmann/Rauch 1996, S. 251 (Regeste 242) und Bornschein/Gaßmann 2006, S. 207. Seit Anfang der 1950er Jahre wurde der Raum als Aula des 1952 gegründeten Theologisch-Philosophischen Studiums genutzt, heute dient er als Kunstmagazin des Bistums Erfurt. Reste der damals eingebrachten Glasmalereien sind nach wie vor noch in den Maßwerken zu sehen. Vgl. Erfurt, Bischöfliches Bauamt, Inventarkarteien zum Kunstgut des Erfurter Domes D.2.06–09 (Falko Bornschein vom Januar 1998).
113 Vgl. Gotha, Thüringisches Staatsarchiv, Regierung Erfurt 9028, fol. 131v (Schreiben vom 16. März 1900) und ebenda, fol. 154r f. (Schreiben vom 3. Mai 1900); Erfurt, Bistumsarchiv, Propsteipfarrkirche, 1cll, fol. 84r (Schreiben vom 30. April 1900).
114 Erfurt, Bistumsarchiv, Propsteipfarrkirche, 1 VII, fol. 22r (Schreiben vom 16. November 1899).
115 Ebenda, 1cll, fol. 78r f. (Schreiben vom 29. Dezember 1899).
116 Ebenda.
117 Ebenda.
118 Ebenda, 1ill, fol. 183r (Schreiben vom 17. Februar 1900).
119 Ebenda.
120 Vgl. dazu Gotha, Thüringisches Staatsarchiv, Hochbauamt Erfurt 63 (Aktenvermerk zum 22. Juni 1933); Erfurt, Archiv des Thüringischen Landesamtes für Denkmalpflege und Archäologie, Erfurt, Dom (Schreiben vom 3. Mai 1933).
121 Gotha, Thüringisches Staatsarchiv, Hochbauamt Erfurt 63 (Leistungsverzeichnis vom 11. Mai 1933).
122 Erfurt, Bistumsarchiv, Propsteipfarrkirche, 1olll, fol. 68r (Schreiben vom 27. März 1940). Das Schreiben spricht irrtümlich von drei farbigen Fenstern.
123 Vgl. ebenda, fol. 68v (Schreiben vom 4. April 1940) und Erfurt, Dompfarramt, Protokollbuch des Kirchenvorstandes, S. 160. Laut o.g. Schreiben vom 4. April fand die Sitzung am 31. März statt.
124 Die Fenster wurden 1998 durch Matthias Jähn (Erfurt) restauriert. Vgl. Bornschein/Gaßmann 2006, S. 212.

Ehemalige Bezirksparteischule der SED in Erfurt

1 Teilnehmer: Renate Blank (MdB), Peter Conradi, Bruno Flierl, Norbert Huse, Philipp Oswalt, Wolfgang Thierse (MdB). Moderation: Ingeborg Flagge.
2 Vgl. Beyme 1995, S. 181.
3 Vgl. Beyme 1995, S. 181 f.
4 Im Gegensatz zu den Bauten der Nationalen Tradition der 1950er Jahre.
5 Vgl. Hubel 1995, S. 176.
6 Vgl. Escherich 2004, S. 30–36.
7 Ebenda, S. 31.
8 Hansen 2007, S. 7.
9 Anlass der Überprüfung war die Anfrage des Staatsbauamtes an das Thüringische Landesamt für Denkmalpflege und Archäologie (TLDA) vom 06.06.2007 mit der Bitte um Klärung der Denkmaleigenschaft zum Zwecke einer Wertgutachtenserstellung.
10 Amthorstraße 11 mit Friedrich-Engels-Straße 2 und Platz der Demokratie, Gera, vgl. Löffler 2007, S. 297–299. Hier haben wir auch eine der wenigen Grünanlagen der 1970er Jahre, die unter Denkmalschutz stehen, vgl. Baumann 2007, S. 208.
11 Escherich 2001, S. 117, S. 119 f.
12 Gebauer 1976, S. 170.
13 Vgl. Hüter/Schulrabe/Dallmann/Zießler 1979, S. 60.
14 Vgl. Lange 2003, S. 79.
15 Ebenda, S. 122.
16 Gebauer 1976, S. 171.
17 Die Marktsüdseite gewann den Architekturpreis des Bezirks 1977. Vgl. Hüter/Schulrabe/Dallmann/Zießler 1979, S. 68.
18 Vgl. Gebauer 1976, S. 171.
19 Gebauer 1976, S. 171.
20 Vgl. Abbildung Innenhof, Parteischule 1988, S. 4, 10.
21 Vgl. Hüter/Schulrabe/Dallmann/Zießler 1979, S. 30.
22 Ebenda, S. 25.
23 Ebenda, S. 32.
24 Ein ebenfalls preisgekröntes Projekt, Architekturpreis des Bezirks 1968 und 1969, bei dem zum 1. Mal die Wohnbaureihe Erfurt zum Einsatz kam. Ebenda, S. 44.
25 Ebenda, S. 45.
26 Architekturpreis des Bezirks 1977. Ebenda, S. 48.
27 Ebenda, S. 50.

28 Ebenda, S. 51.
29 Architekturpreis des Bezirks 1974. Ebenda, S. 116.
30 Vgl. Fechner/Martin/Paulus/Winghart 2005, ThürDSchG – Kommentar, S. 14f.
31 Vgl. Martin/Krauzberger 2004, S. 164.
32 Martin/Krauzberger 2004, S. 165.
33 Vgl. SED 2005.
34 SED 2005.
35 Vgl. SED 2005.
36 SED 2005.
37 Vgl. Parteischule 1988, S. 15.
38 Parteischule 1988, S. 15.
39 Ab 1963 arbeitete die Parteischule der SED des Bezirks Suhl in Schleusingen, Themarer Straße 1, in der ehemaligen Ingenieurschule für Straßenbau. Erbaut von Hermann Räder und Kollektiv, 1951–57, vgl. hierzu: Wieler 2006, S. 334.
40 Parteischule 1988, S. 16.
41 Sicherte im Betrieb u.a. den Einfluss der SED, vgl. Sattler 2005.
42 Vgl. Parteischule 1988, S. 24–26.
43 Parteischule 1988, S. 26.
44 Vgl. Parteischule 1988, S. 26.
45 Ebenda, S. 26f.
46 Vgl. Möller/Behrendt/Marsike/Franke/Stahl/Baier 1983, S. 51.
47 Vgl. Halbach/Heideck/Rechlin/Schwarz/Resch 1991, S. 34.
48 Vgl. Bartmann-Kompa/Kutschmar/Karn 1982, S. 62.
49 Vgl. Halbach/Rambow/Büttner/Rätzel 1987, S. 21.
50 Vgl. Hahn/Polenz/Lösler/Schaeffer/Menzel 1984, S. 60.
51 Escherich/Wieler 2002, S. 13.
52 Vgl. Martin/Krauzberger 2004, S. 162.
53 Fechner/Martin/Paulus/Winghart 2005, ThürDSchG – Kommentar, S. 16.
54 Vgl. Martin/Krauzberger 2004, S. 162.
55 Vgl. Fechner/Martin/Paulus/Winghart 2005, ThürDSchG – Kommentar, S. 16f.
56 Martin/Krauzberger 2004, S. 162.
57 Fechner/Martin/Paulus/Winghart 2005, ThürDSchG – Kommentar, S. 17.
58 Ebenda.
59 Fechner/Martin/Paulus/Winghart 2005, ThürDSchG – Kommentar, S. 20.
60 Viebrock 2004, S. 125.
61 Fechner/Martin/Paulus/Winghart 2005, ThürDSchG – Kommentar, S. 19.
62 Die unabhängige und politisch unvoreingenommene Sichtweise unterscheidet den „Architekturführer Thüringen. Vom Bauhaus bis heute" vom „Architekturführer DDR", vgl. hierzu: Escherich/Wieler 2002, S. 10–12.
63 Wieler/Weckherlin/Escherich/Fehr/Wahl/Dallmann 2006, S. 12.
64 Vgl. Behrens/Mann/Zimmermann 1999, S. 4f., und vgl. Sauerbier 1999, S. 136f.
65 Möllner Str. 13, Rostock. Das Gebäude steht nicht unter Denkmalschutz. Auskunft von Herrn Writschan (Stadt Rostock, Bereich Denkmalpflege), 04.09.2007, und Herrn Handorf (Landesamt für Kultur und Denkmalpflege, Schwerin), 11.09.2007.
66 Große Krauthöferstr. 1, Neubrandenburg. Das Gebäude steht nicht unter Denkmalschutz. Auskunft von Herrn Handorf (Landesamt für Kultur und Denkmalpflege, Schwerin), 11.09.2007.
67 Saarmunder Straße, Waldstadt II, Potsdam. Das Gebäude steht nicht unter Denkmalschutz. Auskunft von Herrn Kalesse (Stadt Potsdam, Untere Denkmalschutzbehörde), 10.09.2007, und Herrn Dr. Paschke (Brandenburgisches Landesamt für Denkmalpflege, Zossen OT Wünsdorf), 06.09.2007.
68 Große Oderstraße, Frankfurt an der Oder. Das Gebäude steht nicht unter Denkmalschutz. Auskunft von Herrn Eschrich (Stadt Frankfurt an der Oder, Untere Denkmalschutzbehörde), 13.09.2007, und Frau Dr. Gramlich (Brandenburgisches Landesamt für Denkmalpflege, Zossen OT Wünsdorf), 06.09.2007.
69 Am Hang, Wohngebiet Neu-Zippendorf, ehemals Großer Dreesch Teil II, Schwerin. Das Gebäude steht nicht unter Denkmalschutz. Auskunft von Herrn Handorf (Landesamt für Kultur und Denkmalpflege, Schwerin), 11.09.2007.
70 Ganz anders als beispielsweise die nüchtern technische Gestaltung (Foyer im Erdgeschoss mit Treppenhaus) der Bezirksleitung der SED in Gera von 1974 bis 1977, vgl. Löffler 2007, S. 298.
71 Abschließend möchte ich mich bei allen Kolleginnen und Kollegen in den Denkmalfachbehörden und Unteren Denkmalschutzbehörden für ihre Bemühungen bedanken. Ohne ihre Mithilfe wäre eine kurzfristige Recherche zu den ehemaligen Bezirksparteischulen nicht möglich gewesen. Nur so konnte letztendlich die besondere Bedeutung des Erfurter Schulkomplexes erkannt werden.

Gera 2007 – Frisches Grün für eine ganze Stadt?

1 Baumann, Martin: Villengärten in Gera, in: Stadt + Grün 2007, S. 27–32; Schellenberg, Sabine: Die Hofwiesen, in: ebd., S. 33–35; Schellenberg, Sabine: Der Küchengarten, in: ebd., S. 40 f.; Schellenberg, Sabine: Der Garten der Villa Jahr, in: ebd., S. 42 f.; Schellenberg, Sabine: Eine Leistungsschau der Dahlienzüchter. Der Dahliengarten von 1928 – ein BUGA-Begleitprojekt, in: ebd., S. 44 f.
2 Löffler 2007, S. 512–514.
3 Ebd., S. 424.
4 Schellenberg, Sabine: Eine Leistungsschau der Dahlienzüchter. Der Dahliengarten von 1928 – ein BUGA-Begleitprojekt, in: Stadt + Grün 2007, S. 44 f.
5 Löffler 2007, S. 527–529.
6 Ebd., S. 529.
7 Ebd., S. 526f.
8 Ebd., S. 535.
9 Ebd., S. 424.
10 Ebd., S. 424.
11 Ebd., S. 527–529.
12 Ebd., S. 529.
13 Ebd., S. 526.
14 Ebd., S. 533.
15 Ebd., S. 535.

Kirchenerhaltung als weitergefasste Gestaltungsaufgabe zukünftiger Architekten

1 „Aachener Protokoll zur Baugeschichte vom 1. November 2006". Vom 1. bis 4. November 2006 fand am Lehrstuhl für Baugeschichte an der Technischen Hochschule Aachen eine Tagung zur Baugeschichtslehre im Rahmen des Architekturstudiums an deutschsprachigen Universitäten statt. Ziel der Tagung war es, nach ausführlicher gegenseitiger Information über die derzeit in Lehre und Forschung vertretenen Positionen die Inhalte des Faches für die Neuordnung des Studiums nach dem Bachelor-/Master-Modell zu definieren, den universitären Zusammenhang von Lehre und Forschung in den veränderten Strukturen der modularen Studienorganisation zu bestimmen und den Beitrag der Baugeschichte zum Entwerfen im Bestand zu klären.
2 Von dem Engagement aus einer Zeit um das Europäische Denkmalschutzjahr, als sich trendbestimmende Köpfe mit ihrer alltäglichen Umwelt identifizierten („Haus für Haus stirbt dein Zuhause"), scheint wenig übrig geblieben zu sein.
3 Die prämierten Beiträge sind mittlerweile ausführlich publiziert. Vgl. Messeakademie der denkmal 2006 in Leipzig und der Deutschen Stiftung Denkmalschutz 2007.
4 1. Preis: Eva Zimmermann (Kirche Hettstedt-Molmeck), 2. Preis: Daniel Drewlani und Remo Wüst (Stadtkirche St. Nikolai Eilenburg), Anerkennungen: Simon Brandt und Alexander Schnieber (St. Nicolai Zerbst), Darja Wiest (Lutherkirche Leipzig), Jennifer Nitschke (St. Laurentius Lüttgenrode).
5 Vgl. Wirth 1994
6 Die Klosterkirchenruine St. Wigbert in Göllingen gehörte nicht zu den Objekten des Messeakademie-Wettbewerbs. Sie wurde aufgrund der thematischen Nähe in das Semesterprojekt einbezogen.
7 Beurteilung der Arbeit Nr. 17, Evangelische Lutherkirche Leipzig, Messeakademie zur „denkmal 2006" 25. bis 28. Oktober 2006.
8 Beurteilung der Arbeit Nr. 1, Stadtkirche St. Nikolai Eilenburg, Messeakademie zur „denkmal 2006" 25. bis 28. Oktober 2006.
9 Beurteilung der Arbeit Nr. 65, Stötterlingenburg St. Laurentius Lüttgenrode, Messeakademie zur „denkmal 2006" 25. bis 28. Oktober 2006.
10 Beurteilung der Arbeit Nr. 40, Kirche in Hettstedt-Molmeck, Messeakademie zur „denkmal 2006" 25. bis 28. Oktober 2006.

Die Alte Kanzlei in Bleicherode

1 Das Fälldatum der für den Dachstuhl verwendeten Bäume wird durch dendrochronologische Untersuchungen mit 1665/66 angegeben. Angaben nach Pohl/Wiegand 2000.
2 Ebenda.
3 Ebenda.
4 Ebenda.
5 Eißing/Jäger 1998, S. 143.
6 Vgl. Denkmalausweisung des Thüringischen Landesamtes für Denkmalpflege vom 02.02.1999.

Anmerkungen

7 Vgl. hierzu: Dietrich 1983.
8 Angaben nach: Schmidt o. J.
9 Um 1700 lebten zunächst nur einige wenige Juden in der Stadt. Allein 1725 bis 1729 erhöhte sich ihre Zahl von 86 auf 155. Vgl. Kahl 1997, S. 53.
10 Angaben übernommen von einer Schautafel in der Ausstellung „Geschichte der jüdischen Gemeinde Bleicherodes" in der Alten Kanzlei, Tafel 8 „Die Synagoge in Bleicherode".
11 Ebenda.
12 Ebenda.
13 Zit. nach: Dietrich 1983.
14 Zum Bestand von Sachzeugnissen jüdischer Kultur in Thüringen siehe auch: Kahl 1997.

Historische Pauken im mittleren Thüringer Becken

1 Leipzig: Heise 2002, S. 25–62; München: Schmid 1987, S. 18–49; Nürnberg: Meer 1979, S. 103–104. Siehe auch: Heyde 1976, S. 281; Buchta 1996.
2 Eine musikwissenschaftliche Auswertung befindet sich in Vorbereitung.
3 Zahlreiche Sachzeugnisse konnte ich ebenfalls im Ilmkreis, im Kyffhäuserkreis, im Unstrut-Hainich-Kreis, im Landkreis Gotha und im Kreis Weimarer Land aufnehmen.
4 Längen und Weiten sind in Millimetern angegeben.
5 Instrumentenzettel in der kleinen Pauke: „[Esa]ias Kirchner [/] Drechßler [/] in [/] Erffordt den [/] 4. Augusti a͞o 86." Barbara Kirchner, Gattin des Erfurter Drechslermeisters Esaias Kirchner, wurde 1699 als Witwe erwähnt. Bauer 2003, S. 148.
6 In der Literatur werden insgesamt nur elf Holzpaukenpaare und zwei Einzelstücke, ob erhalten oder schon verloren, gezählt. Vgl. auch Heise 2002, S. 25. Allein in den Kirchen des Erfurter Landgebiets sind mir noch weitere fünf Holzpaukenpaare begegnet.
7 Die Gewichtangaben basieren auf Messungen mit einer handelsüblichen Federwaage.
8 Ziller 1934, S. 128.
9 Grüning 1835, S. 101.
10 Musikinstrumente in Stadt-, Schloss- und Heimatmuseen der Länder Sachsen, Sachsen-Anhalt und Thüringen, die Bestände der Fachmuseen ausgenommen, sind vom Händel-Haus Halle betreut und organisiert und von der Ständigen Konferenz Mitteldeutsche Barockmusik e.V. finanziert, zentral erfasst worden.
11 Weiß 2000, S. 114.
12 Heyde 1976, S. 281.
13 In der evangelischen Kirche von Isseroda im Weimarer Land hat sich noch vor wenigen Jahren ein Paar befunden, das wegen Hinfälligkeit der Kirche erst in die Marienkirche von Bad Berka überführt, dann in Privathand gegeben und schließlich von dieser entsorgt worden ist.
14 Vgl. auch Lobenstein 2007.

Die Glasmalereien im Chor der evangelisch-lutherischen Kirche St. Maria Magdalena in Milz (Landkreis Hildburghausen)

1 Brückner 1853, S. 225. Zur Baugeschichte und Ausstattung der Kirche siehe Lehfeldt/Voss 1904, S. 389–394; Hönn 1911, S. 41–44; Dehio Thüringen 2003, S. 817. Zur Glasmalerei-Ausstattung der Kirche siehe Bornschein/Gaßmann 2006, S. 472 f.
2 Der Verfasser dankt Herrn Pfarrer i. R. Arnd Morgenroth in Themar, der 2003 bis 2007 als Pfarrer in Milz tätig war, für Informationen und Unterstützung. Dank für Informationen auch an Herrn Rolf Bartholomäus, Bürgermeister in Milz und stellvertretender Vorsitzender des Gemeindekirchenrates der evangelisch-lutherischen Kirchgemeinde Milz.
3 Dehio Thüringen 2003, S. 817.
4 Lehfeldt/Voss 1904, S. 390.
5 TLDA, Bau- und Kunstdenkmalpflege, Bildstelle.
6 Die Schriftstücke sind unverändert zitiert und Einfügungen bzw. Ergänzungen in [eckige Klammern] gesetzt worden.
7 Der Verfasser dankt Herrn Hans Heß, Enkel von Ernst Knoch, Glaszentrum Ernst Knoch KG in Coburg, für Informationen.
8 Zur Geschichte der Thüringer Glas-Malerei, Mosaik- und Kunstverglasungs-Anstalt Knoch & Lysek in Coburg siehe Bornschein/Gaßmann 2006, S. 30 f. und S. 47, Anm. 111 f.
9 Pfarrarchiv Milz, Acten des Herzoglichen Pfarramtes zu Milz, betr. Stiftungen, Az: 130, a / 12 III, 1903–1908, ohne pag., Schreiben von Knoch an Hönn vom 16. August 1907.
10 Ebenda, Schreiben von Knoch an Hönn vom 21. August 1907.
11 Ebenda, Schreiben von Knoch an Hönn vom 4. November 1907.
12 Ebenda, Schreiben von Knoch an Hönn vom 18. November 1907.
13 Ebenda, Schreiben von Knoch an Hönn vom 25. November 1907.
14 Ebenda, Schreiben von Hönn an das Herzogliche Hofmarschallamt Meiningen vom 27. November 1907.
15 Siehe Bornschein/Gaßmann 2006, S. 460 f.
16 Siehe ebenda, S. 663–667.
17 Siehe ebenda, S. 616–619.
18 Pfarrarchiv Milz, Acten des Herzoglichen Pfarramtes zu Milz, betr. Stiftungen, Az: 130, a / 12 III, 1903–1908, ohne pag., Schreiben vom Herzoglichen Hofmarschallamt Meiningen an Hönn vom 2. Dezember 1907.
19 Ebenda, Schreiben von Knoch an Hönn vom 16. Dezember 1907.
20 Ebenda, Schreiben von Knoch an Hönn vom 30. Dezember 1907.
21 Die von Ernst Knoch verwendete Bezeichnung „Geburt" wird im Folgenden übernommen. Exakt handelt es sich bei der betreffenden Darstellung um die Geburt Christi mit der Anbetung der Hirten.
22 Pfarrarchiv Milz, Acten des Herzoglichen Pfarramtes zu Milz, betr. Stiftungen, Az: 130, a / 12 III, 1903–1908, ohne pag., Schreiben vom Herzoglichen Hofmarschallamt Meiningen an Hönn vom 3. Januar 1908.
23 Ebenda, Schreiben von Knoch an Hönn vom 15. Januar 1908.
24 Ebenda, Schreiben vom Herzoglichen Kabinett Meiningen an Hönn vom 24. Januar 1908.
25 Ebenda, Schreiben von Knoch an Hönn vom 7. Februar 1908.
26 Ebenda, Einladung mit Programm und Liedtexten.
27 Hönn 1911, S. 43.
28 Der Verfasser dankt Herrn Pfarrer Bernd Flade in Crock für Informationen und Unterstützung.
29 Zur Baugeschichte und Ausstattung der Kirche siehe Lehfeldt/Voss 1903, S. 118–122; Dehio Thüringen 2003, S. 195. Zur Glasmalerei-Ausstattung der Kirche siehe Bornschein/Gaßmann 2006, S. 161–163.
30 In der „Rechnung der Kirchengemeinde Crock auf das Kalenderjahr 1908.", die am 12. Mai 1909 vom Kirchenvorstand vorgelegt wurde, sind im 3. Kapitel (Bauwesen) die sich auf knapp 20 000 Mark belaufenden Gesamtkosten für die Restaurierung der Kirche aufgelistet, siehe Landeskirchenarchiv Eisenach, Kircheninspektion Eisfeld, C.26, pag. 195 v–197 r.
31 Siehe Schreiben von Susanne Scheibner (TLDA) an die evangelisch-lutherische Kirchgemeinde Milz vom 23.04.07, in dem u. a. die Abweichung des vierzeiligen Chorscheitelfensters in Milz von den dort sonst fünfzeiligen Chorfenstern beschrieben wird.
32 Pfarrarchiv Crock, Acten des Herzoglichen Pfarramtes Crock, betr. III. Bausachen. – Restaurierung der Kirche. Az: 130, Fach III Nr. 3b, 1908–1909, pag. 3, Schreiben von Knoch an Goepfert vom 22. Juni 1908.
33 Ebenda, pag. 10, Schreiben von Knoch an Goepfert vom 24. August 1908.
34 Ebenda.
35 Ebenda. Die sich aus der Kostenaufstellung der einzelnen Fenster ergebende Gesamtsumme wird durch die Rechnungsführung der Kirchgemeinde Crock bestätigt, siehe Landeskirchenarchiv Eisenach, Kircheninspektion Eisfeld, C.26, pag. 196 v.
36 Siehe Werkverzeichnis Knoch in Bornschein/Gaßmann 2006, S. 816, und betreffende Katalogtexte.
37 Siehe hierzu den folgenden Aufsatz in diesem Arbeitsheft.
38 Pfarrarchiv Milz, Bausachen, Erneuerung der Kirche 1920, Az: 130, a / 3 IV, 1917–1919, ohne pag., Schreiben von Knoch an Hönn vom 25. Januar 1919.
39 Ebenda, Schreiben von Knoch an Hönn vom 12. Februar 1919.
40 Ebenda, Schreiben von Knoch an Hönn vom 31. März 1919.
41 Im konkreten Fall der Darstellung der „Stillung des Sturmes" (Errettung Petri) wurde eine zuvor bereits von anderen Werkstätten genutzte Vorlage verwendet, siehe Bornschein/Gaßmann 2006, S. 78. In diesem Zusammenhang sei auch die Verwendung von einer (Crock) bzw. zwei (Milz) Wächterfiguren aus der Darstellung „Die Auferstehung Jesu" in der zuerst 1860 erschienenen „Bibel in Bildern" von Julius Schnorr von Carolsfeld erwähnt.
42 Offensichtlich waren für Ummerstadt zunächst drei Fenster geplant. Im Zuge der für die Publikation Bornschein/Gaßmann 2006 von den Autoren im Jahr 2001 in Ummerstadt durchgeführten Bestandserfassung wurde nur ein Fens-

ter registriert, siehe den betreffenden Ordner im TLDA. Da in der Sockelzone dieses Fensters drei Stifter genannt werden, ist zu vermuten, dass man sich entgegen der ursprünglichen Konzeption später für ein gemeinsames Fenster entschied.
43 Siehe Bornschein/Gaßmann 2006, S. 327 f.
44 Der Verfasser dankt Frau Ingrid Brandt in Milz für Informationen zum Fenster sII.
45 Freundliche Mitteilung von Frau Pfarrerin Beate Hofmann-Landgraf, Irmelshausen.
46 Karnau 2007, S. 86.
47 Siehe den betreffenden Ordner im TLDA mit der für die Publikation Bornschein/Gaßmann 2006 von den Autoren durchgeführten Bestandserfassung.
48 Pfarrarchiv Milz, Bausachen, Erneuerung der Kirche 1920, Az: 130, a / 3 IV, 1917–1919, ohne pag., Werbeblatt „Kriegerehrungen für Stadt- u. Landkirchen".
49 Der Verfasser dankt Herrn Dr. Peter Hönn in Römhild für Informationen zum Fenster sIV.
50 Freundliche Mitteilung von Frau Hiltrud Stangenberger in Milz, die in verwandtschaftlicher Beziehung zu Robert Ambach steht und die die auf den 18. August 1919 datierte, von Pfarrer Hönn bestätigte Rechnung aufbewahrt.
51 Pfarrarchiv Milz, Bausachen, Erneuerung der Kirche 1920, Az: 130, a / 3 IV, 1917–1919, ohne pag., Quittung von Knoch vom 15. September 1919.
52 Ebenda, Schreiben von Knoch an Hönn vom 3. September 1919.
53 Freundliche Mitteilung von Herrn Michael Tröbs, Stadtarchiv Coburg.
54 Informationen von Herrn Hans Heß, Glaszentrum Ernst Knoch KG Coburg.
55 Glaswerkstätte Rothkegel 2007.

Das Ehrenmal für die Gefallenen des Ersten Weltkriegs auf dem Lärchenberg in Zella-Mehlis – ein Beispiel architektonischer Erinnerungskultur in Thüringen

1   Der ursprüngliche Name war „Ehrenmal für die Gefallenen des 1. Weltkriegs 1914/18". Mit der Umwidmung 1945/46 erhielt es den Namen „Denkmal auf dem Lärchenberg".
2   Die Einstufung erfolgte entsprechend alter Erfassungsunterlagen des TLDA.
3   Ein unmittelbar nach dem Krieg geplantes Mal war in Folge der Inflation aufgegeben worden (ZMT 173/1924).
4   ZMA 144/1924.
5   ZMT 173/1924.
6   Im Vordergrund sollten Sportveranstaltungen stehen (ZMT 247/1924).
7   ZMT 173/1924.
8   Zunächst war als Standort der Rathausplatz vorgesehen. Nachdem der entsprechende Vertrag aufgrund des schwierigen Erbbaurechts nicht die Zustimmung des Stadtrates gefunden hatte, gab man den Plan wieder auf. Der Denkmalausschuss beauftragte daraufhin einen künstlerischen Sachverständigen mit der Auswahl eines angemessenen Platzes. Im Ergebnis wurde das so genannte Trinrod ausgewählt (ZMA 138/1926).
9   ZMA/1926.
10 Ebenda.
11 ZMA 302/1929.
12 An der Stelle stand eine Schießhütte, vorher war es der Standort eines Windrads.
13 Auch zu dieser Zeit war die Baufinanzierung noch nicht abgeschlossen. Der Stadtvorstand richtete deshalb eine schriftliche Spendenaufforderung an die „wirtschaftlich besser gestellten Kreise" (ZMA 62/1934).
14 Entsprechende Ausführungen finden sich in der Urkunde zur Grundsteinlegung (Stadtarchiv Zella-Mehlis).
15 ZMA 275/1935.
16 ZMA 52/1934.
17 Vgl. Kriegsgräber o.J., S. 3–6
18 Franz 2001, S. 25–50
19 Tietz 1999 S. 47–74
20 Auch beim zweiten Gefallenenehrenmal in Zella-Mehlis, den Wills-Gräbern, wurde für den Pyramidenstumpf mit großer Freitreppe eine exponierte Lage am Rennsteig gewählt, ein Bereich, der damals noch nicht bewaldet war und eine erhebliche Fernwirkung entfaltete. Ermöglicht hatte das der Vater der Brüder, Oskar Will, der Besitzer des Venus-Waffenwerks in Zella war.
21 Das Denkmal in Zeulenroda wurde 1993 durch Rudolf Ziegenhagen restauriert.
22 Ursprünglich befand sich in der Halle des Ehrenmals die Figur eines aufgebahrten Kriegers. Auf acht Bronzetafeln waren die Namen der Gefallenen aufgeführt.
23 Man denke etwa an das Haus der Freundschaft in Konstantinopel.
24 Franz 2001, S. 35.
25 Nerdinger/Mai 1994, S. 250; ZdB 1925, S. 289.
26 Vgl. dazu Neue Architektur 1928.
27 Der Berg hieß ursprünglich Hainberg und war der ehemalige Galgenberg. 1949 erfolgte die Umbenennung in Friedensberg.
28 Högg lehnte sich dabei eng an einen Entwurf von Gustav Wolf an. Vgl. Högg 1915, S. 22.
29 Högg folgte beim Gedanken des Hains Vorstellungen Arnold Böcklins. Vgl. Högg 1915, S. 21.
30 Eine vergleichbare Ringanlage befindet sich auch am Ortsrand von Helmershausen im Landkreis Schmalkalden-Meiningen.
31 In der Walhalla bei Regensburg verbinden sich im Weiheraum des antiken griechischen Tempels die Idee des dem Individuum gewidmeten Denkmals und des an die Gemeinschaft appellierenden Nationaldenkmals.
32 Zimmermann 1916, S. 37–51.

Bad Tennstedt, Markt 15 – Das Schicksal einer bedrohten Wandmalerei des 16. Jahrhunderts

1   Hauptauftraggeber Komplexer Wohnungsbau Bad Langensalza, Ermittlung der Bauzustandsstufe, Protokoll vom 05.03.1987.
2   Staatliche Bauaufsicht, Prüfbescheid vom 05.03.1987.
3   Der Volkseigene Betrieb Denkmalpflege hatte seinen Sitz in der Futterstraße 13 und 13a in Erfurt. Dieser Betrieb beherbergte die verschiedensten handwerklichen Berufszweige, die für die Arbeit an Denkmalen ausgebildet und eingesetzt wurden.
4   Wagner, Uwe: Auswertung der fototechnischen Untersuchungen mittels IR- und UV-Fotografie, Protokoll vom 25.05.1992.
5   Wagner 1992.
6   Hartmann 1992.
7   Englhardt 2000.
8   Hesse 2006.
9   Vogel von Frommannshausen 2007.
10 Vgl. Wagner 1992, S. 118–120.
11 „[…] Krieger in spanischer Feldherrentracht mit osmanischen Herrschern; vermutlich Regierungszeit Maximilian II. von Habsburg 1564–1576, der nach einem defensiv geführten Krieg von Scheich Selim II einen achtjährigen Waffenstillstand erhielt." Ebd., S. 119.
12 Vgl. Fillitz 1954, S. 65–82.
13 Vgl. Kirschbaum 1968, S. 684–687.
14 Vgl. Kybalova 1980, S. 163–175.
15 Vgl. ebd.
16 Vgl. LCI 1968, S. 684–687.
17 Auch Uwe Wagner führt die spanische Mode als Datierungshilfe an: „Datierung der Malereien: Spätes 16. Jahrhundert. […] Darstellung: Szenen bäuerlichen Lebens in spanischer Mode […]." Wagner 1992, S. 119.
18 Es kann davon ausgegangen werden, dass Beschlag- und Rollwerk am Profanbau ab 1568 (Stadt Altenburg, Oberzetzscha, Herrenhaus) auftritt. In evangelischen Kirchen erscheinen in Thüringen Beschlag- und Rollwerkdekorationen erst etwa ab 1610 (Schönewerda, Kirche, Saale-Holzland-Kreis). Siehe hierzu: Wagner 2007, S. 1–4.
19 Vgl. ebd.
20 Vgl. Hopf 1997, S. 5–7.
21 Vgl. Mrusek 1973, S. 137 f.
22 Möller 1861, S. 305.
23 Gregorii 1711/1997, S. 11.
24 Möller 1860/61, S. 45–112 und S. 257–318.
25 Nach mündlicher Mitteilung von Dipl. Ing. Mielke der Bauhaus Universität Weimar 2000 in Englhardt 2000, S. 6.
26 Schlüter/Riks o.J.
27 Goretzki 1996.
28 Englhardt 2000.
29 Englhardt 2000, S. 8.
30 Weichmann 1998.
31 Ebd.
32 Forschungsbericht des ZMK des DBU-Projektes Az. 18320 Gipsmörtel.

Anhang

Literaturverzeichnis

Die hl. Elisabeth in der Glasmalerei des 19. und frühen 20. Jahrhunderts am Erfurter Dom

Arnold, Karl: Der Dom zu Erfurt. Seine Merkwürdigkeiten nebst Erklärung aller Standbilder und Ornamente, Erfurt 1876
Becksmann, Rüdiger (Hrsg.): Deutsche Glasmalerei des Mittelalters I. Voraussetzungen – Entwicklungen – Zusammenhänge, Berlin 1995
Beeskow, Angela: Historische Ausstattung in den Kirchen des Berliner Kirchenbauvereins – ein Beitrag zur Ikonographie des Protestantismus. (= Edition Wissenschaft Reihe Kunstgeschichte 25), Marburg 2002
Beyer, Heinrich: Der Dom zu Erfurt. Erinnerungsblätter für Einheimische und Fremde, Erfurt 1867
Ders.: Kurze Geschichte der Stiftskirche Beatae Mariae Virginis zu Erfurt (mit Anmerkungen von Rudolf Böckner), in: Mitteilungen des Vereins für die Geschichte und Altertumskunde von Erfurt 6, 1873, S. 125–224
Bierschenk, Monika: Glasmalereien der Elisabethkirche in Marburg. Die figürlichen Fenster um 1240, Berlin 1991
Bornschein, Falko: Der Zyklus der Chorverglasung – Ikonografie und Sinngehalt, in: Mittelalterliche Glasmalerei im Dom zu Erfurt. Restaurierung und Konservierung, Leipzig 2004a
Ders.: Bestand und Zustand der Fenster süd IV und süd VI vor den Arbeiten, in: Mittelalterliche Glasmalerei im Dom zu Erfurt. Restaurierung und Konservierung, Leipzig 2004b, S. 40–55
Ders.: Die Glasmalereien des späten 19. und frühen 20. Jahrhunderts in der Marienkirche zu Mühlhausen/Thüringen, in: Mühlhäuser Beiträge, Heft 29, hrsg. v. Mühlhäuser Geschichts- und Denkmalpflegeverein g.e.V. In Zusammenarbeit mit den Mühlhäuser Museen und dem Stadtarchiv Mühlhausen, Mühlhausen 2006, S. 35–60
Bornschein, Falko/Brinkmann, Ulrike/Rauch, Ivo: Erfurt . Köln . Oppenheim . Quellen und Studien zur Restaurierungsgeschichte mittelalterlicher Farbverglasungen (= CVMA Deutschland Studien II), Berlin 1996
Bornschein, Falko/Gaßmann, Ulrich: Glasmalereien des 19. Jahrhunderts. Thüringen. Die Kirchen, Leipzig 2006
Bornschein, Falko/Glaß, Thomas/Jähn, Matthias: Die Glasmalereien von Charles Crodel im Dom zu Erfurt, Leipzig 1999
Demharter, P. (Bearb.): Führer durch Erfurt für die Besucher des XX. Congresses des Verbandes kathol. Kaufmänn. Vereinigungen Deutschlands zu Erfurt 1897, Heiligenstadt [1897]
Drachenberg, Erhard: Die mittelalterliche Glasmalerei im Erfurter Dom (= CVMA DDR 1.2.), Textbd., Berlin 1980
Feldkamm, Jakob: Der Dom zu Erfurt, (Erfurt) 1918
Fitz, Eva: Die rekonstruktiven Restaurierungen des Königlichen Instituts für Glasmalerei in Berlin. Technische und ikonographische Methoden der Ergänzung im Zeitalter des Historismus, in: Restaurierung und Konservierung historischer Glasmalereien, hrsg. von Arnold Wolff, Mainz 2000, S. 36–46
Gerber, Stefan: „Die Heilige der Katholiken und Protestanten". Die heilige Elisabeth in konfessioneller Wahrnehmung während des „langen" 19. Jahrhunderts, in: Elisabeth von Thüringen – eine europäische Heilige, Aufsätze zur dritten Thüringer Landesausstellung, im Namen der Wartburg-Stiftung Eisenach und der Friedrich-Schiller-Universität Jena unter Mitarbeit von Uwe John und Helge Wittmann hrsg. von Dieter Blume und Matthias Werner, Petersberg 2007, S. 499–509
Imhoff, Christoph v. (Hrsg.): Berühmte Nürnberger aus neun Jahrhunderten, Nürnberg 1984
Kat. Marburg 1983, Bd. 2: Die heilige Elisabeth in der Kunst – Abbild, Vorbild, Wunschbild; Katalog Bd. 2 zur Ausstellung im Marburger Universitätsmuseum für bildende Kunst, bearb. von Brigitte Rechberg, Marburg 1983
Kat. Marburg 1983, Bd. 7: Die heilige Elisabeth in der Kunst – Abbild, Vorbild, Wunschbild; Katalog Bd. 7 zur Ausstellung im Marburger Universitätsmuseum für bildende Kunst, bearb. von Brigitte Rechberg, Marburg 1983
Kat. zur dritten Thüringer Landesausstellung 2007: Elisabeth von Thüringen – eine europäische Heilige, Katalog zur dritten Thüringer Landesausstellung, im Namen der Wartburg-Stiftung Eisenach und der Friedrich-Schiller-Universität Jena unter Mitarbeit von Uwe John und Helge Wittmann hrsg. von Dieter Blume und Matthias Werner, Petersberg 2007
Kruspe, Heinrich: Neuester Führer durch die Stadt Erfurt, zweite vermehrte Auflage, Erfurt [1879]
Linnemann, Rudolf und Otto: Rudolf und Otto Linnemann, Frankfurt-Main, Frankfurt a. M. 1914
Martin, Frank: Die heilige Elisabeth in der Glasmalerei. Vermittlungsstrategien eines weiblichen Heiligenmodells, in: Elisabeth von Thüringen – eine europäische Heilige, Aufsätze zur dritten Thüringer Landesausstellung, im Namen der Wartburg-Stiftung Eisenach und der Friedrich-Schiller-Universität Jena unter Mitarbeit von Uwe John und Helge Wittmann hrsg. von Dieter Blume und Matthias Werner, Petersberg 2007, S. 293–308
Müller, Bernard: Neue Glasmalereien. Rudolf und Otto Linnemann – Frankfurt a. M., in: Innen-Dekoration 26, 1915, S. 313–319
Städtler, J. Ph.: Leben der hl. Elisabeth von Ungarn, Landgräfin von Thüringen und Hessen, Aachen und Leipzig 1845
Tettau, Wilhelm Johann Albert Freiherr v.: Beschreibende Darstellung der älteren Bau- und Kunstdenkmäler der Stadt Erfurt und des Erfurter Landkreises (= Beschreibende Darstellung der älteren Bau- und Kunstdenkmäler der Provinz Sachsen und angrenzender Gebiete, Heft 13, hrsg. von der Historischen Commission der Provinz Sachsen), Halle 1890
Thieme, Ulrich/Becker, Felix (Begr.): Allgemeines Lexikon der bildenden Künstler von der Antike bis zur Gegenwart, Studienausgabe, Bd. 1–37, Leipzig 1999
Trott, Elfriede: Die katholischen Kirchen Erfurts, Leipzig und Heiligenstadt [1973]
Vollmer, Hans (Hrsg.): Allgemeines Lexikon der bildenden Künstler des 20. Jahrhunderts, Studienausgabe Bd. 1–6, Leipzig 1999
Wettig, Hermann: Erfurt und seine Umgebung. Ein Führer und Gedenkbuch für die Besucher dieser Stadt, Gotha [1898]
Woerl's Reisehandbücher. Führer durch die Regierungshauptstadt Erfurt und Umgebung, Würzburg/Wien [1885]

Ehemalige Bezirksparteischule der SED in Erfurt

Bartmann-Kompa, Ingrid/Kutschmar, Aribert/Karn, Heinz: Architekturführer DDR. Bezirk Potsdam, Berlin ²1982
Baumann, Martin: Historische Entwicklung des Stadtgrüns in Gera, in: Löffler, Anja: Denkmaltopographie Bundesrepublik Deutschland. Kulturdenkmale in Thüringen. Band 3. Stadt Gera, Altenburg 2007, S. 199–209
Behrens, Jörg/Mann, Michael/Zimmermann, Birgitt (Hrsg.): Architektur in Erfurt. Von den 20ern bis zur Gegenwart. Ein Projekt am Fachbereich Architektur der Fachhochschule Erfurt, Erfurt 1999
Beyme, Klaus von: Staatsarchitektur der Diktaturen – ein Objekt der Denkmalpflege? In: Hochschule für Architektur und Bauwesen Weimar (Hrsg.): Wissenschaftliche Zeitschrift, Heft 4/5/1995: Denkmale und Gedenkstätten. Dokumentation der Jahrestagung 1994 in Weimar des Arbeitskreises Theorie und Lehre der Denkmalpflege e.V., Weimar 1995, S. 179–184
Escherich, Mark: Architektur 1960–1989 in Thüringen – eine Recherche als erster Überblick. Thüringisches Landesamt für Denkmalpflege (Auftraggeber), Erfurt 2001 [unveröffentlichtes Typoskript, vorhanden im Archiv des TLDA, Bau- und Kunstdenkmalpflege, Dienstort Erfurt]
Escherich, Mark: Zur Problematik der Denkmalpflege bei Bauten der sechziger und siebziger Jahre, in: Aus der Arbeit des Thüringischen Landesamtes für Denkmalpflege. Denkmale in Gefahr. Arbeitshefte des Thüringischen Landesamtes für Denkmalpflege. Neue Folge 19, Altenburg 2004, S. 30–36
Escherich, Mark/Wieler, Ulrich: Planen und Bauen in Thüringen 1945–1990. Architektur in der SBZ und in der DDR. Landeszentrale für politische Bildung (Hrsg.), Erfurt 2002
Fechner, Frank/Martin, Dieter J./Paulus, Eberhard/Winghart, Stefan: Thüringer Gesetz zur Pflege und zum Schutz der Kulturdenkmale (Thüringer Denkmalschutzgesetz – ThürDSchG). Kommentar, Wiesbaden 2005
Gebauer, Heinz: Bezirksparteischule der SED, in: Bauakademie der DDR und Bund der Architekten der DDR (Hrsg.): Architektur der DDR. 3/1976. XXV. Jahrgang, S. 169–171
Hahn, Gudrun/Polenz, Serafim/Lösler, Heinz/Schaeffer, Heinz/Menzel, Rudolf: Architekturführer DDR. Bezirk Schwerin, Berlin 1984
Halbach, Ingrid/Heideck, Ernst Siegfried/Rechlin, Wolfgang/Schwarz, Gudrun/Resch, Stefan: Architekturführer Neubrandenburg. Stadt und Umgebung, Berlin 1991
Halbach, Ingrid/Rambow, Matthias/Büttner, Horst/Rätzel, Peter: Architekturführer DDR. Bezirk Frankfurt (Oder), Berlin 1987

Hansen, Astrid: 1960 plus – ein ausgeschlagenes Erbe? Materialien zur Tagung des Deutschen Nationalkomitees für Denkmalschutz am 17. und 18. April 2007 in Berlin, Berlin 2007

Hüter, Karl-Heinz/Schulrabe, Siegward/Dallmann, Wilfried/Zießler, Rudolf: Architekturführer DDR. Bezirk Erfurt, Berlin 1979

Kaufmann, Erich: Bezirksparteischule der SED in Rostock, in: Bauakademie der DDR und Bund der Architekten der DDR: Deutsche Architektur. 5/1971. XX. Jahrgang, S. 276–281

Lange, Ralf: Architektur und Städtebau der sechziger Jahre. Planen und Bauen in der Bundesrepublik Deutschland und der DDR von 1960 bis 1975. Schriftenreihe des Deutschen Nationalkomitees für Denkmalschutz, Band 65, Bonn 2003

Löffler, Anja: Denkmaltopographie Bundesrepublik Deutschland. Kulturdenkmale in Thüringen. Band 3. Stadt Gera, Altenburg 2007

Martin, Dieter J./Krauzberger, Michael: Handbuch Denkmalschutz und Denkmalpflege. Einschließlich Archäologie. Recht, fachliche Grundsätze, Verfahren, Finanzierung, München 2004

Möller, Hans-Otto/Behrendt, Helmut/Marsike, Klaus/Franke, Ekkehard/Stahl, Matthias/Baier, Gerd: Architekturführer DDR. Bezirk Rostock, Berlin ²1983

Parteischule der Bezirksleitung der SED. 35 Jahre. Hrsg.: Bezirksleitung Erfurt der Sozialistischen Einheitspartei Deutschlands, Bezirksparteischule der SED „Ernst Thälmann" Erfurt, Erfurt 1988

SED – Sozialistische Einheitspartei Deutschlands. Partei – Parteischule – SED-Mitglied – Zentralkomitee, in: Damals in der DDR. Ein Multimediaprojekt von MDR und WDR. Lexikon, Leipzig 2005. http://www.mdr.de/damals-in-der-ddr/lexikon/1478495.html (eingesehen am 03.09.2007, 11:13 Uhr)

Sattler, Friederike: Massenorganisation, in: FDGB-Lexikon, Arbeitsversion, Berlin 2005. http://library.fes.de/FDGB-Lexikon/rahmen/lexikon_frame.html (eingesehen am 12.09.2007, 14:27 Uhr)

Sauerbier, Yvonne: Ehemalige Bezirksparteischule, in: Behrens, Jörg/Mann, Michael/Zimmermann, Birgitt (Hrsg.): Architektur in Erfurt. Von den 20ern bis zur Gegenwart. Ein Projekt am Fachbereich Architektur der Fachhochschule Erfurt, Erfurt 1999, S. 136f.

Viebrock, Jan Nikolaus: Denkmalbegriff, in: Martin, Dieter J./Krauzberger, Michael: Handbuch Denkmalschutz und Denkmalpflege. Einschließlich Archäologie. Recht, fachliche Grundsätze, Verfahren, Finanzierung, München 2004, S. 116–128

Wieler, Ulrich/Weckherlin, Gernot/Escherich, Mark/Fehr, Carla/Wahl, Beate/Dallmann, Elke: Architekturführer Thüringen 2. Vom Bauhaus bis heute. Weimar, erweiterte Neuauflage 2006, S. 162

Gera 2007 – Frisches Grün für eine ganze Stadt?

Löffler, Anja: Denkmaltopographie Bundesrepublik Deutschland. Kulturdenkmale in Thüringen. Band 3. Stadt Gera. (Hrsg. Thüringisches Landesamt für Denkmalpflege und Archäologie) Dresden 2007 (mit weiteren Literaturangaben)

Stadt + Grün. Das Gartenamt. 56. Jg. Heft 6, Berlin 2007

Thüringisches Landesamt für Denkmalpflege/Stadt Gera (Hrsg.): Villen und Villengärten in Gera. Kulturdenkmale in Gera. Gera 1999

Thüringisches Landesamt für Denkmalpflege und Archäologie/Stadt Gera (Hrsg.): Küchengarten in Gera. Kulturdenkmale in Gera. Gera 2006

Thüringisches Landesamt für Denkmalpflege und Archäologie/Stadt Gera (Hrsg.): Theater in Gera. Bühnen der Stadt Gera. Kulturdenkmale in Gera. Gera 2007

Kirchenerhaltung als weitergefasste Gestaltungsaufgabe zukünftiger Architekten

Messeakademie der denkmal 2006 in Leipzig und der Deutschen Stiftung Denkmalschutz (Hrsg.): Heilig? Konzepte zur modernen Nutzung historischer Kirchen in Ostdeutschland, Bonn 2007

Wirth, Hermann: Werte und Bewertung baulich-räumlicher Strukturen. Axiologie der baulich-räumlichen Umwelt, Alfter 1994

Die Alte Kanzlei in Bleicherode

Dietrich, Hans-Joachim: Zur 500jährigen Geschichte der jüdischen Gemeinde in Bleicherode und Umgebung, in: Jüdisches Nachrichtenblatt, Berlin, erschienen in 4 Fortsetzungen, 1. Teil Dezember 1983

Eißing, Stephanie/Jäger, Franz u.a.: Handbuch der deutschen Kunstdenkmäler (DEHIO), Thüringen, hrsg. in Zusammenarbeit mit dem Thüringischen Landesamt für Denkmalpflege, Berlin 1998

Kahl, Monika: Denkmale jüdischer Kultur in Thüringen, hrsg. vom Thüringischen Landesamt für Denkmalpflege, Bad Homburg/Leipzig 1997

Pohl, Antje/Wiegand, Dietrich: Bleicherode – Alte Kanzlei – Hauptstraße 131, Bauforschung 1. Teil, Auftraggeber: Untere Denkmalschutzbehörde Lkr. Nordhausen, Nordhausen 2000

Schmidt, Dirk: Textmanuskript zur Vorbereitung der Ausstellung „Geschichte der jüdischen Gemeinde Bleicherodes", Bad Honnef, unveröffentlicht, o.J.

Historische Pauken im mittleren Thüringer Becken

Bauer, Martin: Bürgerbuch der Stadt Erfurt 1670–1760, Marburg an der Lahn 2003

Buchta, Harald: Pauken und Paukenspiel im Europa des 17.–19. Jahrhunderts, Heidelberg 1996

Grüning, Friedrich Heinrich: Die neue vervollständigte Chronik der Stadt Cölleda, Sondershausen 1835

Heise, Birgit: Membranophone und Idiophone. Europäische Schlag- und Friktionsinstrumente, Leipzig 2002

Heyde, Herbert: Historische Musikinstrumente im Bachhaus Eisenach, Eisenach 1976

Lobenstein, Albrecht: Orgeln, Glocken, Blech und Pauken. Sieben Argumente für eine zentrale Sammlung, in: Zwischentöne. Kirchenmusikalische Mitteilungen der Föderation Evangelischer Kirchen in Mitteldeutschland, 15. Jg., Heft 2, Erfurt 2007, S. 3–6

Meer, John Henry van der: Die europäischen Musikinstrumente im Germanischen Nationalmuseum Nürnberg. Bd. 1: Hörner und Trompeten, Membranophone, Idiophone, Wilhelmshaven etc. 1979

Schmid, Manfred Hermann: Pauken in den Münchner Museen, in: Bericht über das 7. Symposium zu Fragen des Musikinstrumentenbaus. Zupf- und Schlaginstrumente des 17. und 18. Jahrhunderts -Schlaginstrumente- (= Beiheft zu den Studien zur Aufführungspraxis und Interpretation der Musik des 18. Jahrhunderts), Michaelstein 1987, S. 18–49

Weiß, Ulman: Ein Chorbuch der Erfurter Kaufmannskirche aus der Bachzeit, in: Erfurter Musikkultur im Barock. Kleine Schriften des Vereins für die Geschichte und Altertumskunde von Erfurt e.V., Band IV. Erfurt 2000, S. 81–114

Ziller, Ernst: Johann Heinrich Buttstädt (1666–1727), Halle 1934

Die Glasmalereien im Chor der evangelisch-lutherischen Kirche St. Maria Magdalena in Milz (Landkreis Hildburghausen)

Bornschein, Falko/Gaßmann, Ulrich: Glasmalereien des 19. Jahrhunderts. Thüringen. Die Kirchen. Herausgegeben vom Thüringischen Landesamt für Denkmalpflege und Archäologie und der Arbeitsstelle für Glasmalereiforschung des Corpus Vitrearum Medii Aevi, Potsdam, der Berlin-Brandenburgischen Akademie der Wissenschaften, Leipzig 2006

Brückner, Georg: Landeskunde des Herzogthums Meiningen. 2. Teil, Meiningen 1853

Dehio, Georg: Handbuch der Deutschen Kunstdenkmäler. Thüringen. Bearbeitet von Stephanie Eißing, Franz Jäger u.a., München/Berlin ²2003

Glaswerkstätte Rothkegel e. K.: Erfassung – Untersuchung – Konzeption. Glasmalerei-Ensemble Ev. Kirche Milz, Würzburg 2007 (vorhanden: Thüringisches Landesamt für Denkmalpflege und Archäologie)

Hönn, Eugen: Aus der Vergangenheit und Gegenwart des Dorfes Milz, in: Schriften des Vereins für Sachsen-Meiningische Geschichte u. Landeskunde. 63. Heft, Hildburghausen 1911, S. 3–72

Karnau, Oliver: Kriegergedächtnisfenster in Kirchen. Überlegungen zu Denkmalwert und Denkmalpflege, in: Denkmalpflege an Grenzen – Patrimoine sans Frontières? Jahrestagung und 74. „Tag für Denkmalpflege" der Vereinigung der Landesdenkmalpfleger in der Bundesrepublik Deutschland (VdL) vom 7. bis 9. Juni 2006 in Saarbrücken. Tagungsband. Herausgegeben vom Landesdenkmalamt im Ministerium für Umwelt, Saarbrücken (= Denkmalpflege im Saarland – Arbeitsheft 1), Saarbrücken 2007

Lehfeldt, Paul: Bau- und Kunst-Denkmäler Thüringens. Heft XXX. Herzogthum Sachsen-Meiningen. Amtsgerichtsbezirke Eisfeld und Themar. Nach dem Tode des Verfassers herausgegeben von Georg Voss, Jena 1903

Lehfeldt, Paul: Bau- und Kunst-Denkmäler Thüringens. Heft XXXI. Herzogthum Sachsen-Meiningen. Amtsgerichtsbezirke Heldburg und Römhild. Nach dem Tode des Verfassers herausgegeben von Georg Voss, Jena 1904

Das Ehrenmal für die Gefallenen des Ersten Weltkriegs auf dem Lärchenberg in Zella-Mehlis – ein Beispiel architektonischer Erinnerungskultur in Thüringen

Franz, Peter: Martialische Idole. Die Sprache der Kriegerdenkmäler in Thüringen. Eine landesweite Darstellung des Bestandes und eine kritische Analyse ihrer ikonografischen und verbalen Botschaften, hrsg. v. Thüringer Forum für Bildung und Wissenschaft e.V., Jena 2001

Högg, Emil: Kriegergrab und Kriegerdenkmal, in: Die Bücher der Kirche. Hrsg. Dr. Th. Scheffer, Bd. 7, Wittenberg 1915, S. 22

Kriegsgräber in der Heimat. Vorschläge bearbeitet von der staatlichen Beratungsstelle für Kriegerehrungen in Berlin, Berlin o.J., S. 3–6

Lurz, Meinhold: Kriegerdenkmäler in Deutschland. Bd. 3: 1. Weltkrieg, Heidelberg 1985

Nerdinger, Winfried/Mai, Ekkehard (Hrsg.): Wilhelm Kreis. Architektur zwischen Kaiserreich und Demokratie 1873–1955, München/Berlin 1994

Neue Architektur, Hrsg. G. E. Konrad, Berlin/Wien 1928

Scharfe, Siegfried (Hrsg.): Deutschland über Alles. Ehrenmale des Weltkriegs. Königstein/Taunus/Leipzig 1938

Tietz, Jürgen: Das Tannenberg-Nationaldenkmal. Architektur, Geschichte, Kontext, Berlin 1999

Vogt, Arnold: Den Lebenden zur Mahnung. Denkmäler und Gedenkstätten. Zur Traditionspflege und historischen Identität vom 19. Jahrhundert bis zur Gegenwart, Hannover 1993

Zella-Mehliser Anzeiger, Nr. 144, 23.06.1924
Zella-Mehliser Anzeiger, Nr. 137, 23.11.1926
Zella-Mehliser Anzeiger, Nr. 138, 25.11.1926
Zella-Mehliser Anzeiger, Nr. 302, 25.12.1929
Zella-Mehliser Anzeiger, Nr. 52, 14.06.1934
Zella-Mehliser Anzeiger, Nr. 62, 23.06.1934
Zella-Mehliser Anzeiger, Nr. 275, 25.11.1935
Zella-Mehliser Tageblatt, Nr. 173, 25.07.1924
Zella-Mehliser Tageblatt, Nr. 247, 19.10.1924
Zentralblatt der Bauverwaltung 1925

Zimmermann, Max Georg (Hrsg.): Schinkel, Carl Friedrich. Kriegsdenkmäler aus preußischer Zeit, Berlin 1916

Bad Tennstedt, Markt 15 – Das Schicksal einer bedrohten Wandmalerei des 16. Jahrhunderts

Arens, Petra: Untersuchung und Entwicklung von Gipsmörteln für den Außenbereich unter besonderer Berücksichtigung der Wasserresistenz. Dissertation zur Erlangung des Grades eines Doktors der Naturwissenschaften vorgelegt an der Universität-Gesamthochschule Siegen, Siegen 2002

Böttcher, Karl Georg: Mörtel für die Erhaltung historischer Kalkputze: Haftmörtel, Hinterfüllmörtel und Kalkputze, Berlin 1997

Englhardt, Christine: Freilegung und konservatorisch-restauratorische Bearbeitung von Malereien des 16. Jahrhunderts, unveröff. Diplomarbeit an der Fachhochschule Erfurt, FB Konservierung und Restaurierung, Erfurt 2000

Fillitz, Hermann: Die Insignien und Kleinodien des Heiligen Römischen Reiches. Wien/München, 1954

Goretzki, Lothar (Hrsg.): Verfahren zum Entsalzen von Naturstein, Mauerwerk und Putz. WTA-Schriftenreihe Heft 8, Freiburg 1996

Gregorii, M. Johann Gottfried: Historische Nachrichten von Tännstedt. (1711). Neu verlegt: Mittelsömmern 1997

Hartmann, Antje: Analysen von Lehmmörteln in Bezug auf Zusammensetzung und Belastung durch Schadfaktoren, Ingenieurarbeit an der Hochschule für Architektur und Bauwesen, Verfahrenstechnik, Weimar 1992

Hesse, Suzy: Konzeption konservatorischer und restauratorischer Maßnahmen an den stark gefährdeten Wandmalereien der Nord- und Ostwand, unveröff. Diplomarbeit an der Fachhochschule Erfurt, FB Konservierung und Restaurierung, Erfurt 2007

Hopf, Udo: Der mittelalterliche Wohnturm in Wandersleben. Wandersleben 1997

Jägers, Elisabeth (Hrsg.): Dispergiertes Weißkalkhydrat für die Restaurierung und Denkmalpflege, Petersberg 2000

Kybalova, Ludmila: Das große Bilderlexikon der Mode, Dresden 1980

LCI = Kirschbaum, Engelbert (Hrsg.): Lexikon der christlichen Ikonographie, 1. Bd. Freiburg 1968

Möller, Johann Heinrich: Klöster in Gotha. 1. Kreuzkloster, Monasterium S. Crucis. 2. Augustinerkloster, in: ZVThürGA 4, 1860/61, S. 45–112, 257–318

Mrusek, Hans-Joachim: Gestalt und Entwicklung der feudalen Eigenbefestigung im Mittelalter, Berlin 1973

Schlüter, Heinz/Riks, Eva: Diagnose von Feuchte- und Salzschäden Teil 1 bis 3, in: Arbeitsblätter des Deutschen Zentrum für Handwerk und Denkmalpflege, Propstei Johannesberg, Fulda e.V., Außenstelle Potsdam; Themenbereich 10.2, o.J.

Vogel von Frommannshausen, Bettina: Bad Tennstedt, Markt 15: Die Ikonographie der Wandmalereien des Erdgeschossraumes, unveröff. Praktikumsarbeit an der Universität Halle, Kunstgeschichte, Halle 2007

Wagner, Uwe: Beispiele für die Restaurierung von Wandmalerei, in: Arbeitshefte des Thüringischen Landesamtes für Denkmalpflege, 1/1992, Bad Homburg/Leipzig 1992, S. 118–120

Wagner, Uwe: Hausinterne Mitteilung an die Abteilungsleiter zum Vergleich der Übereinstimmungen der künstlerischen Handschrift in den Malereien Markt 15, Bad Tennstedt, und Kirche St. Cruzis, Walschleben, sowie zu dem freigelegten Wandmalereibestand Markt 15, Bad Tennstedt, 25.01.2007

Weichmann, Martina Jutta: Historische Gipsmörtel in Deutschland. Clausthaler Geowissenschaftliche Dissertationen. Hrsg: Geowissenschaftliches Institut der Technischen Universität Clausthal, 1998

Abbildungsnachweis

Die hl. Elisabeth in der Glasmalerei des 19. und frühen 20. Jahrhunderts am Erfurter Dom

Abb. 1, 3, 4, 14–18, 21, 23	Bildarchiv der Glaswerkstatt des Erfurter Doms
Abb. 2	Brandenburgisches Landesamt für Denkmalpflege, Messbildarchiv
Abb. 4	Feldkamm 1918, S. 21
Abb. 5, 7–13, 22	Privatarchiv Linnemann, Frankfurt a. M.
Abb. 19, 20	Universität der Künste Berlin, Universitätsarchiv

Ehemalige Bezirksparteischule der SED in Erfurt

Abb. 1, 3–25	TLDA, Rocco Curti, 2007
Abb. 2	Thüringer Landesamt für Vermessung und Geoinformation, Genehmigung Nr. 101544/2007

Gera 2007 – Frisches Grün für eine ganze Stadt?

Abb. 1	TLDA, Werner Streitberger, 2006
Abb. 2–7, 9–13	TLDA, Werner Streitberger, 2007
Abb. 8	aus: Heckmann-von Wehren, Irmhild: Heinrich Seeling – Ein Theaterarchitekt des Historismus. Diss. Oldenburg i.O. 1990. Münster/Hamburg 1994 (= Oktogon. Studien zu Architektur und Städtebau, Band 9), Abb. 134

Kirchenerhaltung als weitergefasste Gestaltungsaufgabe zukünftiger Architekten

Abb. 1	TLD, 1995
Abb. 2–11	Professur Denkmalpflege und Baugeschichte der Bauhaus-Universität Weimar, 2006

Die Alte Kanzlei in Bleicherode

Abb. 1	Heimatmuseum Bleicherode, Fotograf unbekannt, vor 1911
Abb. 2–3	TLD, Sabine Ortmann, 1997
Abb. 4–6	TLDA, Monika Kahl, 2007

Historische Pauken im mittleren Thüringer Becken

Abb. 1–6, 17–18, 21	Albrecht Lobenstein, Erfurt, 2005
Abb. 7–12, 14–15, 19–20	Albrecht Lobenstein, Erfurt, 2006
Abb. 13	Albrecht Lobenstein, Erfurt, 2004
Abb. 16, 22	Albrecht Lobenstein, Erfurt, 2007

Die Glasmalereien im Chor der evangelisch-lutherischen Kirche St. Maria Magdalena in Milz (Landkreis Hildburghausen)

Abb. 1–7 und 13–16	Hans P. Szyszka, Erfurt, 2007
Abb. 8–12	Pfarrarchiv Milz, Bausachen, Erneuerung der Kirche 1920, Az: 130, a / 3 IV, 1917–1919, ohne pag.
Abb. 17–25	Glaswerkstätte Rothkegel e.K., Anne Kaiser, 2007

Sanierung und Umbau des Einzeldenkmals, „Zum Hirschsprung", Turniergasse 16, in der Erfurter Altstadt als Bauträgermodell

Abb. 1	TLD, Christian Misch, 2003
Abb. 2	ARGE Horny/Petzholdt, Frank Horny, 2006
Abb. 3–4	TLDA, Nils Metzler, 2007
Abb. 5–9	ARGE Horny/Petzholdt, Wolfgang Petzholdt, 2006
Abb. 10–23	ARGE Horny/Petzholdt, Wolfgang Petzholdt, 2007

Das Ehrenmal für die Gefallenen des Ersten Weltkriegs auf dem Lärchenberg in Zella-Mehlis – ein Beispiel architektonischer Erinnerungskultur in Thüringen

Abb. 1–2,	TLD, Matthias Schmidt, 2002
Abb. 3, 6–7	TLD, Matthias Schmidt, 2005
Abb. 4–5	TLDA, Matthias Schmidt, 2007
Abb. 8	Scharfe, 1938, S. 14
Abb. 9	Scharfe, 1938, S. 10
Abb. 10–17	TLDA, Matthias Schmidt, 2007
Abb. 18	Nerdinger/Mai 1994, S. 250, Abb. 147
Abb. 19–25	TLDA, Matthias Schmidt, 2007
Abb. 26	Högg 1915, S. 57, Abb. 81
Abb. 27	Zimmermann 1916, S. 42, Abb. 51

Bad Tennstedt, Markt 15 – Das Schicksal einer bedrohten Wandmalerei des 16. Jahrhunderts

Abb. 1	TLD, Uwe Wagner, 2005
Abb. 2	Peter Florian, Bad Tennstedt, 1988
Abb. 3	TLD, Uwe Wagner, 1990
Abb. 4	Gisbert Sacher, focus, 1992
Abb. 5	TLDA, Uwe Wagner, 2006
Abb. 6–12	TLDA, Uwe Wagner, 2007
Abb. 13	Christine Englhardt, FH Erfurt, 2000
Abb. 14–19, 21–23	Suzy Hesse, FH Erfurt, 2007
Abb. 20	Suzy Hesse, FH Erfurt, 2006

Quellen

Die hl. Elisabeth in der Glasmalerei des 19. und frühen 20. Jahrhunderts am Erfurter Dom

Berlin, Hochschule der Künste,
   G 164 235, Mappe 21: Fotografien von Kartons zu Glasmalereien des Königlichen Instituts für Glasmalerei Berlin-Charlottenburg

Berlin-Dahlem, Geheimes Staatsarchiv Preußischer Kulturbesitz,
   2.2.1. Nr. 22039: Königliches Geheimes Cabinet: betr. Die Kirchen-, Pfarr- und Schulbauten in der Provinz Sachsen (1861–1868); Rep. 76 VII neu Sekt. 13 F IV Teil IV Nr. 35 Bd. VIII: Die Angelegenheiten des Stiftes Beatae Mariae Virginis zu Erfurt, die Aufhebung desselben und Bestimmung über das vorhandene Vermögen (1857–1876); Rep. 120 E V Nr. 52d, Bd. 2: Das Personal des Glasmalerei-Instituts (1886–1904); Rep. 120 E V Nr. 52, Bd. 7: Die Glasmalerei und die Königliche Glasmalerei-Anstalt zu Berlin (Institut für Glasmalerei) (1895–1898); Rep. 151 IV Nr. 1726: Der Dom in Erfurt (1854–1933)

Erfurt, Archiv des Thüringischen Landesamtes für Denkmalpflege und Archäologie,
   Erfurt, Dom (1895–2007)

Erfurt, Bischöfliches Bauamt,
   Inventarkarteien zum Kunstgut des Erfurter Domes D.2.06–09 (Januar 1998), D.2.13–15 (Dezember 1997), D.2.50–53 (Januar 1998); Bildarchiv: Messbilder Nr. 2b/5/60.16 und Nr. 2b/8/60.19 (Negative im Messbildarchiv des Brandenburgischen Landesamtes für Denkmalpflege); Kunstmagazin: IV–VI/3 (Farbentwurf zu süd VII, Maßstab 1:10, Linnemann 1912); Archiv der Glaswerkstatt des Erfurter Domes: Bericht vom 20. April 1998 zur Restaurierung und Konservierung der Sakristeifenster (nord IX–XII) des Erfurter Domes in den Jahren 1997/1998

Erfurt, Bistumsarchiv,
   Geistliches Gericht, jüngerer Bestand, II A 3: Bauten am Dom (1837, 1909–1915); Propsteipfarrkirche, 1bI: Sakristei (1843–1926); Propsteipfarrkirche, 1cI: Fenster (1837–1898); Propsteipfarrkirche 1cII: Fenster (1898–1945); Propsteipfarrkirche, 1cIII: Fenster (1945–1965); Propsteipfarrkirche, 1iII: Tür, Triangel, Windfang (1889–1900); Propsteipfarrkirche, 1oIII: Kreuzgang und anliegende Räume (1899 ff.); Propsteipfarrkirche, 1V: Restauration, Bauarbeiten (1890–1898); Propsteipfarrkirche, 1 VII: Wiederherstellungsarbeiten (Türen und Triangel, Ausmalung des Domes u. a.) (1899–1931)

Erfurt, Dompfarramt,
   Protokollbuch des Kirchenvorstandes

Erfurt, Stadt- und Regionalbibliothek,
   C. E. 4° 95: Heinrich Kruspe, Studien zu einer illustrierten Abhandlung über den Dom zu Erfurt, (Erfurt) um 1879

Frankfurt a. M., Privatarchiv der Familie Linnemann,
   Kartons zu den Fenstern der Kilianikapelle (1900) sowie Bleistiftskizze im Maßstab 1:20 und Kartons zu den Elisabethfenstern süd VII/VIII (1912)

Gotha, Thüringisches Staatsarchiv,
   Hochbauamt Erfurt 63: Bauangelegenheiten des Domes und der Severikirche zu Erfurt (1933–1942); Regierung Erfurt 12365: Die Kirchengebäude der Marien- oder Domgemeinde zu Erfurt (1859–1862); Regierung Erfurt 12366: Die Kirchengebäude der Marien- oder Domgemeinde zu Erfurt (1862–1865); Regierung Erfurt 7188: Die Kirchengebäude der Marien- oder Domgemeinde zu Erfurt (1890–1895); Regierung Erfurt 9028: Die Marien- oder Dom-Kirche in Erfurt (1899–1903); Regierung Erfurt 9027: Die Marien- oder Dom-Kirche in Erfurt (1903–1912)

Paderborn, Erzbistumsarchiv,
   Pfarrei Warburg-Neustadt, Korrespondenz des Pfarrers Kleinschmidt 1862/63, den Restaurationsbau des Domes betreffend (ehemalige Paderborner Akten), Schreiben vom 16. Oktober, 21. November und 20. Dezember 1862 sowie vom 6. Juni 1863 (Kopien im Bistumsarchiv Erfurt)

Abkürzungen

Abb.	Abbildung(en)
a. M.	am Main
Anm.	Anmerkung
Bd.	Band
bzw.	beziehungsweise
ca.	circa
CVMA	Corpus Vitrearum Medii Aevi
geb.	geboren
gest.	gestorben
hl./hll.	heilige, heiligen
Kat.	Katalog
Mt	Matthäus
Nr.	Nummer
o. S.	ohne Seite
S.	Seite
TLD	Thüringisches Landesamt für Denkmalpflege
TLDA	Thüringisches Landesamt für Denkmalpflege und Archäologie
vgl.	vergleiche
ZdB	Zentralblatt der Bauverwaltung
ZMA	Zella-Mehliser Anzeiger
ZMT	Zeller-Mehliser Tageblatt
z. T.	zum Teil
ZVThürGA	Zeitschrift des Vereins für thüringische Geschichte und Alterthumskunde

Autorenverzeichnis

Thüringisches Landesamt für Denkmalpflege und Archäologie
Petersberg Haus 12
99084 Erfurt

Rocco Curti
Dr. Nicola Damrich
Monika Kahl
Bertram Lucke

Nils Metzler
Dr. Matthias Schmidt
Uwe Wagner

Im Auftrag des Thüringischen Landesamtes für Denkmalpflege und Archäologie:

Dombauamt Erfurt
Dr. Falko Bornschein
Domstufen 1
99084 Erfurt

Bauhaus-Universität Weimar
Lehrstuhl Denkmalpflege
Mark Escherich
Geschwister-Scholl-Straße 8
99423 Weimar

Suzy Hesse
Dresdner Straße 3
99085 Erfurt

Glaswerkstätte Rothkegel e. K.
Anne Kaiser
Huberstraße 2a
97084 Würzburg

Albrecht Lobenstein
Poststraße 8
99094 Erfurt

Restaurierungsatelier
Wolfgang Petzholdt
Kapellenstraße 14
99817 Eisenach

Bauhaus-Universität Weimar
Lehrstuhl Denkmalpflege
Kerstin Vogel
Geschwister-Scholl-Straße 8
99423 Weimar

Bettina Vogel von Frommannshausen
Große Steinstraße 10
06108 Halle/Saale